Pierre Paul Raoul comte Colonna de
Cesari-Rocca, Louis Villat

Histoire de Corse

© 2024, Pierre Paul Raul, Louis Villat, (domaine public)
Édition: BoD • Books on Demand GmbH, In de Tarpen 42,
22848 Norderstedt (Allemagne)
Impression: Libri Plureos GmbH, Friedensallee 273,
22763 Hamburg (Allemagne)
ISBN: 978-2-3224-9657-0
Dépôt légal : Septembre 2024

Table des matières

AVANT-PROPOS

L'introduction bibliographique, ainsi que les chap. IV, V, VI, VII, VIII et IX sont de M. Colonna de Cesari Rocca ; les autres chapitres sont. de M. Louis Villat.

INTRODUCTION BIBLIOGRAPHIQUE L'ÉVOLUTION DE L'HISTORIOGRAPHIE CORSE

HISTOIRE DE CORSE

I LES ORIGINES

II LA «DÉCOUVERTE» DE LA CORSE

III LA CORSE ROMAINE

IV LA CORSE BYZANTINE ET LE POUVOIR TEMPOREL

V LES ORIGINES DE LA FÉODALITÉ ET DES RIVALITÉS ITALIENNES Les clans féodaux. — Marquis, comtes et vicomtes. — Origine de la. rivalité des Pisans et des Génois.

VI LE SIÈCLE DE GIUDICE

VII LA CORSE GÉNOISE

VIII LA FIN DU MOYEN AGE

IX LA BANQUE DE SAN-GIORGIO

X LA PREMIÈRE OCCUPATION FRANÇAISE

XI LA CORSE SOUS LA DOMINATION GÉNOISE

XII LA CORSE SOUS LA DOMINATION GÉNOISE

XIII BASTIA AU XVIIe SIÈCLE

XIV UNE TENTATIVE DE DÉNATIONALISATION

XV LA QUESTION CORSE ET LA POLITIQUE FRANÇAISE

XVI THÉODORE DE NEUHOFF, ROI DE CORSE
XVII LA CORSE PENDANT LA GUERRE DE LA SUCCESSION D'AUTRICHE
XVIII ESSAIS D'ORGANISATION NATIONALE
XIX LE GÉNÉRALAT DE PASCAL PAOLI
XX LE RÈGLEMENT DE LA QUESTION CORSE
XXI LA CORSE EN 1769
XXII LA CORSE DANS LA MONARCHIE FRANÇAISE
XXIII LA RÉVOLUTION ET L'EMPIRE
XXIV LA PÉRIODE CONTEMPORAINE
XXV CORSE ANCIENNE, CORSE NOUVELLE
TABLE DES ILLUSTRATIONS

AVANT-PROPOS

<u>Table des matières</u>

Nous avons été guidés, en écrivant ce volume, par le souci constant de rattacher l'histoire de Corse à l'histoire générale du monde méditerranéen: par là seulement elle prend toute sa valeur et sa véritable signification. Dans l'anarchie méditerranéenne qui se prolonge à travers les siècles, la Corse est le jouet d'intrigues compliquées qui se sont nouées à Gênes, en Aragon, en Angleterre, en France même; elle est le champ de bataille où se vident des querelles, politiques et économiques, qu'elle n'a point provoquées; et l'on s'explique aussi qu'il faille suivre hors de Corse la glorieuse aventure de tant de Corses qui ne sont point revenus dans leur patrie. Napoléon tout le premier.

Car ce petit peuple a rempli le monde du bruit de sa gloire. Un génie comme Napoléon, un homme d'État comme Paoli, un diplomate comme Pozzo di Borgo, un guerrier comme Sampiero suffiraient à sa réputation. Mais l'éclat de ces noms a laissé les autres dans l'ombre: la *nation* corse était si peu connue. Quelles en sont les origines? Quels éléments la constituent? Quelle fut son évolution? Que doit-elle aux Romains, aux Arabes, à Pise, à Gênes? Quelles étaient ses mœurs, son développement économique? Pour comprendre la constitution de Paoli, il faut la replacer dans la continuité de la vie corse, à la suite des tentatives d'organisation nationale dont témoignent les consultes d'Orezza et de Caccia.

Bien que l'esprit de cette collection nous interdise en principe d'entrer en discussions sur des points controversés, nous avons dû exprimer les raisons qui nous font repousser certaines opinions généralement admises. La légende de Ugo Colonna, la constitution de

Sambocuccio, l'origine corse de Christophe Colomb sont-elles compatibles dans une certaine mesure avec la gravité de l'histoire? Les détails dont s'agrémentent la biographie de Sampiero ou les généalogies des Bonaparte reposent-ils sur quelques points d'appui solides? C'est ce que nous avons tenté d'élucider dans une étude sur l'évolution de l'historiographie corse, où nous verrons comment se sont élaborées ces opinions et dans quelles proportions la vérité a contribué à leur formation.

Ces quelques observations portent sur des noms assez universellement connus pour mériter qu'on ne laisse pas s'accréditer autour d'eux des légendes sans consistance. Nous ne les multiplierons pas, car ce modeste ouvrage ne saurait viser à l'érudition. Tout son mérite consiste en un choix consciencieux d'opinions et d'extraits empruntés aux études récentes les plus poussées[A]. Grâce à M. Driault, nous avons pu donner un copieux aperçu des négociations diplomatiques qui, pendant plus de trente ans, préparèrent l'annexion de la Corse à la France. Les travaux de MM. Arthur Chuquet, l'abbé Letteron, Dom Ph. Marini, Pierre Piobb (comte Vincenti), Paul et Jean Fontana, Le Glay, Le lieut.-col. Campi, A. Ambrosi, Franceschini, Lorenzi de Bradi, le capitaine Mathieu Fontana, Joseph Ferrandi, A. Quentin, le capitaine X. Poli, le marquis d'Ornano, Courtillier, ont contribué à la formation d'une synthèse que nous aurions voulue irréprochable, mais il serait présomptueux de la considérer comme définitive: il faudra la tenir au courant, la compléter, la rectifier. C'est pourquoi nous nous adressons à ceux-là mêmes dont les œuvres nous ont servi de guide pour solliciter leur critique ainsi que la collaboration de tous ceux qui étudient le passé de notre grande île méditerranéenne.

L'introduction bibliographique, ainsi que les chap. IV, V, VI, VII, VIII et IX sont de M. Colonna de Cesari Rocca; les autres chapitres sont de M. Louis Villat.

INTRODUCTION BIBLIOGRAPHIQUE

L'ÉVOLUTION DE L'HISTORIOGRAPHIE CORSE

Table des matières

Le chroniqueur Giovanni della Grossa. – La légende de Ugo Colonna. – Les continuateurs de Giovanni. Versions de sa chronique. – Pietro Cirneo. – Les historiens des XVIIe et XVIIIe siècles. – Limperani et l'anachronisme de Sambocuccio. – Les historiens du XIXe siècle. – Les altérations de l'histoire: Sampiero, Sixte-Quint, Christophe Colomb, les Bonaparte. – Les ouvrages récents. – L'histoire d'après les sources originales.

Le chroniqueur Giovanni della Grossa. — On peut dire de Giovanni della Grossa et de Pietro Cirneo que leurs chroniques sont les sources uniques d'histoire interne du Moyen Age en Corse utilisées jusqu'à nos jours. Je parlerai peu du second dont la réputation surfaite a fâcheusement influencé les historiens modernes. Il n'est utile que pour l'histoire des mœurs de son temps, et parce que les détails de son livre prouvent l'existence de sources plus anciennes utilisées par lui et par Giovanni. Celui-ci, au contraire, d'une absolue véracité pour l'histoire de son temps (1388-1464), a fait des deux siècles qui précèdent un récit auquel on ne saurait reprocher que quelques erreurs chronologiques dont certaines sont imputables à ses copistes ou continuateurs.

Car nous ne possédons aucune reproduction exacte du texte de Giovanni qui serait si précieux. De même qu'il a absorbé les travaux de ses prédécesseurs, son œuvre s'est transformée sous la plume de ceux qui l'ont continuée. Les lois de l'historiographie orientale déduites par Renan trouvent en Corse leur application: «Un livre, dit-il, tue son prédécesseur: les sources d'une compilation survivent rarement à la compilation même. En d'autres termes, un livre ne se recopie guère tel qu'il est, on le met à jour en y ajoutant ce que l'on sait ou ce que l'on croit savoir. L'individualité du livre historique n'existe pas, on tient au fond et non à la forme, on ne se fait nul scrupule de mêler les auteurs et les styles; on veut être complet, voilà tout. Recopier, c'est refaire.»

C'est pourquoi les différentes versions qui nous sont parvenues de l'œuvre de Giovanni, ne nous en donnent qu'une idée imparfaite. Les deux principales sont du XVIe siècle et enrichies des fruits de l'érudition, voire de l'imagination des copistes. On ne saurait cependant lui disputer la gloire d'avoir créé l'Histoire corse; quant aux responsabilités dont les écrivains modernes l'ont chargé, elles paraissent, après un examen consciencieux de l'homme et de l'œuvre, remarquablement amoindries.

Né en 1388 à la Grossa, village de la seigneurie de la Rocca, Giovanni étudia la grammaire à Bonifacio et continua ses études à Naples qui, au temps du comte Arrigo, attirait les jeunes Corses curieux de s'instruire. Les étapes de sa carrière sont de nature à lui mériter notre confiance; notaire-chancelier au service des gouverneurs génois de 1406 à 1416, chancelier de Vincentello d'Istria, comte de Corse de 1419 à 1426, de Simone da Mare, seigneur du Cap-Corse de 1426 à 1430, des Fregosi, des légats pontificaux et de l'Office de San-Giorgio, jusqu'en 1456, en un mot de tous les maîtres de la Corse, il a écrit l'histoire de son temps avec une impartialité que n'a démentie aucun des documents utilisés depuis.

Pour l'histoire des époques qui précèdent, Giovanni se servit de matériaux imparfaits, transcrits sans chronologie ou mal ordonnés, de traditions locales dénuées de sens critique, en un mot de fragments isolés dont le groupement encore aujourd'hui ne s'effectuerait pas sans peine. Tout le monde a observé la facilité avec laquelle le récit du plus simple événement se modifie et se dénature par la transmission: les légendes corses que la plume d'un éminent écrivain, M. Lorenzi de Bradi, nous raconte dans l'*Art antique en Corse*, ne sont que l'écho poétisé de récits que la chronique nous a livrés sous une autre forme, et elles n'en diffèrent que parce que l'auteur a voulu les tenir directement des pâtres de ses montagnes.

Sur tous les points de la Corse, Giovanni della Grossa recueillit les traditions et les rares manuscrits qui s'y trouvaient. D'un côté des Monts et de l'autre, il se heurtait à des opinions, à des récits contradictoires; les mœurs étaient différentes, le souvenir du passé s'y transmettait sous des formes diverses, et s'y présentait sous des couleurs qui lui paraissaient nouvelles. Ses narrateurs étaient des gens primitifs, et l'individu primitif est étranger aux notions de temps et d'espace: pour lui, les événements antérieurs à sa naissance subissent dans leur classement l'influence de l'époque où ils lui ont été racontés; un fait ne lui paraît éloigné que par rapport au jour où il en a pris connaissance. Voilà comment Giovanni se trouva parfois en possession de deux récits du même épisode pourvus de divergences assez graves pour les faire reporter à des dates extraordinairement diverses.

Giovanni n'avait ni le temps, ni les moyens de se livrer à des opérations de critique auxquelles ses contemporains les plus érudits étaient étrangers; elles lui eussent cependant révélé parfois la dualité de la composition. Quand tous les matériaux de son œuvre furent réunis, il dut donner à sa chronique un développement assez vaste pour les embrasser tous. L'imagina-t-il ou suivit-il le chemin déjà tracé par de plus anciens chroniqueurs? Les deux hypothèses sont tour à tour vraisemblables, suivant les cas. Pour le guider dans ce travail de classement, il ne rencontra que des mémoires généalogiques, bases de toute histoire chez les peuples primitifs. Pietro Cirneo, qui les ignora, nous prouve le désordre des matériaux historiques en son temps, car il ne nous a laissé que des récits dépourvus de liens et dont la portée ne peut être comparée, même de loin, à l'œuvre de Giovanni. Ce dernier se servit des mémoires domestiques des seigneurs de Cinarca et du Cap-Corse chez lesquels il remplit tour à tour l'office de chancelier. Et, c'est pour n'avoir pas fréquenté les derniers marquis de Massa, encore vaguement seigneurs en Corse, mais vivant en bourgeois pauvres à Pise ou à Livourne, qu'il négligea l'antique histoire du *Marquisat de Corse*, qui n'était déjà plus pour notre historien que la *Terre de la Commune*.

Il serait presque puéril de défendre Giovanni della Grossa de l'accusation de mensonge portée contre lui par Accinelli, Jacobi et tant d'autres à cause des fables d'origine payenne dont il a agrémenté le commencement de son livre. Giovanni se conformait à l'usage de son temps; l'histoire était alors avec la philosophie les seules matières où pût s'exercer la passion éternellement humaine du collectionneur. Il fallait être complet. En taisant ces légendes, alors populaires, Giovanni eût paru les ignorer et se fût attiré le dédain de ses contemporains.

En les insérant, il faisait acte d'homme qui a tout lu et ne se croyait pas plus imposteur ou même crédule que ne se pouvait supposer tel un Romain du temps d'Auguste sacrifiant à ses dieux. Giovanni commit l'erreur d'adopter ou de conserver un classement qui rejetait à des époques reculées des événements relativement proches; mais l'illusion qu'il crée ne résiste pas à une lecture réellement attentive de son œuvre, car on y trouve des points de repère qui ramènent les faits à leur plan réel. Une quantité suffisante de documents permet aujourd'hui d'en assurer le contrôle chronologique. Les copistes de Giovanni (Ceccaldi, lui-même) ont parfois altéré involontairement son texte et fait éclore de véritables contre-sens. On s'étonnera aussi de trouver disjoints dans la Chronique des enchaînements d'épisodes dont la tradition précise était intacte encore au XVIIe siècle ainsi qu'en témoignent des manuscrits de cette époque, et l'on en conclut toujours que les morceaux étaient bons, mais qu'ils ont été souvent assez mal ajustés. De fait, les souvenirs enregistrés dans la mémoire de ceux qui renseignèrent Giovanni della Grossa ne remontaient pas à plus de deux siècles, mais l'imagination leur donnait un développement chronologique en rapport avec celui de l'histoire générale. Nous en trouvons les preuves dans les éléments de la légende de Ugo Colonna.

La légende de Ugo Colonna. — On a reproché à Giovanni d'avoir, pour rattacher son maître Vincentello d'Istria à la maison alors extrêmement florissante du pape Martin V, inventé ou conservé la légende de *Ugo Colonna*. L'influence de ce récit épique fut immense en Corse, et les anachronismes dont il est appesanti n'ont pu le détruire dans l'esprit des insulaires; les lettres patentes des rois de France et des princes italiens dotèrent Ugo Colonna d'une authenticité officielle bien que l'histoire ne puisse lui ouvrir ses pages sans restriction; sa personnalité a fait couler des flots d'encre, et Napoléon, lui-même, dans ses *Lettres sur la Corse*, s'irrite des contestations dont elle est l'objet. Par la suite, cette légende acceptée par le plus grand nombre, repoussée par les autres, servit de criterium aux érudits pour juger les historiens. Ceux qui lui ont refusé toute vraisemblance en ont attribué la composition à Giovanni. Elle est cependant le produit d'une époque plus ancienne: le compilateur qu'était Giovanni pouvait transcrire un récit comme on le lui avait livré, il aurait apporté plus de soin à une composition qui eût été sienne, et à laquelle il eût voulu imprimer la vraisemblance de l'histoire: il a simplement reproduit un texte d'épopée. «L'épopée, suivant la définition de M. Kurth, est la forme primitive de l'histoire, c'est l'histoire telle que le peuple la transmet de bouche en bouche à la postérité... Elle ne retient que ce qui a frappé l'imagination et ne garde plus d'autre élément historique que le grand nom auquel se rattachent les faits qu'elle raconte.» Nous allons retrouver dans la «biographie» de Ugo Colonna tous les caractères de l'épopée.

Suivant la Chronique, à la fin du VIIIe siècle, le peuple de Rome s'étant révolté contre le pape Léon III, les chefs des rebelles obtinrent leur pardon à la condition d'aller conquérir la Corse sur le roi maure Negulone (ou Hugolone). Ugo della Colonna, seigneur romain, qui s'était montré l'un des plus acharnés contre le pontife, passa dans l'île avec un millier d'hommes et la conquit. Le pape le confirma dans la possession de la Corse et créa cinq évêchés qui furent soumis aux archevêchés de Gênes et de Pise. Plus tard, le roi de Jérusalem, Guy, ayant été vaincu par Saladin, les Maures tentèrent une descente en Corse; alors les fils de Ugo, avec l'aide du comte de Barcelone, qui jadis avait été l'allié de leur père, taillèrent en pièces les envahisseurs, et, maîtres de l'île, purent en transmettre la seigneurie à leurs descendants. Des compagnons de Ugo, la tradition fait sortir la féodalité insulaire.

Telle est la légende; on y reconnaît dès l'abord l'unification artificielle et grossière de deux compositions différentes d'époques et de gestes. Pris isolément, chacun des événements rapportés est contrôlable: la révolte des Colonna contre le Pape (1100), le partage des évêchés (1123), les guerres de Guy de Lusignan contre Saladin (1192), l'expédition du comte de Barcelone (1147) sont des faits qui se produisirent dans l'espace de temps normalement occupé par deux générations. Le nom même de Negulone rappelle celui de Nuvolone ou Nebulone consul de Gênes en 1162, de la race des Vicomtes, dont les descendants possèdent des terres au Cap-Corse. Que les Génois aient été confondus par la légende avec les Sarrasins, c'est fort possible puisqu'ils le furent dans les chroniques savoisiennes et provençales.

Les grandes luttes contre les Maures sont plus anciennes et se rattachent au cycle de Charlemagne. Les princes ou seigneurs du nom de Hugues qui y prirent part, furent assez nombreux pour que ce nom synthétisât les souvenirs attachés aux vainqueurs des Sarrasins. Quant au nom même de Charlemagne, il était indispensable qu'il figurât dans une œuvre de ce genre; c'était un usage absolu dans tout l'Occident de rapporter à l'époque du grand empereur les événements de toute date qui avaient frappé l'esprit des masses. Le roman de *Philomène* et la *Vita Caroli magni et Rolandi* nous en fournissent des exemples; il semble que cette époque seule ait été capable d'éveiller la curiosité populaire. N'eût-elle pas d'autre utilité, la légende nous est précieuse en ce qu'elle montre l'île participant au XIIIe

siècle au courant d'idées qui s'élevait en Occident. Je dis au XIIIe siècle, car, je le répète, ces conceptions héroïques ne sauraient être imputées à Giovanni. Les débuts de la légende semblent plutôt remonter à l'époque où un guerrier venu de Sardaigne ou d'Italie s'étant imposé sur un point de la Corse, (XIIe siècle) prétendit, «qu'il appartenait à la souche des anciens seigneurs». Ce guerrier prit le nom de Cinarca qu'il laissa à ses descendants (Cinarchesi), et quand ceux-ci voulurent justifier de leur origine et de l'ancienneté de leurs droits, un dédoublement du récit de l'invasion ancestrale donna place à la légende. Par la suite, il en fut de celle-ci comme des rescrits composés par les monastères, ou les particuliers au cours de certains procès pour remplacer les titres égarés ou détruits. La bonne foi n'en était pas exclue, et si l'imagination comblait les lacunes creusées par l'ignorance ou l'oubli, la vérité, quant au fond, était respectée. Les souvenirs populaires s'en mêlant, on refoula bien loin les racines de l'arbre généalogique en rejetant à l'époque de Charlemagne la première conquête, qui, effectuée sur les infidèles, créait à la postérité du héros insulaire des droits imprescriptibles.

Il n'y a pas d'effort à faire pour percevoir à travers la légende une partie de la vérité historique. Si nous l'examinons de près, rien en elle ne nous choque ni ne nous étonne; chacun des faits qu'elle énonce trouve sa place dans une chronographie générale. Seule l'identité du conquérant n'est pas établie. Certes il serait audacieux de voir en lui un membre de la famille Colonna, mais cette hypothèse envisagée dans le cadre du XIIe siècle n'a plus rien d'incompatible avec l'histoire. Bien plus; à une époque où la transmission des héritages par les femmes rapprochait historiquement les familles, les marquis de Corse et les comtes de Tusculum, ancêtres des Colonna, pouvaient se considérer comme d'origine commune; mais la sincérité avec laquelle s'élabora la légende est encore moins discutable quand on constate que l'historien Liutprand (Xe siècle) fait d'Albéric, prince de Rome, aïeul incontesté des comtes de Tusculum, le fils du marquis Albert, (petit-fils de Bonifacio) ancêtre des Obertenghi, marquis de Corse. Muratori, au XVIIIe siècle, corrigea cette erreur matérielle, mais, jusque-là, combien d'écrivains, dont Baronius et Fiorentini, l'avaient reproduite!

Si l'on tient compte des conditions dans lesquelles s'est formée l'épopée corse des origines féodales, on en usera avec Giovanni della Grossa un peu moins cavalièrement que ne l'ont fait certains écrivains modernes: le livre de Giovanni est l'écho des idées de plusieurs générations de Corses, et à ce titre, il a droit à toute notre attention. Si la première partie de son œuvre ne peut être considérée comme une source, elle est un instrument précieux de reconstitution; son rôle ne doit être qu'auxiliaire, mais on ne saurait repousser son appoint quand les faits qu'elle rapporte, n'étant contrariés par aucun monument, trouvent leur place logique et naturelle au milieu des témoignages voisins de temps ou d'espace. En outre, si, appliquant à l'histoire un procédé mathématique, nous considérons la Corse des XIIIe et XIVe siècles comme un produit dont il faut rechercher les facteurs, les traditions nous fourniront les éléments de la contre-épreuve. On ne leur discutera pas ce crédit quand on aura constaté combien il est facile de les débarrasser de leur clinquant imaginatif et de restituer aux faits leur valeur réelle.

Les continuateurs de Giovanni della Grossa. Versions de sa chronique. — Des deux principales versions de Giovanni, la plus répandue est celle de Marc'Antonio Ceccaldi, dont Filippini inséra littéralement le texte dans son *Historia di Corsica* imprimée à Tournon en 1594. Aux chroniques de

Giovanni della Grossa et de Pier'Antonio Monteggiani (son continuateur, 1464-1525) qu'il avait abrégées et remaniées, Ceccaldi ajouta celle de son temps (1526-1559), que Filippini continua et publia avec les autres sous son nom. M. l'abbé Letteron a donné, dans le *Bulletin de la Société des Sciences historiques de la Corse*, une traduction française de cet ouvrage considérable et précieux surtout en raison de la sincérité des auteurs.

L'autre version ne fut connue pendant longtemps que par les copies qu'en avait fait exécuter, au XVIIIe siècle, un officier corse au service de la France, Antonio Buttafoco. M. l'abbé Letteron, qui a publié en 1910, dans le *Bulletin Corse*, le texte de la Bibliothèque municipale de Bastia, a cru pouvoir lui imposer le titre de *Croniche di Giovanni della Grossa e di Pier'Antonio Monteggiani*. Il se peut que le plus ancien rédacteur ait suivi d'assez près le texte de Giovanni, car on y retrouve sous une indiscutable clarté des phrases que Ceccaldi, malgré la supériorité de son style, avait altérées; mais il n'est pas douteux que ses successeurs y ont glissé des interpolations de leur cru qu'il ne faut accueillir qu'avec circonspection. Un des transcripteurs du XVIIe siècle emprunta à la *Chronique aragonaise* de Zurita et aux *Annales génoises* de Giustiniani des renseignements dont il fit un judicieux usage; il inséra en outre à leur place chronologique des copies de documents extraits des Archives de la Couronne d'Aragon, qui, malgré leur imperfection, dotèrent la Corse d'une ébauche de code diplomatique. Dans l'ensemble, si l'on met de côté les interpolations suspectes qu'il est facile de reconnaître, cette œuvre reste d'un prix inestimable, surtout pour l'histoire des XIIIe, XIVe et XVe siècles.

Mais si la chronique de Giovanni a fourni une grande partie des éléments de ce travail, il ne semble pas que Monteggiani en soit l'unique auteur. En effet, l'œuvre de celui-ci qui s'étend de 1465 à 1525 nous est connue, au moins pour le fond, par le livre de Filippini. Or, si l'on compare les deux versions, on constate que l'on est, pour cette période, en présence de deux chroniques différentes aussi bien par le plan général que par les détails, par la mise en valeur des personnages ou des événements que par le choix des anecdotes. Les deux récits sont également véridiques, ils se complètent l'un l'autre, mais on ne saurait les attribuer au même auteur.

Pietro Cirneo. — Les mouvements de réaction subis par l'historiographie au siècle dernier profitèrent à Pietro Cirneo au détriment de Giovanni. Ces mouvements ont été définis par M. Kurth dans sa remarquable étude sur l'application de l'épopée à l'histoire: «Les historiens, dit-il, n'étudiaient que des documents et non des esprits. Une fois que les faits ne rendaient pas le son de l'authenticité, ils les éliminaient impitoyablement sans leur accorder une valeur quelconque. Mensonge ou fable, tel était leur jugement sommaire, et ils croyaient avoir rempli toute leur mission quand ils avaient expulsé de l'histoire, non sans mépris et parfois avec colère tout ce qui ne rendait pas le son de l'authenticité.» Nul écrivain plus que Giovanni n'a été, de la part de ceux qui lui doivent tout leur savoir, l'objet d'un dédain plus immérité.

En gardant le silence à l'égard des fables payennes et des récits épiques, Pietro Cirneo (1447-1503) s'acquit une réputation de discernement qui l'éleva, dans l'esprit de nombreux écrivains, bien au-dessus de Giovanni. De fait, son *De Rebus Corsicis* n'est guère qu'un recueil de récits classés à l'aventure et dans lesquels l'auteur, à l'instar de ses contemporains Æneas-Sylvius, Paul Jove, Bembo, se préoccupe moins de dire vrai que de bien dire. Son testament, en nous révélant que la bibliothèque d'un érudit corse pouvait valoir en richesse celle d'un lettré toscan, nous apprend aussi que si Pietro se proposait de rechercher des documents pour terminer son histoire, il ne possédait pas le moindre ouvrage relatif à la Corse. Quand il rencontrait dans Quinte-Curce ou dans Tite-Live une période agréable, de sonorité ou de couleur chatoyante, il s'empressait d'en sertir quelque trait destiné à son œuvre. Les historiens de Rome, telles étaient les sources que Pietro Cirneo employait à son histoire de la Corse. Son manuscrit fut publié au XVIIIe siècle par Muratori dans le tome XXIV des *Rerum italicarum Scriptores*.

Historiens des XVIIe et XVIIIe siècles. — La plupart des histoires, annales, chroniques produites au cours du XVIIe siècle, bien qu'assez nombreuses, étant restées manuscrites, n'ont exercé sur l'historiographie aucune influence. Parmi ceux de ces ouvrages dont l'existence a pu être contrôlée, les travaux de Biguglia, de Canari et de Banchero (ces derniers publiés en partie dans le *Bulletin Corse*) ainsi que ceux d'Accinelli (1739) méritent d'être consultés. Deux ouvrages français anonymes (le second attribué à Goury de Champgrand), parus en 1738 et 1749, n'offrent guère d'intérêt que pour la biographie de Théodore de Neuhoff. En 1758, l'imprimerie de Corte donne la *Giustificazione della Rivoluzione di Corsica*, plaidoyer historique plein d'éloquence. L'intervention française et la conquête de l'île provoquent de nombreuses publications, entre autres l'*Etat de la Corse* de l'Anglais Bosswell (1768), «ami enthousiaste de Paoli et de ses concitoyens, dit M. Louis Campi, qui consacra sa fortune à la défense de leurs droits». Puis apparaissent les histoires générales de Cambiagi (1770-1772), Germanes (1771-1776), Pommereul (1779), Limperani (1779-1780). Quoiqu'écrite «au coin du feu», l'*Histoire des Révolutions de l'Ile de Corse*, de Germanes, renferme de nombreux renseignements sur les mœurs corses et les expéditions françaises; quant à celles-ci, Pommereul, qui fait par ailleurs à Germanes de nombreux emprunts, est mieux informé, ayant pris part, lui-même, aux dernières campagnes. On a accusé Pommereul de partialité; il rend cependant justice aux Corses dont il loue fréquemment la bravoure, et s'excuse en quelque sorte, de l'insuffisance de ses informations: «On ne doit pas être surpris, dit-il, de trouver plus de détails sur l'attaque des Français que sur la défense des Corses. C'est à ceux-ci à nous apprendre ce qu'ils ont fait de leur côté pour nous repousser.» L'abbé Rossi combla plus tard cette lacune (1822), mais l'impression de son important ouvrage n'est pas encore terminée.

Limperani et l'anachronisme de Sambocuccio. — Germanes et Pommereul s'étaient contentés de suivre les sentiers tracés par Filippini; Cambiaggi (*Istoria del Regno di Corsica*, 4 vol. 1770-72) et Limperani (*Istoria della Corsica*, 2 vol. 1779-1780) visèrent plus haut. En publiant le recueil des écrivains italiens, Muratori avait ouvert aux historiens de la Corse des horizons nouveaux: les annales génoises et pisanes abondaient en renseignements inconnus des vieux chroniqueurs. Cambiagi et Limperani puisèrent dans cette œuvre immense, ainsi que dans l'*Italia Sacra* d'Ughelli, une quantité considérable de citations qui entourèrent leurs ouvrages d'un appareil d'érudition imposant, mais parfois fragile. Les chartes de donations aux moines de Monte-Cristo, entre autres, leur fournirent des conclusions erronées, la plupart étant antidatées de plusieurs siècles, et certaines n'offrant aucun caractère d'authenticité. Par une interprétation malheureuse des cahiers de Pietro Cirneo, Limperani donna naissance au plus grossier anachronisme que l'historiographie ait enregistré et que nombre d'écrivains contemporains s'obstinent encore à reproduire: il reporta au XIe siècle l'existence de Sambocuccio d'Alando et le mouvement populaire dont ce personnage fut le chef (1359) (V. chap. VII). Puis incapable de borner son imagination, il inventa de toutes pièces un Sambocuccio, *seigneur* d'Alando, qui chassait de Corse les Cinarchesi (à une époque où leur présence y est incertaine), détruisait les repaires des barons, puis, à l'instar des Lycurgue et des Solon, dotait la Terre de la Commune d'une constitution adéquate à ses besoins et se révélait aussi judicieux législateur qu'il s'était montré courageux capitaine.

Bien que Giovanni della Grossa et Pietro Cirneo se soient accordés pour faire aboutir le mouvement de Sambocuccio à l'occupation génoise et au gouvernement de Giovanni Boccanegra, Limperani, dont le texte est constellé de références, appuyait sa nouvelle théorie sur l'autorité de ces deux chroniqueurs. Or, on chercherait en vain dans leurs œuvres un mot touchant le Sambocuccio de l'an mille aussi bien que le Sambocuccio législateur. Limperani avait la manie de rectifier l'histoire, et on remarque, dans ses deux volumes, plusieurs exemples de l'oblitération de sa clairvoyance. Limperani vivait à une époque où la foi nouvelle en la liberté et la fraternité enfantait autant de légendes que la foi religieuse en avait créées; c'était le temps où, pour défendre le fictif Guillaume Tell, insuffisamment consolidé par Tschudi, on recourait à des falsifications et des fabrications de documents d'ailleurs maladroites. L'atmosphère d'enthousiasme libéral dégagée par les contemporains de

Montesquieu et de Jean-Jacques, devait séduire ce Corse instruit, mais incapable d'imposer aux écarts de son imagination un contrôle judicieux. Aveuglé par une théorie qui attribuait à la Corse une constitution communale au XIe siècle, il trouva, pour l'appliquer, un prétexte dans le désordre des cahiers de Pietro Cirneo. *La vie de Sambocuccio y précédait celle de Giudice*, et ce fut pour Limperani un trait de lumière: il ne considéra pas que Sambocuccio y requérait l'intervention du gouverneur Boccanegra (1359), et allait lui-même à Gênes solliciter l'envoi de Tridano della Torre (1362). Il ne voulut pas s'apercevoir que Pietro attribuait au second Giudice (XVe siècle) la biographie du premier (XIIIe siècle), et que ces transpositions n'avaient peut-être pour origine que l'interversion des feuillets du manuscrit primitif!

C'est pourquoi sous l'influence de Limperani, les historiens de la Corse crurent faire preuve de jugement en adoptant ce que, de bonne foi, ils croyaient la chronologie de Pietro Cirneo: «Entre Giovanni et Pietro, déclare l'abbé Galletti, nous n'hésitons pas à nous prononcer pour ce dernier.» Au cours du XIXe siècle, Renucci et Robiquet seuls se conformèrent au texte de Giovanni, qui, presque contemporain de Sambocuccio, ne méritait pas d'être suspecté sur ce point. Tous les autres suivirent le système de Limperani. Gregori, dans son édition nouvelle de Filippini, inséra une chronologie de la Corse qui consacra la fable de Sambocuccio législateur de l'an mille; nous la retrouvons reproduite dans Jacobi, Friess, Gregorovius, Galletti, Mattei, Monti, Girolami-Cortona, tous auteurs d'histoires générales de la Corse; également dans le *Grand Dictionnaire Larousse* et la *Grande Encyclopédie*, sans parler des ouvrages de moindre importance. L'*Inventaire des Archives départementales de la Corse* (1906) maintient encore cette chronologie erronée. D'ailleurs, l'historien de la Corse le plus considérable et le plus consciencieux, l'abbé Rossi, confiant en Limperani, accepta les yeux fermés, l'histoire de Sambocuccio ainsi modifiée.

Les historiens du XIXe siècle. — L'œuvre de l'abbé Rossi, écrite à l'époque napoléonienne, est la seule au XIXe siècle dont l'auteur s'est soucié de documentation; mais restée manuscrite jusqu'en 1895, elle découragea longtemps les curieux par sa graphie péniblement déchiffrable. La patience de M. l'abbé Letteron a triomphé de cet obstacle, et treize volumes sur dix-sept ont déjà été imprimés par les soins de ce dernier. Ces treize volumes sont consacrés au XVIIIe et au commencement du XIXe siècle; ils sont riches en détails précis et en informations puisées aux meilleures sources.

Les autres histoires générales de la Corse ne varient guère que par l'étendue. Cependant on consultera avec fruit Renucci (1834) pour la période qui s'étend de 1769 à 1830, et, pour l'ensemble, les *Recherches historiques et statistiques* de Robiquet (1835) qu'une critique toujours en éveil garde des erreurs où tombèrent ses contemporains Gregori et Jacobi. Gregori a enrichi son édition de Filippini (1827) de documents empruntés, pour la plupart, aux manuscrits exécutés par les soins de Buttafoco; mais ayant négligé de les collationner sur les originaux, il imprima les altérations dont chaque transcripteur avait fourni son appoint. De Jacobi (1835) on peut dire que l'amour de son pays l'écarta fréquemment du chemin de la vérité. Les portraits reproduits dans l'*Histoire illustrée de la Corse* de Galletti (1865) constituent le mérite de cette compilation patriotique mais médiocrement digérée. L'*Histoire* de Friess (1852) (réserve faite de l'anachronisme de Sambocuccio), est un bon résumé de Filippini, poursuivi avec un souci constant d'exactitude jusqu'en 1796. Celle de Gregorovius (1854), ce «Latin éclos au milieu des Teutons», est le groupement de morceaux pleins d'éloquence; mais l'auteur, étranger à toute méthode historique, a reproduit sans jugement et sans critique les fables et les opinions courantes par quoi se comblent auprès des masses les lacunes de l'histoire.

Le docteur Mattei, dans ses *Annales de la Corse* (1873), a réuni et classé chronologiquement une quantité importante de notices; si méritoires qu'ils soient, ses efforts mal dirigés n'ont pas obtenu le résultat que l'auteur en attendait. Cependant, on trouverait dans ce recueil des matériaux utilisables après une révision serrée des dates et un rapprochement des sources qui ne sont que rarement indiquées. Chez lui, Sambocuccio, dédoublé, paraît au onzième et au quatorzième siècle. Les *Annales de la Corse*, ainsi que l'*Histoire* de Mgr Girolami-Cortona (1906) riche en renseignements statistiques, sont indispensables à ceux qui s'occupent de la période contemporaine.

Les altérations de l'histoire: Sampiero, Sixte-Quint, Christophe Colomb, les Bonaparte.—La plupart des écrits du XIXe siècle ont contribué à la diffusion d'allégations inexactes et de légendes sans consistance qui ne se rencontrent pas chez leurs prédécesseurs; et, malheureusement, ce ne sont pas les personnages de moindre envergure qui ont attiré leur attention.

Sampiero.—S'il est en Corse un nom populaire après ceux de Napoléon et de Paoli, c'est sans conteste celui de Sampiero, qui acquit en son temps la réputation d'un des plus braves capitaines de l'Europe. Cette popularité est justifiée à double titre. Rompant le premier avec les pratiques individualistes qui déchiraient la Corse, il éveilla chez ses compatriotes le sentiment de la dignité collective: du pays, il fit la patrie. Ce ne fut pas tout: si Sampiero a mérité d'être appelé le *premier* Corse français, ce n'est pas seulement pour avoir été en son temps l'un des capitaines les plus remarquables de la Couronne, mais parce qu'on lui doit le premier essai que firent les Corses de la nationalité française. Et cette expérience fut telle que son souvenir resta sinon comme le flambeau, du moins comme l'étoile lointaine qui guida plus tard les premiers partisans de l'annexion française. Entre le Moyen Age et les temps modernes, la physionomie de Sampiero synthétise la Corse d'autrefois, rebelle aux contraintes et aux dominations, et la Corse du XVIIIe siècle, attirée plutôt que conquise par une patrie plus grande, au charme irrésistible, qui saura l'unir à elle sans l'absorber et lui faire place dans son histoire sans l'amoindrir.

On ne s'étonnera donc pas que la personnalité de Sampiero ait tenté des écrivains et des artistes. Le célèbre romancier Guerrazzi et l'aimable conteur Arrighi, dont il a été dit «qu'il puisait dans son patriotisme les sources de l'histoire», ont laissé des *Sampiero* que l'on lit encore avec plaisir aujourd'hui: leurs récits, qui n'ont que des rapports lointains avec la vérité, n'abusent personne.

Il n'en est pas de même des généalogistes comme Biagino Leca d'Occhiatana et Lhermite Souliers, et des courtisans comme Canault dont les œuvres mercenaires ont engendré de grossières erreurs. Le premier, envoyé en Corse par le maréchal Alphonse d'Ornano, en rapporta les pièces que celui-ci présenta, peut-être de bonne foi, à l'Ordre du Saint-Esprit, mais qui n'en étaient pas moins les fruits d'une complaisance évidente. C'est sur la foi de ces documents que de nombreux ouvrages donnent à Sampiero le nom d'Ornano; mais il faut remarquer que celui-ci, bien que seigneur d'Ornano du chef de sa femme, ne fit jamais usage de ce nom et ne se prévalut jamais d'une noble origine. Sa correspondance est toujours signée «Sampiero da Bastelica» ou «Sampiero Corso».

Il était né, en effet, à Bastelica, et non «au château de Sampiero sur le Tibre» ainsi que l'assure la *Biographie Firmin-Didot*. Relevons à son sujet quelques assertions erronées. Il ne servit point comme page dans la maison du cardinal Hippolyte de Médicis qui était de treize ans plus jeune que lui. Il ne fut jamais colonel-*général* des Corses, charge qui ne fut créée qu'après sa mort pour son fils Alphonse, non plus que colonel du *Royal*-Corse, ce genre de dénomination étant inconnu au XVIe siècle.

Bayard, ainsi que le connétable de Bourbon, raconte-t-on aussi, auraient exprimé hautement leur admiration pour Sampiero. On ne saurait sans parti pris nier ces propos: le colonel des Corses était digne de l'estime de ces braves capitaines, mais si celle-ci s'est manifestée, il est certain que ce ne fut que sous la plume d'écrivains du XIXe siècle.

Sixte-Quint.—On trouvera, dans certains ouvrages, Sixte-Quint au nombre des personnages illustres produits par la Corse, et la raison qu'on en a donnée est que ce pontife s'appelait dans le monde Peretti. Si ce patronymique est répandu en Corse, il ne l'est pas moins en Italie, où il correspond au français Péret, Petit-Pierre. Un Corse, capitaine général des galères pontificales, Bartolomeo de Vivario, dit da Talamone, mort en 1544, avait bien adopté le nom de Peretti qui était celui d'une famille de Sienne à laquelle il s'était allié, et qui se targua de sa parenté avec les Peretti de Montalto (près d'Ancône) quand la fortune eût élevé l'un de ces derniers à la pourpre cardinalice; mais aucun lien ne rattache Sixte-Quint à Bartolomeo Peretti non plus qu'à d'autres familles corses qui ne furent ainsi désignées que bien après la mort de ce pontife. Ces rapprochements purent cependant offrir un fondement à l'opinion susdite qui a pris depuis tous les caractères d'une tradition.

Christophe Colomb. — On a mené grand bruit depuis une quarantaine d'années autour d'une *découverte* dont l'intérêt (si elle avait été justifiée) dépassait de beaucoup les bornes de l'histoire locale. Selon deux ecclésiastiques corses, MM. Casanova et Peretti, Christophe Colomb serait né en Corse et, pour des raisons difficiles à comprendre, aurait tenu son origine secrète. Cette thèse que combattit M. le chanoine Casabianca, et contre laquelle s'inscrivirent les savants du monde entier, a été reprise de nouveau, en 1913, dans le *Mercure de France* par M. Henri Schœn, qui se flattait d'apporter des preuves irrécusables de l'origine corse du grand navigateur.

L'article du *Mercure* ne fit que reproduire les arguments émis jadis par MM. Casanova et Peretti, à savoir que dès le XVe siècle, il existait à Calvi une famille de navigateurs fameux du nom de Colombo; que ceux-ci étaient indifféremment connus sous les noms de Calvi, Calvo ou Corso, mais que leur véritable patronymique est Colombo; que les Corses paraissent avoir été nombreux dans l'entourage de Colomb; qu'une tradition fort ancienne à Calvi, veut que le grand navigateur soit né dans cette ville... etc.

A ces raisons — les principales — on répondra que si l'appellation de Colombo figure dans certains actes du XVIe siècle à Calvi, c'est en qualité de prénom, et que ce prénom, fort répandu sur les bords de la Méditerranée, devint le patronymique de tant de familles qu'il n'est pas, suivant l'expression de M. Henry Harrisse «trois villes sur cent» où l'on ne rencontre des familles Colomb (Colombo ou Colon).

Mais au XVe siècle, rien n'établit qu'il en ait existé une à Calvi: la famille reconstituée par les auteurs de cette thèse, se compose d'un *gascon* connu sous le nom de Colomb-le-jeune, d'un Corse sans patronymique (Bartolomeo Corso), et de différents membres de la famille Calvo *dont l'identité et le rôle historique sont strictement établis*. Pour obtenir une famille de navigateurs du nom de Colombo à Calvi, il fallut: 1° traduire — librement — Calvo (Chauve, Chauvin) par *le Calvais* ou *de Calvi*; 2° supposer arbitrairement que cette dénomination ne pouvait s'appliquer qu'à des gens du nom de Colombo; 3° fermer obstinément les yeux sur la biographie des personnages dont on travestissait l'identité.

Quant aux Corses dans l'entourage de Christophe Colomb, on n'en trouvera trace ni sur les rôles d'équipage, ni dans le journal de bord de l'Amiral, ni dans les enquêtes postérieures au voyage, ni même dans les œuvres des écrivains insulaires.

Pour prouver l'ancienneté de la tradition de Colomb calvais, M. Schœn cite une élégie en vers à ce sujet «que M. Gaston Paris n'hésitait pas à placer au XVIe siècle». Or, Gaston Paris, dans la séance du 5 février 1886, avait, tout au contraire, déclaré que cette pièce ne devait être accueillie qu'«*avec beaucoup de défiance*».

M. Casanova croyait que «l'acte de baptême de Christophe Colomb existait à Calvi». M. Schœn qui est allé enquêter sur place, ne s'étonne pas de la disparition de ce papier concluant; car, dit-il, «il se trouve *précisément* que les archives de Calvi furent détruites par un incendie à la fin du XVIe siècle». M. Schœn aurait tort de déplorer plus longtemps ce sinistre, car en supposant que les archives de Calvi soient intactes, en admettant même que cette ville ait donné naissance à l'Amiral, il n'y trouverait certainement pas l'acte de baptême de Colomb, né près d'un siècle avant que le Concile de Trente eut prescrit la conservation des actes d'église!...

Je n'aborderai pas les inexactitudes de détail, les contradictions, les textes tronqués et les imprudentes amplifications des nouveaux avocats de cette cause malheureuse; mais je citerai quelques opinions provoquées en 1892 par le chanoine Casabianca: «Rien n'autorise à placer en Corse le berceau de Christophe Colomb» (Léopold Delisle). — «Un patriotisme local fort mal inspiré a mis en circulation la ridicule légende de Christophe Colomb français, corse et calvais» (Auguste Himly). — «Que la Corse laisse à Gênes ce qui appartient à Gênes; sa part reste assez belle» (Siméon Luce). — «L'érection par le gouvernement français à Calvi d'une statue de Christophe Colomb, risquerait de nous couvrir de ridicule» (G. Monod). — «La Corse est assez riche de ses gloires nationales pour n'avoir pas besoin d'aller chercher en dehors d'elle des renommées retentissantes» (Victor Duruy).

Arrêtons-nous sur ce jugement autorisé qui synthétise la correspondance adressée par les savants des deux mondes au chanoine Casabianca. En rappelant les «gloires nationales de la Corse», on rendait hommage au «patriotisme éclairé» qui l'avait poussé à «répudier pour son île natale une gloire imméritée». Dans une lettre qui fut lue publiquement, à l'Académie des Inscriptions et Belles-Lettres, le 14 février 1890, M. Henry Harrisse félicita M. Casabianca, d'avoir produit un travail qui était à la fois «un bon livre et une bonne action».

Les Bonaparte. — On s'intéresserait probablement fort peu aux Bonaparte d'autrefois si la place imposante conquise par Napoléon dans l'histoire, n'avait obligé celle-ci à jeter quelques clartés sur ses ancêtres. Les multiples écrits parus sur ce sujet, ont été souvent classés dans la *Bibliographie historique de la Corse*.

On peut affirmer sans crainte d'être démenti que presque tous renferment des allégations d'une inexactitude outrée. Sans m'arrêter aux *Mémoires* de la duchesse d'Abrantès qui rattachent les Bonaparte aux empereurs d'Orient, ni aux généalogies florentines qui ne supportent pas l'examen le plus superficiel, je me bornerai à signaler comme reposant sur un document de fabrication contemporaine la thèse qui fait descendre Napoléon des princes *cadolinges*, comtes de Settino, Fuccechio et Pistoja, thèse adoptée par Garnier, dans ses *Généalogies des Souverains*, et Bouillet, dans son *Atlas Historique*, ouvrages sur l'autorité desquels les livres de seconde main sont d'autant plus tentés de s'appuyer que M. Frédéric Masson dans son *Napoléon inconnu*, consacre plusieurs pages à la biographie de ces ancêtres présumés des Bonaparte.

Garnier et Bouillet décorent le premier Bonaparte qui vint à Ajaccio, Francesco, du titre de général des troupes génoises. Un très grand nombre de pièces comptables permettent de suivre la carrière de l'ascendant de l'Empereur, qui mourut *simple soldat* à Ajaccio après avoir servi la République pendant cinquante ans.

Francesco cependant appartenait à une famille distinguée de Sarzane où la charge de notaire impérial était héréditaire depuis le XIIIe siècle. Les Bonaparte qui figuraient parmi les premiers citoyens de la ville, furent employés en Corse par les Fregosi quand ceux-ci, maîtres de Sarzane (V. ch. VIII), eurent acquis la seigneurie de l'île. L'importance de Cesare et Giovanni Bonaparte, grand-père et père de Francesco se déduit des missions dont ils furent chargés par l'Office de San-Giorgio et les

Fregosi. Francesco dont le patrimoine s'était amoindri, obtint la concession d'un terrain à Ajaccio: il y bâtit une maison et se fixa dans la nouvelle cité. Ses descendants, notaires, se livrant quelque peu au négoce, vécurent avec honneur, mais sans gloire jusqu'«au 18 brumaire», date à laquelle il plaisait à Napoléon de fixer l'origine de la noblesse des Bonaparte.

Les ouvrages récents: Sous le titre *La Corse* (1908), MM. Hantz et Dupuch ont publié un petit abrégé de l'histoire de l'île exempt des erreurs et des anachronismes que j'ai signalés.

M. A. Ambrosi a donné en 1914 l'*Histoire des Corses et de leur civilisation*. L'auteur n'a voulu, dit-il, que «tirer parti des pièces d'archives ou des manuscrits qui, sur une foule de questions, ont été imprimés».—«Presque toutes les sources, ajoute-t-il, se trouvent dans le *Bulletin des Sciences corses.*»

La valeur du livre de M. Ambrosi s'affirme dans l'étude des temps modernes pour lesquels l'auteur est particulièrement documenté. En effet, M. l'abbé Letteron, président de la Société, qui dirige le *Bulletin* depuis 1881, s'est appliqué surtout à réunir des matériaux pour l'histoire du XVIIIe siècle qu'il a jugé avec raison capable d'apporter une contribution plus large à l'histoire de la France. Le *Bulletin* est donc, pour cette période, riche en mémoires et en documents de tout ordre. Les époques antérieures par contre y sont peu représentées. C'est tout au plus si dans les 370 fascicules déjà parus de ce précieux recueil, on trouverait une douzaine d'articles inédits, généralement brefs, sur le Moyen Age. Quoi qu'il en soit l'œuvre de M. Ambrosi permet d'apprécier l'appoint considérable apporté par la Société, dont il est le secrétaire, à l'historiographie de la Corse. Notons en outre la présentation raisonnée du livre où l'auteur, agrégé de l'Université, a fait preuve de grandes qualités didactiques.

L'histoire d'après les sources originales. — En 1872, M. Francis Mollard, depuis archiviste départemental de la Corse, démontra la nécessité pour l'île de posséder une histoire assise sur des bases plus solides que des traditions dénaturées par ceux-là mêmes qui s'étaient donné pour objet de nous les transmettre. Chargé par le Ministère de l'Instruction Publique d'une mission en Italie, il en rapporta une moisson assez abondante de documents qui furent publiés en partie dans les *Archives des Missions scientifiques* (1875), le *Bulletin historique et philologique* (1884) et le *Bulletin de la Société des Sciences historiques de la Corse* (1885).

Reprenant en 1893, sous les auspices du Ministère de l'Instruction publique, l'œuvre interrompue de M. Mollard, j'ai pu relever dans les différents fonds d'archives italiens, français et espagnols les copies de plus de 2.000 documents inédits (de 960 à 1500) et y recueillir une quantité innombrable d'extraits relatifs à la Corse ou à des Corses.

Les résultats de ces enquêtes qui ont fait l'objet de plusieurs mémoires, ont été sommairement groupés et publiés en 1908 sous le titre d'*Histoire de la Corse écrite pour la première fois d'après les sources originales*. On y trouve, en tête de chaque chapitre, la liste des fonds d'archives (cartons, registres, liasses, etc.), sources narratives, collections, recueils et ouvrages qui ont servi à son élaboration.

C. C. R.

HISTOIRE DE CORSE

Table des matières

I

LES ORIGINES

Table des matières

Les données géographiques. – Les découvertes archéologiques et anthropologiques. – La civilisation néolithique. – La question des influences orientales.

Un pays de montagnes dans la mer: telle est la Corse, âpre et riante, qui tout à la fois repousse et accueille. Les plus hauts sommets se dressent dans la partie médiane de l'île, sur le bord occidental d'une dépression qui, de l'île Rousse à la marine de Solenzara, sépare la Corse granitique, à l'Ouest, et la Corse schisteuse, à l'Est. La ligne de faîte, qui atteint 2.710 mètres au *monte Cinto*, 2.625 mètres au *monte Rotondo*, n'est franchie que par des cols (*foci* ou *bocche*) élevés de plus de 1.000 mètres. C'est de ce côté que la partie ancienne de la Corse est le plus difficilement accessible. La vaste conque granitique du Niolo, d'où le Golo s'échappe par des gorges sauvages, abrite un peuple de bergers «couverts de poils» qui ont gardé, notamment dans la *piève* d'Asco, les mœurs d'autrefois. C'est une race de travailleurs, rude et vaillante. «Nulle part, dit un vieux dicton corse, on ne travaille autant que dans le Niolo.» Entre les hautes vallées du Golo et du Tavignano, sur un seuil élevé, Corte commande le passage de l'Ouest à l'Est: ce fut, au XVIIIe siècle, le centre politique de l'île.

Des hauteurs du Niolo, que prolongent vers le Sud-Est le *monte d'Oro*, le *monte Renoso*, l'*Incudine*, descendent vers le Sud-Ouest une série de vallées étroites et parallèles — Liamone, Gravona, Prunelli, Taravo, Rizzanèse — aboutissant aux nombreux golfes de la côte occidentale. Séparées par de hautes croupes, elles communiquent malaisément entre elles et certains «pays» ont reçu des appellations distinctes: la verte Balagne, au Sud de Calvi, — les *Calanche*, vers Piana, où le granit désagrégé a formé des accumulations pittoresques de rochers, — la *Cinarca*, «le plus joli pays du monde»... La mer, qui s'ouvre à l'ouest, fut à l'origine le seul lien entre les hommes: à cause d'elle, l'«*Au-delà des monts*» fut la partie la plus anciennement peuplée de toute l'île.

La région plissée, qui confine à l'Est, est beaucoup plus récente. Son architecture est celle des chaînes alpines. Les vallées n'offrent pas la même régularité et le même parallélisme que celles de l'ouest: quelques-unes, comme celles du Golo et du Tavignano, n'ont pu établir leur profil actuel qu'au prix d'énergiques captures. En tous cas le morcellement n'est pas moindre. Voici le Cap, avec ses «marines», — la «conque» du *Nebbio*, dont certaines parties ont une grâce exquise, — la riante *Casinca*, où les villages, tout blancs, coiffent les collines, — la *Castagniccia*, où des pièves multiples — Rostino, Ampugnani, Vallerustie, Orezza, Alesani — formèrent le réduit de l'indépendance corse, — le *Fium Orbo* sauvage et sublime... Tel est l'«*En-deçà des monts*», où l'émiettement territorial est également imposé par les conditions géographiques. Mais, sauf à Bastia et dans quelques «marines» privilégiées, la côte est peu favorable à la vie maritime: les alluvions, fluvio-glaciaires ou bien modernes, ont créé deux plaines, larges de 5 à 10 kilomètres, où sévit la malaria.

A l'extrémité sud, une petite table de calcaires tertiaires s'accole au massif ancien: c'est la région de Bonifacio, que les Corses mêmes considèrent comme étant presque hors de Corse.

A travers cette variété il est difficile de saisir l'unité profonde qui fera l'originalité du pays corse. Au surplus, les contrastes abondent. La plaine féconde est délaissée pour la montagne; c'est une île, et il n'y a pas de marins; le relief invite au morcellement, et pourtant il n'y a pas de nationalité plus homogène que la nationalité corse. Ces étrangetés s'expliquent par l'histoire. Grâce à sa situation centrale dans le bassin occidental de la Méditerranée, à la sûreté de ses mouillages, la Corse a été atteinte, et de très bonne heure, par les courants généraux de commerce et d'invasions qui ont contribué à mêler les races de la Méditerranée et de l'Europe; dès l'antiquité, elle tenta les convoitises, elle devint l'arène de toutes les compétitions, le rendez-vous de tous les conquistadores. Histoire compliquée, souvent tumultueuse, dont les origines sont, comme il arrive, particulièrement délicates à démêler.

Pour Sénèque déjà, les temps anciens de la Corse étaient «enveloppés de ténèbres», et l'exil du philosophe dans l'île qu'il détesta si fort marqua longtemps le dernier fait précis jusqu'où l'on pouvait remonter sans faire aux hypothèses une part trop grande. Vers la fin du XVIIIe siècle, l'historien de la Corse, Pommereul, constatant que «l'origine de la plupart des peuples est couverte d'un voile impénétrable» et qu'au surplus «l'âge d'un peuple ne peut rien ajouter à sa gloire», consent à rester ignorant par esprit philosophique et par raison critique. Les habitants de la grande île méditerranéenne sont-ils aborigènes? ou ne résultent-ils pas plutôt du mélange de toutes les nations qui en ont fait successivement la conquête? Peu importe: «ils existent, ils ont existé, c'est une chaîne de générations dont on ne peut retrouver le premier chaînon».

Notre époque eut de plus indiscrètes curiosités. Le capitaine Mathieu signalait le premier, en 1810, dans les *Mémoires de l'Académie Celtique*, la présence en Corse de monuments mégalithiques. Vers 1840, Prosper Mérimée, inspecteur général des monuments historiques, montrait, au retour d'une mission archéologique, l'intérêt qu'il y aurait à rassembler «tous les documents, tous les faits qui peuvent conduire à la connaissance des origines de la Corse». Malheureusement les insulaires répondirent mal à l'appel qui leur était adressé et, soit ignorance, soit cupidité, ils se montrèrent mauvais gardiens des trésors que leur sol renfermait en abondance. On vit des dolmens détruits, des objets d'art brisés ou dispersés. L'indifférence de l'Etat fit le reste. Il y eut des erreurs commises, et nous ne possédons même pas le relevé des milliers de débris que la construction, sous le Second Empire, d'un canal d'irrigation mit à jour dans la plaine de Biguglia. Mais voici que la Corse se prépare, dans de meilleures conditions scientifiques, à exhumer de nouveaux trésors archéologiques. Les deux lois récemment votées sur la construction du chemin de fer de Bonifacio et sur l'assainissement de la côte orientale prévoient de grands travaux de desséchement, de régularisation fluviale et d'adduction d'eau potable, qui vont bouleverser une terre éminemment historique, faite avec la poussière de ses plus anciens monuments.

En même temps, des recherches ont été poursuivies dans d'autres domaines. Complétant les études anthropologiques de MM. Broca, Fallot, Jaubert et

Mahoudeau, M. Pierre Rocca a mensuré 200 individus dans l'île préalablement divisée en trois régions distinctes et il a notamment porté ses investigations sur les montagnards du Niolo, où le type primitif s'est sans doute le mieux conservé. Une foule de grottes ont été explorées: quelques-unes ont abrité les hommes du néolithique et du hallstattien.

Quelles que soient les surprises que nous réservent des fouilles méthodiquement entreprises ou d'accidentelles découvertes, nous pouvons dès à présent, et sans crainte de généralisation hasardeuse, classer les débris recueillis pour reconstituer les étapes du plus lointain passé. L'âge de la pierre, l'âge du bronze, l'âge du fer se sont succédé, ou se sont entremêlés parfois, ici comme ailleurs.

Jusqu'à présent, aucune découverte précise ne permet de croire que l'homme paléolithique a vécu dans l'île; mais la civilisation néolithique s'y est développée de bonne heure. A l'exclusion peut-être des *tumuli*, on rencontre en Corse tous les types de monuments mégalithiques qui ont été signalés en Bretagne. Les dolmens ou *stazzone* et les menhirs (*stantare* ou *monaci*), les alignements et les cromlechs y sont extrêmement nombreux, plus nombreux assurément que ne l'a écrit M. de Mortillet.

L'imagination populaire leur attribue une origine surnaturelle: il y a la forge du diable (*stazzona del diavolo*), la table du péché (*tola di u peccatu*), la maison de l'ogre (*casa dell'orco*) et, quant aux menhirs du Rizzanèse, appelés *il frate e la suora*, il faut y voir les statues pétrifiées d'un moine et d'une religieuse qui voulaient fuir Sartène pour cacher au loin leurs coupables amours.

Les plus caractéristiques sont dans le sud et appartiennent à l'arrondissement de Sartène. Le dolmen de Fontanaccia est le plus beau et le mieux conservé: sept dalles supportent une table longue de $3^m,40$ et large de $2^m,90$; la chambre, enfoncée dans le sol d'environ 40 centimètres, mesure intérieurement $2^m,60$ de long, $1^m,60$ de large et $1^m,80$ de haut. Sur la face supérieure de la table se trouvent trois cuvettes réunies au bord par des rigoles taillées de main d'homme. Auprès de ce dolmen, deux petits menhirs isolés sont cachés dans le maquis. Au pied du rocher de Caouria, un alignement comprend 32 menhirs, dont 26 debout et 6 renversés. A quelque distance, l'alignement de Rinaïou comprend 7 menhirs rangés en ligne droite. Citons encore le menhir de Vaccil Vecchio, véritable colonne de $3^m,20$ de haut, celui de Capo di Luogo, plus large au sommet qu'à la base, les blocs de la vallée du Taravo dont la longueur dépasse 4 mètres, etc.

Le groupe septentrional, qui occupe une portion de l'arrondissement de Bastia et s'étend jusque sur celui de Calvi, est beaucoup moins riche et moins intéressant. Les principaux menhirs sont à Lama et les dolmens du *monte Rivinco* sont curieusement composés de dalles de gneiss.

Des cimes de Cagna, escarpées sur le ciel, se détache une ébauche gigantesque de statue d'homme que l'on découvre de très loin. Est-elle due au caprice de la nature? Doit-on la rapprocher de celle d'Appricciani, à Sagone, qui semble l'œuvre inachevée d'un artiste? Celle-ci est une tête de géant, posée sur un piédestal, haut de 2 mètres environ. Mérimée la prit pour une idole; Renan la mentionne dans sa *Mission de Phénicie*, sur les indications du baron Aucapitaine, comme un couvercle de sarcophage phénicien; ce ne serait, d'après M. Michon, qu'un menhir sculpté.

Quoi qu'il en soit, il est certain que les traces de travail humain sont rares sur les dolmens et les menhirs. Pour juger ce que fut la «civilisation» des néolithiques, il convient d'examiner leur outillage qui fut, ici comme sur le continent, très perfectionné. Haches de pierre polie, pointes de flèches, racloirs, couteaux, débris de poteries, percuteurs, broyeurs, polissoirs, etc., une série d'objets dont le fini remarquable témoigne de la patience et de l'habileté des ouvriers, ont été retrouvés en Balagne, près de Bonifacio, à Vizzavona, ailleurs encore.

Les découvertes de M. Simonetti-Malaspina en Balagne ont une importance particulière. Sur le territoire de Ville-di-Paraso, à 2 kilomètres environ du village et à 8 kilomètres de la mer, se trouvent les ruines d'une ancienne cité: les vestiges du mur d'enceinte sont encore très apparents; sur une surface de plus de 50 hectares, le sol est couvert de débris de poteries; on a recueilli en cet endroit des marteaux, des polissoirs, des fragments de vases en porphyre et surtout une quantité considérable de petits moulins à moudre le blé. On y a trouvé — on y trouve encore — beaucoup de pointes de flèches en silex noir du pays. — Dans d'autres régions, les ouvriers se servent de serpentine, de quartz ou même de diorite. Près de Bonifacio, le commandant Ferton a relevé de nombreux débris d'obsidienne provenant probablement de Sardaigne: de bonne heure des échanges durent avoir lieu entre les deux grandes îles de la Méditerranée Occidentale. Une même race peuplait la Sardaigne et la Corse: celle des Ibères et des Ligures. Tels sont en effet les peuples que l'on retrouve partout à l'arrière-plan de la civilisation dans la Méditerranée Occidentale; ils paraissent avoir joué le même rôle que les Pélasges dans la Méditerranée Orientale, ils sont «le peuple x» de l'antiquité.

L'homme néolithique de Bonifacio trouvait un asile dans les nombreux abris sous roche de la région; il se nourrissait des produits de la chasse et de la pêche, principalement de coquillages marins et du *lagomys corsicanus*, petit lièvre de la grosseur d'un rat, aujourd'hui disparu. Il ne dédaignait pas l'art de plaire, se parant de colliers ou de bracelets de coquilles, et se teignait le corps. Quand il mourait, on pliait le cadavre dans la position de l'homme accroupi et on l'inhumait avec des vivres et des outils.

Grâce à des découvertes récentes, l'âge du bronze commence à être représenté en Corse par des spécimens assez nombreux, provenant surtout de la Balagne. Quant à la civilisation des armes de fer, elle s'est véritablement épanouie. C'est à elle que l'on doit les riches sépultures qui, à Prunelli di Casacconi et surtout à Cagnano, près de Luri, ont livré, avec de remarquables débris de squelettes, une foule de bijoux et d'ustensiles: fibules, bracelets, agrafes, creusets pour fondre le métal, perles en pâte de verre, boutons et appliques en or, peignes, chaînettes et pinces épilatoires, manches de poignards hallstattiens.

Quelle est l'origine de ces objets, dont quelques-uns révèlent une fabrication délicate? Y avait-il dans l'île des fondeurs de bronze établis à demeure? Doit-on, au contraire, reconnaître ici l'œuvre des

La Tour dite de Sénèque. — Tour de Griscione. (*Sites et Monuments du T. C. F.*)
Pl. I. — Corse.

Tsiganes, ces métallurgistes ambulants, à la fois fondeurs et habiles marteleurs, dont le nom a été donné à la première période du bronze? Ils achetaient aux habitants leurs objets hors d'usage et, quand ils en possédaient une certaine quantité, procédaient à leur refonte à l'aide de moules et de creusets qu'ils portaient avec eux. Souvent, le poids de leur collecte journalière étant trop lourd, ils la cachaient dans un endroit plus ou moins bien repéré. Faut-il tout simplement, rapprochant les pièces trouvées en Corse des débris exhumés à Villanova et à Bologne, leur attribuer une provenance étrusque? L'hypothèse est tentante et c'est vers elle que penche M. Letteron, le dernier historien de la Corse primitive.

Pourtant il faut bien reconnaître que la civilisation de Cagnano est analogue non pas seulement à celle qui s'est développée dans le centre de l'Italie, mais encore au Caucase et dans la vallée du Danube. Les influences civilisatrices sont peut-être venues de plus loin: il y a eu, à partir du néolithique, une communication entre l'Orient et l'Occident et une influence du premier sur le second. Mais il ne faudra rien exagérer. En cette matière comme en beaucoup d'autres, il est difficile de faire les parts de l'indigène et de l'exotique: trop de détails restent inconnus. Tout ce qu'on peut faire est de peser ceux dont on dispose, sans trop conclure, car demain il en peut surgir de nouveaux qui remettent tout en question.

II

LA «DÉCOUVERTE» DE LA CORSE

<u>Table des matières</u>

Légendes éponymes. — La colonisation phénicienne.
— Les Phocéens et les premiers marchés permanents.
— Étrusques et Carthaginois.

La Corse n'entre vraiment dans l'histoire qu'au VIe siècle, avec l'arrivée des Phocéens fugitifs: ce sont eux qui ont définitivement «découvert» la Corse et inauguré une colonisation qui se poursuivra désormais sans arrêt.

Avant eux, sans doute, il y a eu des établissements commerciaux et des tentatives de peuplement. Ibères, Ligures, Phéniciens sont entrés, pour une part difficile à déterminer, en relations avec les hommes qui habitaient la Corse dès l'époque des dolmens et qui étaient peut-être — du moins pour les Ligures — des hommes de leur race. De vieux auteurs l'assurent et, dans la légende qu'ils nous ont transmise, une réalité précise apparaît sans doute. Une femme de la côte de Ligurie, voyant une génisse s'éloigner à la nage et revenir fort grasse, s'avisa de suivre l'animal dans son étrange et longue course. Sur le récit qu'elle fit de la terre inconnue qu'elle venait de découvrir, les Liguriens y firent passer beaucoup de leurs compagnons. Cette femme s'appelait *Corsa*, d'où vint le nom de Corse. C'est la légende éponyme que nous retrouvons à l'origine de toutes les cités antiques; mais elle est de formation récente, car le premier nom de l'île est *Cyrnos* et non pas *Corsica*.

La difficulté n'était point pour embarrasser les vieux chroniqueurs, grands amateurs de merveilleux et habitués à ne douter de rien. Il y a d'autres légendes, et plus prestigieuses, sinon moins fantaisistes. Un fils d'Héraclès, Cyrnos, aurait colonisé la Corse en lui donnant son nom. Giovanni della Grossa croit que la Corse a été peuplée par un chevalier troyen, appelé *Corso* ou *Cor*, et une nièce de Didon, nommée *Sica*, que Corso a bâti les villes de l'île et leur a donné les noms de ses fils et de son neveu, Aiazzo, Alero, Marino, Nebbino. C'est ainsi que la Grande-Bretagne a eu son *Brut*, la France son *Francus* et que la Corse a son *Corso*, neveu d'Enée.

Faut-il parler d'une colonisation phénicienne en Corse? La chose est vraisemblable, mais l'on sait assez ce qu'il faut entendre par ce mot. Les Phéniciens ont su les premiers jouer le rôle fructueux d'intermédiaires et de courtiers entre les diverses parties du monde méditerranéen; mais ils n'ont jamais entendu s'installer à demeure sur une terre étrangère. Après une navigation lente le long des côtes, ils abordaient dans les îles ou sur les promontoires, échouaient leurs navires sur le sable et, de marins devenus marchands, étalaient leur pacotille sur la place publique. La foule se pressait autour de ces hommes «aux beaux discours», ainsi que les appellent les poèmes homériques, de ces hommes qui savent tromper. Les femmes soupesaient les bijoux d'or fabriqués à Memphis ou à Babylone, les statuettes de dieux, en bronze ou en terre cuite, les coupes de verre aux reflets chatoyants dont les Phéniciens avaient appris la fabrication en Egypte. On regardait aussi, et ce n'était pas ce qui excitait le moindre étonnement, les marchands étrangers tracer sur le papyrus des signes bizarres qui permettaient de noter à tout jamais, au moyen d'une trentaine de signes, tous les sons de la voix humaine... Des jours et des mois se succédaient ainsi; puis, un jour, les étrangers disparaissaient, après avoir entassé dans leurs navires aux flancs ronds les peaux de bêtes, la cire et le miel, — marchandises que le troc avait mises en leur possession, — souvent aussi les jeunes gens et les jeunes filles qu'ils vendaient comme esclaves. Et les marchands reprenaient la mer, voguant vers d'autres régions, ballottés d'île en île.

Ainsi abordèrent-ils aux rivages de Corse et peut-être faut-il voir dans le nom de l'île une racine phénicienne: Kir, Keras, l'île des promontoires. Héraclès, le Melkart phénicien, dont le culte sert à marquer les principales étapes des marins de Tyr et de Sidon, ne vint pas en Corse, mais la légende y fait débarquer son fils Cyrnos. Peut-être n'y a-t-il eu qu'une colonisation essaimée de Carthage, à une époque beaucoup plus récente.

Au surplus, quand les Phéniciens auraient vraiment découvert la Corse, il n'y aurait pas lieu d'insister. Très jaloux de conserver autant que possible le monopole du commerce, ils ont gardé pour eux les renseignements qu'ils avaient pu obtenir. De plus ils n'ont pas pénétré dans l'intérieur du pays; leurs comptoirs, établis temporairement à l'extrémité des promontoires, ne s'animaient qu'à de rares intervalles, et les peuplades insulaires ne s'unirent point aux Phéniciens par des relations régulières. Ces peuplades vivaient retranchées sur les montagnes, dans un état de demi-sauvagerie, pendant que les écumeurs de la Méditerranée s'établissaient tour à tour sur les côtes, dans un chassé-croisé furieux dont le pays faisait tous les frais.

Enfin les Phocéens vinrent, et avec eux les premiers marchés permanents. A l'étroit dans un territoire peu fertile de l'Asie Mineure, ils cherchèrent dès la fin du VIIe siècle à s'établir au dehors; mais dans tout l'Orient méditerranéen la place était prise. Ils se tournèrent vers les régions plus lointaines et, montés sur des vaisseaux étroits et rapides que 50 rameurs faisaient glisser sur les flots, ils se dirigèrent vers le *Far West* de l'ancien monde. Équipés pour les batailles navales comme pour le commerce et la piraterie, ils allèrent jusqu'au pays de Tartessos, riche en métaux, où le roi Arganthonios les reçut amicalement et leur offrit un asile. Mais ils furent obligés de fuir sous la menace des Carthaginois, — telle est du moins la très vraisemblable hypothèse formulée par M. Jullian; ils recommencèrent à longer les côtes, ils s'arrêtèrent à Rome, et même, s'il faut en croire Trogue-Pompée, signèrent un pacte d'amitié avec le premier Tarquin. A force d'errer, ils découvrirent la rade de Marseille, spacieuse et bien abritée, sous un ciel qui rappelait celui de Grèce: ils s'y fixèrent vers l'an 600.

Mais ils restaient en relations suivies avec la métropole, et les Phocéens d'Asie considérèrent Marseille comme un point d'appui pour organiser dans la Méditerranée occidentale un grand empire maritime, une véritable thalassocratie. Entre l'embouchure du Rhône et le détroit de Gibraltar, on les voit s'installer au débouché de toutes les vallées, ils bâtissent Mainaké (Malaga). Vers 564, enfin, ils arrivent en Corse et fondent Alalia (Aleria) «pour obéir à un oracle», dans une position remarquable, au centre de la vaste plaine orientale, au débouché du Tavignano. De là ils pouvaient surveiller toute la côte étrusque, l'île d'Elbe, dont les mines de fer pouvaient compenser celles du pays de Tartessos, la vallée du Tibre et la puissante cité d'Agylla (Cervetro) qui avait des sommes considérables déposées dans le trésor de Delphes. A quelques kilomètres d'Alalia, l'étang de Diana pouvait abriter une flotte de commerce et se prêter aux évolutions d'une flotte de guerre. Ainsi commençait à se dessiner un Empire grec dans la Méditerranée occidentale.

Alalia grandissait lentement, des temples s'élevaient et l'œuvre de colonisation se poursuivait lorsque les malheurs survenus à la métropole vinrent lui donner un essor définitif. Vers 540 Phocée fut assiégée par Harpage, lieutenant de Cyrus. Plutôt que de se soumettre au joug des Perses, les Phocéens, voyant qu'une longue résistance était impossible, s'embarquèrent avec leurs femmes, leurs enfants et tous leurs trésors et ils allèrent demander aux habitants de Chio de leur vendre les îles Œnusses. Ceux-ci refusèrent, «dans la crainte, écrit Hérodote, que les nouveaux venus n'y attirassent le commerce à leur détriment». Les Phocéens se remirent à la voile pour gagner la Corse et arrivèrent grossir les rangs des premiers colons d'Alalia.

Actifs, industrieux, ils développèrent la prospérité de la colonie primitive. Hérodote nous dit qu'ils élevèrent des temples et qu'ils ravageaient et pillaient tous leurs voisins. Qu'en faut-il conclure, sinon qu'ils ont l'intention de s'établir définitivement et d'agrandir leur territoire? Leur ambition croît avec les succès, des relations commerciales et politiques suivies unissent les Phocéens de la Méditerranée Occidentale, dont la puissance maritime est devenue considérable. Mais la ville d'Alalia ne devait pas connaître une splendeur plus grande et, moins de cinq ans après l'arrivée des Phocéens d'Asie, elle succombait sous les coups de ses ennemis.

L'apparition de ces étrangers, qui venaient s'implanter au cœur de la mer Tyrrhénienne, tout près de l'Italie et de la Sardaigne, également le long des côtes espagnoles, détermina les Carthaginois et les Etrusques à se coaliser contre eux. Ici se manifeste l'hostilité constante de Carthage contre les Grecs: antagonisme de races, peut-être, mais surtout rivalité économique. Une grande bataille navale s'engagea dans les eaux de Sardaigne, en face d'Alalia. Les Phocéens, que leurs compatriotes de Marseille étaient venus renforcer, remportèrent la victoire, car ils avaient réussi à empêcher le débarquement des alliés; mais ils avaient perdu quarante vaisseaux, et vingt autres étaient hors de service, les éperons ayant été faussés. Ils rentrèrent à Alalia et, prenant avec eux leurs femmes, leurs enfants et tout ce qu'ils purent emporter du reste de leurs biens, ils abandonnèrent définitivement la Corse et refluèrent vers Marseille (535).

La chute de la thalassocratie phocéenne laissait la Corse au pouvoir des Etrusques dont la domination s'étendit à nouveau sur toutes les rives de la mer Tyrrhénienne, véritable lac étrusque. «Maîtres de la mer», écrit Diodore de Sicile, ils s'approprièrent les îles intermédiaires et établirent solidement leur pouvoir en Corse: ils fondèrent Nicée et exigèrent des habitants un tribut de miel, de cire, de bois de construction et d'esclaves.

Pourtant la puissance de la confédération étrusque touchait déjà à son déclin et se resserrait de plus en plus dans l'Italie Centrale. Obligés de faire face au péril gaulois, vaincus devant Cumes par Hiéron de Syracuse, ils durent renoncer aux grandes expéditions maritimes. Du moins continuaient-ils à se livrer à la piraterie, se faisant corsaires et pillant les vaisseaux étrangers qui naviguaient dans la mer Tyrrhénienne. Il fallut que le général syracusain Apelles entreprît une expédition en Corse d'où les Etrusques partaient pour leurs incursions et où ils apportaient leur butin. Les Syracusains abordèrent, selon toute vraisemblance, dans le midi de l'île et, pendant que leurs soldats portaient le ravage dans l'intérieur, leur flotte s'abritait dans le *portus Syracusanus*, qui est, suivant les anciens géographes, Bonifacio, Santa-Manza ou Porto-Vecchio.

A mesure que la confédération étrusque voyait s'affaiblir sa puissance, elle dut concentrer peu à peu toutes ses forces dans la péninsule et abandonner les établissements qu'elle possédait dans les îles voisines. Les Carthaginois, au contraire, délivrés sur mer de leurs rivaux redoutables, prenaient pied dans toutes les îles de la mer de Sardaigne et de la mer d'Etrurie. L'inexpérience des Romains, longtemps ignorants dans l'art de la navigation, leur laissait d'ailleurs le champ complètement libre. Pendant deux siècles ils purent jouir en paix de la possession des îles voisines de l'Italie.

A quel système de gouvernement la Corse fut-elle alors soumise? On ne saurait le dire. Carthage conquérait pour exploiter, et son Sénat ne se souciait guère d'organiser fortement sa conquête comme faisait celui de Rome. Il songeait avant tout à fonder sur les côtes des comptoirs commerciaux, à exploiter les mines et à prélever des tributs sur les peuples soumis, dont il avait fait au préalable démanteler les places fortes. Les Corses, à vrai dire, ne s'étaient jamais soumis, pas plus aux Carthaginois qu'aux Etrusques: réfugiés dans l'intérieur de l'île, ils résistaient au milieu des rocs inaccessibles où ils s'étaient retranchés. Les maîtres de la mer pouvaient occuper les côtes, ruiner les comptoirs, installer des garnisons: ils ne pouvaient avoir raison de ce peuple indomptable et fier, «dont les esclaves ne sont pas aptes, à cause de leur caractère naturel, aux mêmes travaux que les autres esclaves». Diodore de Sicile, qui fait cette observation, constate également que l'île est montagneuse et couverte de bois touffus: les «Africains» n'avaient jamais songé à la conquérir.

En dépit de sa belle apparence, l'empire carthaginois n'était donc point solide. C'était le colosse d'airain aux pieds d'argile dont parle l'Écriture. Il s'effondra dès qu'il fut attaqué par un ennemi puissant et déterminé.

Cet ennemi, ce fut le peuple romain. Il allait conquérir la Corse et la marquer de son empreinte.

III

LA CORSE ROMAINE[B]

Table des matières

La conquête. – La paix romaine: l'organisation militaire et administrative. – Débuts du christianisme.

Tant que les Romains avaient fait la guerre aux Étrusques et aux Grecs d'Italie, les Carthaginois ne s'étaient pas inquiétés de leurs victoires et y avaient même applaudi. Ils avaient fait plus. En 509, ils avaient signé avec les Romains un traité d'alliance et de commerce, et, pendant la guerre de Tarente, ils leur avaient offert des secours, qui furent d'ailleurs refusés.

Mais du jour où Rome posséda l'Italie continentale, elle fut bientôt entraînée à de nouvelles conquêtes. En 264, la possession de la Sicile mit Rome aux prises avec Carthage et ce fut le duel d'un siècle qu'on appelle les guerres puniques. Lutte de races, peut-être, mais surtout rivalité d'intérêts: les événements de Corse le prouvent bien.

Dans le système politique que les Phocéens avaient une première fois élaboré et tenté de réaliser, la Corse était un des éléments essentiels: elle demeure un des points d'appui de l'impérialisme romain à ses débuts. Si la puissance qui venait d'établir sa domination sur toute l'Italie voulait être maîtresse de la mer, elle devait faire rentrer la Corse sous son hégémonie pour ne pas avoir sur son flanc une menace constante et un obstacle à ses progrès.

Nécessités stratégiques, nécessités économiques aussi. Par la fertilité de sa plaine orientale, véritable grenier à blé, par l'abondance de ses forêts, peut-être aussi par la richesse présumée de ses mines, la Corse devait tenter les convoitises romaines.

Mais la conquête fut extrêmement pénible; véritable guerre de Cent Ans (260-162) aux victoires précaires, aux trêves incessamment rompues, aux révoltes toujours renaissantes, guerre d'escarmouches, plutôt que grande guerre, et qui ne nécessita pas moins de dix expéditions.

Quand le consul Duillius eut battu près de Myles la flotte carthaginoise (260), la Corse ressentit le contre-coup de cette victoire. Le consul L. Cornelius Scipion, collègue de Duillius, poursuivit les vaisseaux fugitifs jusqu'en Sardaigne, les détruisit et, après d'heureux combats dans cette île, passa en Corse. Il eut à lutter contre les habitants et contre Hannon, général des Carthaginois; Alalia, qui s'était relevée de ses ruines et qui avait été entourée de remparts, fut le centre de la résistance insulaire: elle dut se rendre après un siège mémorable dont il est fait une mention toute spéciale dans l'inscription funéraire du vainqueur. Mais, une fois la citadelle prise, l'île n'était point soumise. Avec le miel, la châtaigne et le lait de leurs chèvres, les gens de la montagne pouvaient tenir longtemps, empêcher tout envahisseur de dépasser la plaine orientale et l'inquiéter sans cesse en descendant brûler les moissons, abattre les maisons, sauvages razzias que la nature du pays rendait faciles... Rome s'en rendit compte, et n'insista pas. Et quand les Carthaginois vaincus durent signer le traité de 241, ils abandonnaient bien la Sicile et l'Italie; mais il n'était pas question de la Corse, dont ils restaient les possesseurs.

Rome semble avoir usé ici — et dès le premier jour — de sa tactique habituelle: profiter des divisions existantes, en créer de nouvelles, apparaître au moment opportun comme l'arbitre des conflits, être celle que l'on implore et qui dicte ses conditions. Ne pouvait-on séparer la cause insulaire de la cause carthaginoise et, dès les premiers symptômes de mécontentement, se présenter comme les alliés nécessaires, comme les libérateurs?

Précisément la guerre des mercenaires suscitait à Carthage les plus graves embarras. Il fallait multiplier les levées d'hommes, faire rentrer les impôts avec rigueur. Les Romains crurent l'instant favorable et, en 238, Tib. Sempronius Gracchus occupait la Corse — et aussi la Sardaigne — au mépris du traité de 241. Mais les Corses n'admirent point les maîtres qui s'imposaient à eux. Les consuls Licinius Varus en 236, Sp. Corvilius en 234, établissent, «non sans peine», une tranquillité superficielle. Quand en 232 les Carthaginois reçoivent, par un ultimatum impérieux, l'ordre d'évacuer toutes les îles, «attendu qu'elles appartiennent aux Romains», les consuls M. Malleolus et M. Æmilius peuvent bien rapporter de Sicile un riche butin; mais, ayant abordé sur les côtes de Corse, ils sont assaillis et dépouillés par les habitants. L'année suivante, le consul C. Papirius Maso refoule les insulaires dans la montagne, mais il ne peut aller plus loin. Certes il est difficile de déterminer, en l'absence de documents contemporains et dans la brièveté des textes d'époque postérieure, quelle est la part des instigations carthaginoises dans la résistance des Corses à la domination romaine. Cette part est évidemment très grande; mais l'existence d'un sentiment proprement corse n'est pas douteux. Obscurément l'idée d'une nationalité indépendante apparaît chez ces peuples qui résultent déjà de tant de mélanges mais chez qui, en face des mêmes dangers, une âme commune est née.

La Corse fut soumise au régime provincial dès 227: c'est à cette date que le nombre des préteurs fut porté de deux à quatre pour gouverner d'une part la Sicile, et, d'autre part, la Sardaigne (d'où dépendait la Corse). Mais l'ordre ne règne pas. En vain le consul Cn. Servilius Geminus fait-il en 217 le tour de la Corse avec cent vingt vaisseaux, fortifiant les côtes et exigeant des otages; en vain place-t-on deux légions à la disposition des préteurs — parmi lesquels il faut citer M. Porcius Cato et l'annaliste Q. Fabius Pictor; — en vain les généraux vainqueurs exigent-ils des rançons (de miel et de cire) toujours plus rigoureuses, — les Corses demeurent en état de rébellion constante.

Au surplus ils n'opèrent point par bandes confuses et sans organisation. Ils perdent en 173, dans une seule action, 7.000 hommes et les Romains leur font plus de 1.700 prisonniers. Etourdis plutôt que domptés par cette défaite, les Corses se réorganisent, préparent un soulèvement général contre lequel Rome doit envoyer en 164 l'armée consulaire de Juventius Thalna. Mais cette fois la pacification est proche: le Sénat décrète des actions de grâces aux dieux en l'honneur de Juventius et, après la démonstration militaire faite par P. Scipio Nasica (163), les Corses, épuisés ou résignés, acceptent leur destin.

On comprend facilement leur peu d'enthousiasme pour le régime qui leur avait été imposé en 227: l'administration romaine fut dure pour la Corse, comme pour les autres provinces, sous la République. Par habileté, plutôt que par bienveillance, quelques gouverneurs prirent pourtant leur rôle au sérieux, s'efforcèrent de ménager les esprits, d'apparaître en pacificateurs et non pas en conquérants. Avant même la réduction en province, Papirius Maso, comprenant la nécessité de se concilier les divinités locales, avait fait le vœu d'élever un temple à une fontaine, source de vie qu'on vénérait à la lisière de la plaine et de la montagne; le Romain ne venait pas en destructeur des usages consacrés et des superstitions populaires. Il pouvait changer un régime politique, mais il ne pouvait modifier les formes rituelles: le cœur de l'homme a éternellement peur des lacs solitaires dans les châtaigneraies et il continue d'adorer les déesses des ruisseaux.

Les mauvais administrateurs étaient beaucoup plus nombreux, même parmi les questeurs, qui pourtant avaient mission de représenter la légalité et la probité. Tout un monde d'étrangers, plus avides encore qu'ambitieux, traitèrent la Corse en pays conquis: ils l'exploitèrent, mais pour leur compte, pillant les temples, ruinant les riches, spéculant sur les biens des villes, multipliant les impôts. Toutes les provinces ayant alors leur Verrès, il était naturel que la Sardaigne (et par conséquent la Corse) eût aussi les siens. Parmi ces hommes qui, suivant la pittoresque expression de C. Gracchus rapportée par Aulu-Gelle, reviennent de province avec «des ceintures pleines d'argent et des amphores pleines de vin», nul ne paraît avoir été plus rapace que M. Æmilius Scaurus, propréteur de la Sardaigne en 57. Pour payer les dettes nombreuses contractées pendant son édilité, il avait pressuré Sardes et Corses et refait sa fortune à leurs dépens. Ses accusateurs obtinrent un délai de quinze jours pour faire une enquête en Corse. Mais Scaurus était beau-fils de Sylla et il avait Cicéron pour défenseur: il fut scandaleusement acquitté. Si la République romaine avait vécu, la Corse n'aurait peut-être jamais atteint le degré de prospérité auquel elle arrivera sous l'Empire; en tout cas, Rome n'y serait jamais devenue respectée et populaire.

Opprimée par ses préteurs, la Corse se trouvait en outre dépouillée de tout ce qu'elle avait possédé jusque-là. Le sol provincial, devenu *ager publicus*, était distribué à des colons et redevenait ainsi propriété particulière en faveur des citoyens romains. Ce fut précisément ce qui arriva quand Marius fonda à l'embouchure du Golo la colonie de Mariana sur l'emplacement de l'ancienne Nicée et quand Sylla, quelques années plus tard, fit passer à Aleria un certain nombre de vétérans et de citoyens romains.

Du moins les Corses sont-ils assurés de trouver en leurs maîtres des protecteurs efficaces contre les incursions des pirates? Non pas, car pendant les guerres civiles qui ensanglantent Rome au dernier siècle de la République, les pirates de Cilicie sont devenus les maîtres de la mer. Mille vaisseaux, 400 villes, des chantiers établis dans un grand nombre de ports semblent leur assurer l'impunité. Ils pillent la Corse et insultent même aux côtes romaines; mais l'excès de leur audace détermine les Romains à organiser l'expédition que Pompée dirige triomphalement à travers la Méditerranée (67).

Six ans après cette guerre, la province de Sardaigne avait pour préteur M. Attius Balbus, dont le nom serait resté inconnu, s'il n'eût été l'aïeul maternel d'Auguste. Les Sardes frappèrent une médaille en son honneur; mais leur reconnaissance eût été moins suspecte s'ils n'avaient pas attendu, pour la frapper, que son petit-fils fût empereur. Au vrai, la Corse n'était pas heureuse et lorsque Octavien reçut, au pacte de 43, la Corse en partage, il ne put la posséder en paix. Le fils du grand Pompée, Sextus, à qui une flotte puissante assurait la domination de la mer, rêvait de reconstituer un empire maritime à son profit en s'appuyant sur les îles, Corse, Sardaigne et Sicile. Un moment même, cette tentative séparatiste parut près de réussir: Octavien et Antoine durent par l'accord de Misène (39) laisser à Sextus la possession de la Sardaigne et de la Corse. Menodorus, lieutenant de Sextus, s'installa en Corse avec plusieurs légions et utilisa les bois de l'île pour augmenter sa flotte. Mais Menodorus trahit et la Corse reçut sans résistance les soldats d'Octavien, devenu bientôt Auguste: la paix romaine put s'étendre sur elle.

On admet en général que la Corse dépendait administrativement de la Sardaigne au début de l'Empire jusqu'au règne de Vespasien: alors seulement elle aurait formé une province séparée, gouvernée par un *procurator* et, après Dioclétien, par un *praeses*. Mais il semble bien qu'il faille adopter la thèse d'Hirschfeld et faire remonter cette séparation à l'année 6 de notre ère. A cette date la Sardaigne fut pour la première fois enlevée au Sénat et organisée en province procuratorienne: on a peine à croire qu'Auguste ait confié simultanément l'administration des deux îles à un seul et même procurateur, simple personnage de rang équestre. Notons d'ailleurs qu'une inscription de Narbonnaise, qui date des débuts de l'Empire, nous parle d'un *praefectus Corsicae*, appelé L. Vibrius Punicus, — le

Église de la Canonica près Luciana. — Bonifacio: la Citadelle. — *Ibid.*: Une rue du vieux quartier. (*Sites et Monuments du T. C. F.*)

Pl. II. — Corse.

praefectus étant, comme le *procurator*, un gouverneur nommé par l'empereur, ne relevant que de lui et préposé en général, comme lui, à l'administration d'un territoire assez limité.

Il résidait à Aleria, centre de la domination romaine, station de la *classis Misenensis*.

Sur un mamelon escarpé qui surplombe la plaine du Tavignano, riante et riche, à proximité d'un port bien abrité, se dressait la citadelle que Scipion avait emportée en 260 et dont Sylla avait compris la remarquable position. Des soldats, venus de Rome, des commerçants la peuplèrent. Mais de leurs efforts, qui furent considérables, de leur œuvre, qui semble avoir connu une époque de prospérité, il ne reste aujourd'hui que des traces incertaines. Quelques gradins du cirque, les caves à voûte de la maison prétorienne, quelques briques, des vestiges du mur qui traversait Aleria... Et c'est tout. Encore Mérimée refuse-t-il de reconnaître une maison prétorienne dans l'enceinte carrée de 40 mètres sur 30 qu'on appelle aujourd'hui la *sala real*, tant la voûte, à forme surbaissée, du souterrain lui paraît maladroitement exécutée. Quant aux substructions, dont la forme en ovale arrondi donne l'idée d'un petit amphithéâtre, il semble bien que ce fut un cirque pouvant contenir en ses trois enceintes concentriques 2.000 personnes tout au plus; mais il pourrait bien être d'origine arabe. Le baron Aucapitaine, dans un mémoire adressé à l'Académie des Inscriptions en 1862, y voyait les restes d'un grenier à céréales ou même les vestiges de constructions militaires... Tout cela évidemment est peu de chose. Quelques monnaies romaines, des camées, des œuvres d'art, des inscriptions sur des pierres tumulaires sont d'un médiocre secours à qui voudrait reconstituer la vie d'Aleria la romaine.

Pline compte 33 villes romaines en Corse et Ptolémée 27 seulement. Mais Diodore de Sicile, qui a visité la Corse, ne parle que de deux villes, qu'il qualifie, il est vrai, de considérables: Calaris (qui est Aleria) et Nicée (qu'il faut très probablement identifier avec Mariana). D'autre part il résulte de l'Itinéraire d'Antonin que les Romains n'avaient construit qu'une seule route en Corse, celle qui conduisait de *Mariana* à *Palae* en passant par Aleria, *Praesidium* et *Portas Favonii*: il en reste quelques traces non loin de la marine de Solenzara. M. Robiquet, se fondant sur l'évaluation des distances de l'Itinéraire d'Antonin, situe *Portus Favonii* à Bonifacio et rejette *Palae* sur la côte occidentale, à la hauteur de Sartène, vers le port de Tizzano. Il semble pourtant que *Portus Favonii* doive être identifié avec la marine de Favone, au Sud de la Solenzara, et, comme cette route se liait avec celle qui traversait la Sardaigne, on a supposé que *Palae* était situé à la place qu'occupe aujourd'hui Bonifacio, — à moins qu'il ne s'agisse de Porto-Vecchio... Ces difficultés de localisation expliquent à elles seules les incertitudes et les lacunes de l'histoire corse sous l'Empire romain. *Clunium* est-il Biguglia, dont l'étang portait au XIIIe siècle le nom de Chiurlino? Bastia ne s'est-il pas élevé sur l'emplacement de *Mantinum*? Lorsqu'on fit les travaux de captage des eaux sulfureuses de Baracci (à 3 kilomètres de Propriano), en 1880, on découvrit dans une ancienne piscine en bois quelques médailles romaines et un bronze d'Hadrien, ce qui fait présumer qu'il y a eu à Baracci des thermes romains; les eaux de Pietrapola furent également connues de bonne heure: il y reste quelques vestiges des constructions romaines. Aux abords de la grande route côtière, en quelques régions de l'intérieur particulièrement favorables, au point de contact de la plaine et de la montagne, sur le bord des rivières, on découvre chaque jour des bas-reliefs et des stèles, des urnes et des amphores, des monnaies et des médailles. Dans les champs de Palavonia, près de Bonifacio, on a exhumé des monnaies en bronze de Marc-Aurèle, d'Antonin le Pieux, de Septime Sévère. On doit à un pâtre de Santa-Manza la médaille de Plautilla Augusta. Luri possède une stèle funéraire à quatre personnages, etc. Le *Corpus* de la Corse romaine, que M. Michon a commencé d'entreprendre, n'est pas près d'être achevé, et il y a lieu d'attendre beaucoup des travaux publics en cours d'exécution. Il faudrait organiser des campagnes rationnelles de fouilles et empêcher l'ignorance des Corses d'achever l'œuvre de destruction qu'ont accomplie les incursions des Sarrasins et les guerres civiles.

Dans l'état actuel de nos connaissances, il semble que la «romanisation» de la Corse ait été incomplète et superficielle. Satisfaits de trouver dans l'administration romaine de sûres garanties de paix, comprenant au surplus par l'échec de nombreuses tentatives l'inanité de toute révolte, les Corses ont abandonné aux Romains la région côtière et ils se sont retirés dans leurs farouches montagnes. Diodore de Sicile évalue la population des «barbares» à 30.000 hommes; mais il ne s'agit pas de la population totale: ce n'est, au reste, qu'une approximation.

La plaine orientale fut évidemment prospère, elle porta des moissons; mais il serait exagéré de prétendre qu'elle fut un des greniers de Rome. Il suffisait aux Romains qu'elle pût nourrir ses soldats et ses agents. Les montagnards de l'intérieur pouvaient tout au plus fournir des bois de construction, du miel et de la cire: ils n'étaient même pas propres à faire des esclaves. Car «ils ne supportent pas de vivre dans la servitude; ou, s'ils se résignent à ne pas mourir, ils lassent bientôt par leur apathie et leur insensibilité les maîtres qui les ont achetés, jusqu'à leur faire regretter la somme, si minime soit-elle, qu'ils ont coûtée». Le reproche que Strabon adresse aux esclaves corses est tout à l'honneur de cette nation: ne peut-on discerner dans cette fierté irréductible de l'esclave en face de son maître, dans cette apathie obstinée, la passion frémissante de l'indépendance, le regret inconsolable de la famille et du sol natal? Mais tous ces beaux sentiments n'augmentaient guère la valeur marchande du peuple corse.

Diodore de Sicile note avec plus de sympathie ce tempérament particulier qui rend les insulaires inaptes aux travaux ordinaires des esclaves. Il les trouve supérieurs à tous les autres barbares qui ne vivent point «selon les règles de la justice et de l'humanité». En Corse, «celui qui trouve le premier des ruches de miel sur les montagnes et dans le creux des arbres ne se voit disputer sa propriété par personne. Les propriétaires ne perdent jamais leurs troupeaux marqués par des signes distinctifs, lors même que personne ne les garde. Du reste, dans toutes les circonstances de la vie, ils cultivent la pratique de la justice». Ne se croirait-on pas vraiment au milieu des Normands policés par Rollon? Or il s'agit, notons-le bien, des habitants de l'intérieur, de ceux que la «romanisation» n'a pas touchés et qui parlent encore, au début de l'Empire, «une langue particulière et difficile à comprendre».

Le malheur de la Corse voulut que Sénèque y fût exilé: il avait entretenu des relations coupables, au dire de Messaline, avec la fameuse Julie, fille de Germanicus et nièce de l'empereur Claude. Et Sénèque crut adoucir le cœur de ses juges en leur représentant le pays de son exil comme un rocher sauvage et les habitants comme des monstres. «La barbare Corse est fermée de toutes parts par des rocs escarpés; terre horrible où l'on ne voit partout que de vastes déserts! L'automne n'y donne point de fruits, ni l'été de moissons; le printemps n'y réjouit point les regards par ses ombrages; aucune herbe ne croît sur ce sol maudit. Là, point de pain pour soutenir sa vie, point d'eau pour étancher sa soif, point de bûcher pour honorer ses funérailles. On n'y trouve que deux choses: l'exilé et son exil.» Le trait est joli, mais l'exagération est manifeste: Ovide n'avait pas eu des couleurs moins sombres en décrivant le village perdu au fond de la Thrace, où il avait traîné pendant neuf ou dix ans une vie misérable. Quant aux Corses, ils ne savent faire que quatre choses: se venger, vivre de rapines, mentir et nier les dieux,

> Prima est ulcisci lex, altera vivere raptu,
> Tertia mentiri, quarta negare deos!

Distique célèbre—et sans doute apocryphe—où il ne faudrait voir, au surplus, que le mortel ennui d'un homme habitué à la société romaine et aux raffinements d'une vie luxueuse. Certes, il ne trouvait pas en Corse de demeures splendides ni la large existence qu'il avait accoutumé de mener. Mais il nous dit lui-même, dans la *Consolation à Helvia*, que l'île renferme un très grand nombre d'étrangers. La tradition corse place à Luri le lieu de son exil: dans les environs s'élève la «tour de Sénèque», dont la construction n'a rien de romain: c'est un donjon de l'époque féodale. L'ortie qui pousse au pied de la tour est «l'ortie de Sénèque» parce que des paysans de Luri fustigèrent avec de l'ortie le philosophe stoïcien qui s'était permis d'embrasser une jeune paysanne. Au vrai, Sénèque a dû être relégué dans Aleria ou dans Mariana jusqu'au jour où, Messaline morte, Agrippine le rappela pour servir de précepteur à Néron. Or ni l'une ni l'autre de ces deux colonies ne devait offrir un séjour enchanteur: camps retranchés dressés aux portes de la Corse belliqueuse, étapes d'une route commerciale et surtout stratégique qui longeait la côte, ce n'était que des agglomérations administratives et militaires. Et même si Sénèque n'avait rien dit, il resterait que la Corse a pu être considérée comme une terre d'exil, à l'égal de Tomes du Pont-Euxin, et ce seul rapprochement en dit long sur le dédain où les Romains tenaient l'île voisine.

De quand datent, en Corse, les premières prédications? De quand les premières églises? Questions encore insolubles et qui le resteront longtemps. Il y eut sans doute des chrétiens parmi les colons de Mariana ou d'Aleria, mais les gens de la montagne ne se laissèrent pas facilement entamer par la foi nouvelle: ici comme ailleurs les «païens» ce sont les paysans. Il y eut peut-être un cimetière chrétien à Mariana: le Golo, au cours capricieux, le recouvre aujourd'hui et les pierres tombales demeurent visibles; le jour où le fleuve sera ramené dans son lit, on pourra se prononcer sur l'époque où ces tombes furent construites. Des traditions locales, dont il est difficile de faire la critique, nous font remonter à la fin du IIe siècle. A mi-côte de la colline sur laquelle Borgo est assis, à 4 kilomètres environ de l'ancienne ville de Mariana, se trouvent, face à l'orient, les grottes de Ste Dévote. Ce sont de gros blocs schisteux amoncelés par la nature en un beau désordre. C'est là, dit-on, que les premiers chrétiens de Mariana venaient assister en cachette à la célébration des saints mystères, et peut-être les annelets que l'on trouve encore aujourd'hui à une faible profondeur dans le sol, sont-ils des fragments de couronnes ou chapelets. Sainte Dévote fut martyrisée en 303 à Mariana par les ordres du «préfet» Barbarus (?): tant de précision nous met en défiance.

Sainte Julie n'est pas moins célèbre. Mais la légende est ici plus incertaine. Elle fut martyrisée de la façon la plus horrible: les bourreaux lui auraient arraché les deux seins et les auraient jetés sur un rocher; deux fontaines aussitôt jaillirent: on les montre encore à Nonza, dans le Cap-Corse. Mais quels furent les bourreaux? Les uns parlent des Romains, les autres des Vandales.

Lorsque la domination romaine s'écroula sous le choc des Barbares, le christianisme n'avait certainement fait dans l'île que des progrès insignifiants.

IV

LA CORSE BYZANTINE ET LE POUVOIR TEMPOREL

Table des matières

Invasions des Barbares. – La Corse byzantine. – Origines du Pouvoir temporel. – Les incursions sarrasines. – Période carolingienne.

Les premières invasions des Barbares chassèrent en Corse un certain nombre de familles romaines (456). Au courant des Ve et VIe siècles, Genseric, roi des Vandales, Odoacre et les Hérules, Totila et les Goths envahirent tour à tour la Corse et en persécutèrent les habitants orthodoxes. Cyrille, lieutenant de Bélisaire, expulsa les Goths (534), mais le joug byzantin fut aussi pesant que celui des Barbares. En 552, Narsès réunit la Corse et la Sardaigne à l'Empire et y laissa comme gouverneur Longin, dont les excès dépassèrent ceux de ses prédécesseurs.

Jusqu'à l'époque carolingienne, la Corse fit partie officiellement de l'Empire byzantin. Rattachée pour l'administration politique et ecclésiastique à la Sardaigne, elle semble avoir été soumise à l'autorité particulière d'un *cinarque* (Κυρνου αρχων, archonte ou juge de Corse – ou συναρχων, archonte-adjoint), sous la haute surveillance de l'archonte de Sardaigne ou du tétrarque d'Italie.

Si l'on en croit les lettres de saint Grégoire le Grand, la tyrannie exercée par les fonctionnaires de Byzance sur les pays italiens, et particulièrement la Corse, dépassa toute mesure. Quiconque détient un commandement veut renforcer son autorité administrative d'une fortune territoriale qu'il accroît par les moyens les plus éhontés. Les charges et les honneurs sont vendus à qui les peut acquérir; ce sont généralement de vains titres empruntés aux hiérarchies en usage à Byzance; groupés sous le nom générique de *consules*, ces dignitaires revêtus de charges auliques, sont les plus gros propriétaires indigènes; les autres, plus ambitieux, achètent les fonctions locales et entrent dans les cadres administratifs de l'empire, ce sont les *juges* ou αρχοντες. Pour payer les faveurs dont ils sont l'objet, ils sont autorisés à lever les taxes les plus arbitraires, et ces catégories diverses de tyrans réduisent les Corses à une misère telle que, pour acquitter leurs impôts, ceux-ci sont contraints, dit saint Grégoire, de vendre leurs propres enfants. Ces magistrats, byzantins ou indigènes, autorisent les païens à exercer leurs rites moyennant finances. La détresse est à son comble; et l'exaspération populaire, longtemps contenue, éclate enfin. A Ravenne, à Naples, à Rome des soulèvements se produisent; de certains points de la Corse les habitants s'enfuient auprès des Lombards dont la barbarie païenne leur paraît préférable à l'oppression de leurs coreligionnaires d'Orient.

Les origines du Pouvoir temporel. — C'est dans ce milieu favorable que naît et se développe lentement mais sûrement le Pouvoir temporel.

Aux IVe, V^e, VIe siècles, les empereurs avaient doté l'Église romaine de biens situés sur différents points des pays italiens, notamment de la Corse. Ces fonds de terre ou *massæ* constituaient dans leur ensemble une circonscription dite *patrimoine*. En Corse, un agent ecclésiastique appelé *défenseur* ou *notaire* est préposé par le pape à la régie de ces biens, constamment accrus par la libéralité des souverains et des fidèles. L'administration des *massæ* est entre les mains des *conductores*, ou fermiers à bail. «Sans doute, sur ces terres, dit M. Diehl, l'évêque de Rome n'exerce d'autres droits que ceux d'un propriétaire soumis comme tout autre aux lois de l'État; mais, par l'immense revenu qu'il en retirait et l'usage charitable qu'il en faisait, il acquérait une influence toujours croissante; par les intendants qu'il entretenait, il faisait sentir bien au delà du *patrimoine* son action et son contrôle.» En effet, en étendant la compétence des *défenseurs* et des *notaires*, en leur attribuant la haute surveillance du clergé et des évêques, saint Grégoire jeta les fondements du pouvoir temporel.

En Corse, l'action du pape est constante: ses lettres non seulement nous dépeignent l'état lamentable de l'île, mais encore y cherchent un remède. Il en appelle à l'empereur des exactions qui sont commises par ses officiers. Par lui, le patrice d'Afrique, Gennadius, est invité à veiller à la sûreté du pays que menacent des invasions d'infidèles. Un gouverneur de la Corse, le tribun Anastase, «qui avait su gagner les cœurs par la sagesse de son administration», est signalé au tétrarque comme utile au pays. A Boniface, *défenseur* de la Corse, il reproche de ne pas hâter l'élection des évêques; il lui recommande de protéger les pauvres et de ne pas permettre qu'un *«évêque soit traduit devant les tribunaux laïques»*: c'est là une affirmation d'indépendance à l'égard des empereurs et de patronage vis-à-vis des peuples disposés déjà à courir au-devant de cette autorité paternelle et bienfaisante.

Telle est l'origine des droits si contestés du Saint-Siège sur la Corse. Les invasions des Lombards et les incursions sarrasines donnèrent aux papes l'occasion d'en revendiquer la possession. En 753, Etienne II appelant à son aide Pépin le Bref contre les Lombards, lui demande de lui faire restituer ses *patrimoines*, et le roi franc s'engage à Kiercy à donner la Corse au Saint-Siège. Une lettre de

Léon III, en 808, nous apprend que Charlemagne avait renouvelé l'engagement pris par son père.

Longtemps mise en doute par les historiens, la promesse de Pépin a triomphé à peu près définitivement des raisons qui la faisaient contester et le pouvoir temporel des papes en Corse dès l'époque carolingienne semble prouvé. Il était d'ailleurs d'autant plus facile aux papes de revendiquer la Corse que les Carolingiens ne l'avaient pas incorporée à leurs Etats, mais l'avaient considérée comme un poste avancé pour tenir les Sarrasins loin du continent. Le titre même de *défenseur de la Corse* porté par les commandants des marches de Toscane, semble constituer une fonction qui ne pouvait être conférée que par l'autorité du pontife.

Plus tard (1077), Grégoire VII rappellera aux Corses et aux Génois que la suzeraineté de l'île appartient au Saint-Siège; ce grand pontife dont le but sera de réformer la chrétienté, échouera dans ses vues sur la Corse où il semblera servir des ambitions plutôt que des consciences. Après avoir mis aux prises les Génois, les Pisans et les Aragonais, le Saint-Siège ne pourra jamais, malgré la constance de ses revendications disposer de la Corse, et les princes à qui il l'inféodera ne parviendront jamais à en prendre possession.

Incursions sarrasines. — En 704, les Maures ravagent les côtes de la Corse. Au IXe siècle, leurs incursions deviennent périodiques: en 806, ils quittent la Corse, fuyant devant la flotte de Pépin, roi d'Italie; en 807, ils pillent une ville du littoral; Charlemagne envoie contre eux le connétable Burchard qui leur prend treize bateaux; en 808, 809, nouvelles incursions; en 813, Ermengard, comte d'Ampurias, défait la flotte sarrasine à Majorque et délivre cinq cents Corses captifs; en 825, une nouvelle expédition est décidée par l'empereur Lothaire: le comte

Bonifacio et son fils Adalbert (844) sont tour à tour chargés de la *défense* de la Corse. En 852, les Corses s'enfuient en masse à Rome. Revenus à la fin du IXe siècle, les Maures n'abandonnèrent les îles de Corse et de Sardaigne qu'après la défaite de Mugahid (1014), contre qui les communes et les seigneurs italiens se sont coalisés. C'est sur cette victoire qui porte un coup décisif au fléau mauresque en Italie que Pisans et Génois basent leurs prétentions traditionnelles à la possession de la Corse: l'origine de ces prétentions sera précisée plus loin.

Quelque nombreuses qu'aient été les descentes des Sarrasins en Corse, quelques traces funestes qu'ait laissées leur passage, les chroniques locales ont exagéré l'importance de leur domination. Le plus autorisé des chroniqueurs arabes, Ibn-el-Athir (1160-1223), ne consacre qu'un seul chapitre à toutes les entreprises des Musulmans sur la Sardaigne, et il affirme que, durant leur séjour, elle était administrée par le *Rûm*, c'est-à-dire l'élément italien.

Les écrivains modernes ont cru trouver des vestiges de la domination sarrasine dans certains mots du dialecte corse, ainsi que dans les noms de quelques localités qu'ils supposent d'étymologie arabe. Les exemples qui en ont été fournis ne sont pas toujours heureux: *sciò* (seigneur), *scia* (seigneurie) ne sont que des contractions des mots *signor* et *signoria*; *scialare* (exhaler), *damidjana* (damejeanne) sont italiens et procèdent du latin. Le préfixe *cala* qui entre dans les noms de localités non maritimes (Calacuccia, Calasima), vient du grec (χαλία, hutte, cabane); employé à Sartène, comme en Espagne, comme à Venise, pour désigner des voies, il trouve son étymologie directe dans le *callis* des Latins.

Il n'y eut jamais à proprement parler de domination sarrasine; si les Maures parvinrent à occuper certains points du littoral ou même à établir des campements dans la montagne, leur autorité ne laissa pas de traces. Amari fait observer avec raison que si les habitants de la Corse, pauvres et valeureux, n'évitèrent pas les invasions des Arabes, ils échappèrent à leur joug et restèrent étrangers aussi bien à la civilisation musulmane qu'à la marche ascendante du progrès en Italie.

En effet, ces deux îles, longtemps dépourvues de relations avec le continent, conservèrent jusqu'à nos jours un aspect de sauvagerie qui en éloigna l'étranger. D'ailleurs, la mer elle-même était un objet d'effroi pour tous ceux qui n'appartenaient pas aux populations commerçantes du littoral: une chronique du XIIe siècle nous montre le savant Eginhard terrifié à l'idée de se rendre en Corse, où Charlemagne veut l'envoyer recevoir de saintes reliques: «Par terre, dit-il, envoyez-moi dans quelque endroit du globe qu'il vous plaira, même chez les nations étrangères, et j'exécuterai fidèlement vos ordres, mais je tremble à l'idée de me livrer aux routes dangereuses et incertaines de l'océan...» Dans ces conditions, la Corse ne suivit que de très loin les mouvements politiques du continent; le seul décret impérial qui la concerne (828) l'érige en lieu de relégation pour certains criminels.

Période carolingienne. — Les tyrans d'origine diverse qui asservirent l'Italie tour à tour pendant la période carolingienne, ont laissé des souvenirs plus traditionnels qu'authentiques. Un Béranger, souvent cité dans les chartes apocryphes de Monte-Cristo, fait penser que l'un des deux princes de ce nom aurait pu sinon séjourner, du moins paraître en Corse au cours des luttes qu'ils soutinrent contre leurs compétiteurs au trône d'Italie. Le fils de Béranger II (950-961), Adalberto, se réfugia en Corse à plusieurs reprises pour éviter la colère de l'empereur Othon. Un siècle auparavant (872), la Corse avait également servi d'asile à Adalgis, fils de Didier, roi des Lombards, poursuivi par l'empereur Louis II qu'il avait, pendant un mois, retenu prisonnier.

D'une charte de l'empereur Othon III (996) on a conclu que Ugo, fils d'Hubert, marquis de Toscane, avait incorporé l'île à ses États, mais rien ne prouve qu'il y ait exercé aucune souveraineté effective.

V

LES ORIGINES DE LA FÉODALITÉ ET DES RIVALITÉS ITALIENNES

Les clans féodaux. — Marquis, comtes et vicomtes. — Origine de la rivalité des Pisans et des Génois.

<u>Table des matières</u>

Toute l'histoire du Moyen Age en Corse repose sur le développement de trois clans féodaux dont les racines sont profondes et les ramifications très étendues. L'hérédité est la base de l'organisation politique du Moyen Age, elle est la source de tout droit, de même qu'elle sert de prétexte à toute invasion, à toute violence. C'est pour avoir négligé de suivre les héritages que les historiens de la Corse ont si longtemps répété les mêmes anachronismes ou se sont appesantis sur les mêmes critiques stériles.

Deux de ces clans ont introduit dans l'île les peuples dans lesquels ils s'étaient fondus (Génois et Pisans). Le troisième, dépourvu d'attaches avec le continent, a maintenu dans sa région le caractère autochtone. Le système géographique de l'île a assigné à chacun d'eux les limites de son développement.

Les marquis.—Les comtes Bonifacio en 825 et Adalbert (son fils en 845) avaient été chargés de la *défense* de la Corse. Leurs descendants, *marquis en Italie*, conservèrent cette fonction. Ils étaient *défenseurs de la Corse* comme l'empereur était *défenseur de Rome*. Aucun conflit entre les deux pouvoirs, le pape et l'empereur, s'empruntant mutuellement les forces matérielles et morales dont ils disposent. En 951, le chef des marquis toscans est *Oberto-Opizzo*, vicaire impérial pour toute l'Italie, mais souverain direct des comtés de Luni, de Gênes, de Milan et *des Iles*. Les historiens ont groupé ses descendants sous le nom conventionnel d'*Obertenghi*; parmi ceux-ci nous ne nous occuperons que de ceux qui conservèrent des biens ou des prétentions en Corse. Ils furent assez puissants et assez nombreux pour y maintenir l'élément toscan et y semer les germes des prétentions pisanes.

Si l'on s'en réfère à une épitaphe tardivement rédigée il est vrai, le marquis Alberto, au XIe siècle, aurait chassé les Sarrasins de Rome et contribué à la *défense* de la Corse; ses descendants, marquis de Massa ou de Parodi, sur le continent joignirent constamment à leurs titres celui de marquis de Corse. Ce ne fut pas là, comme on pourrait le croire, une vaine qualification: la Corse fut un des nombreux fiefs conservés en indivis suivant la *loi lombarde* par les descendants d'Oberto réunis en consortium. Le partage des biens divisés en quarts, en huitièmes, voir en trente-deuxièmes, était fictif et ne s'opérait que sur l'ensemble des revenus. Tous les descendants d'Alberto Ruffo portaient le titre de marquis de Corse, alors que certains d'entre eux seulement résidaient sur le fief. Un vicomte, un gastald ou un vicaire administrait leurs biens dont les revenus étaient répartis à chacun proportionnellement à ses droits. Mais, comme l'a fait observer Desimoni, il est clair que cette communauté

St-Florent: la Citadelle. — *Ibid.*: Cathédrale de Nebbio. — Corbara: le Couvent. (*Sites et Monuments du T. C. F.*)
Pl. III. — Corse.

ne peut éternellement durer; à chaque génération les liens du sang s'amoindrissent: la lutte pour les intérêts personnels devient plus vive. En vain, la vieille coutume de famille, l'instinct de conservation au milieu des éléments étrangers, les traditions combattent encore pour la maintenir, tout est inutile; le progrès de l'émancipation individuelle l'emporte, on ne divise pas encore le fief principal, la capitale de ces états disséminés, mais chacun, peu à peu, se sépare du tronc et se fixe sur une terre, dans un château où le retiendront plus tard la pauvreté et l'impuissance.

Quoi qu'il en soit, la plupart des familles toscanes qui furent mêlées à l'histoire de la Corse aux XIIe et XIIIe siècles, sont issues de ces premiers marquis dont l'héritage est parfois passé, par leurs filles, en des races étrangères. C'est ainsi que Hugues de Baux, de maison française, devint juge de Cagliari et marquis de Corse (1219), Adelasia d'Arborea, sa cousine par alliance, rendit hommage au Saint-Siège pour la Corse (1236), et l'épitaphe de son mari, Enzio, fils de Frédéric Barberousse, qualifie *roi de Corse* ce prince infortuné. Le petit-fils d'Adelasia, Ugolino della Gherardesca, dont le père a inspiré au Dante l'un de ses tableaux les plus dramatiques, vint en Corse combattre Giudice de Cinarca (1289). Les prétentions d'autres Obertenghi prouvent que c'est bien l'héritage de Bonifacio qu'ils se disputent: en 1171, les Malaspina, appuyés par les Pisans, font la guerre aux marquis qui, pour défendre leurs biens corses, s'adressent aux Génois; un traité intervient; mais un siècle plus tard (1269), c'est avec des soldats génois qu'Isnardo Malaspina envahira le sol de la Corse.

Les souvenirs laissés par les marquis confirment l'opinion exprimée par l'annaliste génois Caffaro (XIIe siècle). «La coutume des marquis, écrit-il, est de préférer le brigandage à l'honnêteté.» L'un d'eux Guglielmo, fils d'Alberto Corso, se signala entre tous par ses méfaits: il s'empara, contre tout droit, des judicats d'Arborea et de Cagliari en Sardaigne, il persécuta l'archevêque d'Arborea, répudia sans raisons sa femme légitime, fit contracter à sa fille des noces incestueuses et se lia d'amitié avec les princes mahométans, toutes choses qui lui valurent la réprobation de ses contemporains et des avertissements pontificaux dont il ne tint d'ailleurs aucun compte. Giovanni della Grossa cite avec indignation certains marquis qui voulaient que «les femmes de leur seigneurie se livrassent à eux avant de vivre avec leurs maris». Peu disposés à se soumettre à ce rite, les habitants de San-Colombano massacrèrent trois de leurs seigneurs en un seul jour.

Au XIe siècle, la part des marquis *de Massa di Corsica* s'étendait encore sur tout l'En-deçà-des-Monts; la révolte de leurs *vicomtes* les privera du Cap-Corse. Appauvris par leur accroissement, ils luttent avec peine contre leurs anciens vassaux (seigneurs de Speloncato, de Loreto, etc.); cependant en 1250, il leur reste encore: 1° au nord les pièves de Giussani (Olmi-Capella), Ostriconi (Belgodere), Caccia (Castifao); 2° en allant vers le sud-est, tout le pays compris entre les châteaux de Rostino et de Santa-Lucia qui leur appartiennent avec leur territoire; 3° à l'ouest, les pièves de Verde et de Pietra-Pola, prolongement au nord et au sud de la plage d'Aleria, sur une longueur de soixante milles environ.

Les révolutions populaires du XIVe siècle (bien que leur château de San-Colombano ait été incendié par le peuple) ne ruinèrent pas leurs privilèges féodaux. Après le mouvement communal de Sambocuccio d'Alando (*Voir ch. VII*), ils continuent à faire des donations aux églises et à guerroyer contre leurs voisins. Cependant l'un des moins affaiblis d'entre eux, Andrea, en 1368, abandonne ses biens au monastère de San-Venerio de Tiro et passe en terre ferme après avoir signé un traité avec les seigneurs de Speloncato; il ne conservait en Corse que son château de San-Colombano qu'il avait réparé ou reconstruit.

Les comtes. — Ils furent, suivant la tradition, les souverains héréditaires de la Corse du IXe au XIe siècle, et ont pour auteur un comte Bianco dont la légende a fait un fils de l'hypothétique Ugo Colonna (V. *l'introduction bibliographique*). Avec plus de vraisemblance, nous verrons dans cette dynastie une branche des marquis d'Italie plus anciennement fixée dans l'île que les Obertenghi, et plus rapidement mêlée à l'élément indigène. Comme les marquis, ils se divisent en *Bianchi* (Blancs) et en *Rossi* (Rouges) et se transmettent les prénoms en usage chez les Obertenghi avec une régularité qui prêterait à la confusion si le rôle de ces derniers n'était suffisamment précisé par les documents. Le comté des *Iles* était d'ailleurs sous la juridiction directe des marquis. L'un des copistes de Giovanni della Grossa fait judicieusement descendre les *comtes* de Bonifacio à qui il donne le surnom de «Bianco», conciliant ainsi la légende et la vraisemblance, mais le transcripteur a le tort de nous présenter comme un fait acquis ce qui n'est qu'une supposition interpolée dans le texte du vieux chroniqueur.

Le seul personnage marquant de cette race est le bon comte *Arrigo-bel-Messer*, assassiné en l'an mille. Celui-ci semble avoir bénéficié de la réputation de justice et d'équité acquise plus tard par d'autres seigneurs homonymes. Après sa mort, les Biancolacci (issus de son frère, Bianco) perdirent leur suprématie et ne tardèrent pas à être supplantés dans l'Au-delà-des-Monts même par les seigneurs de *Cinarca* ou *Cinarchesi*. Des textes touffus, des versions légendaires on peut déduire que, vers le commencement du XIIe siècle, les ancêtres de ces derniers (Arrigo et Diotajuti), venus de Sardaigne ou d'Italie, s'emparèrent par la force du château de Cinarca et que, pour justifier cette invasion, ils se prétendirent issus *de la souche des anciens seigneurs*. La chronique explique à sa façon cette commune origine en supposant qu'Ugo Colonna eut deux fils: Bianco, tige des anciens souverains de l'île, et Cinarco ancêtre des Cinarchesi qui leur succèdent; l'histoire se contentera de constater qu'une même charte de 1222 réunit un Cinarchese et un Biancolaccio dans un pacte avec les Bonifaciens, et qu'en 1238, des arbitres estiment les droits de la fille d'un Biancolaccio sur les biens des seigneurs de Cinarca. Au XIIIe siècle, les Biancolacci ne sont plus que les vassaux des Cinarchesi qui, devenus les maîtres de l'Au-delà-des-Monts, ne cesseront de prétendre à l'autorité suprême. En moins de deux cent cinquante ans, dix-sept d'entre eux, dont les plus célèbres sont Giudice de Cinarca, Arrigo della Rocca, Vincentello d'Istria et Gian-Paolo de Leca, domineront la Corse presque entière, la plupart avec le titre de comte qu'ils tiendront non d'un droit ancestral, mais du suffrage populaire. Néanmoins, certaines parties du pays cinarchese restent, jusqu'au XVIIIe siècle, terres féodales.

Les vicomtes. — Les membres d'une puissante famille exerçaient avec le titre de *vicomtes* le pouvoir au nom des marquis dans les comtés de Gênes et des Iles. Quand l'empereur Conrad le Salique (1037) consacra par une charte l'hérédité des fiefs, les officiers des Obertenghi en profitèrent comme eux. Pendant quelque temps, les marquis conservèrent sur leurs vicaires une faible suzeraineté, mais déjà la commune de Gênes, ainsi que les grandes cités italiennes, travaillait à son émancipation sous la protection de ses évêques. Ce patronage ne tarda pas à se transformer en juridiction tolérée à l'origine, puis bientôt considérée comme un droit. Longtemps, les vicomtes refusèrent les dîmes à l'évêque de Gênes, bien qu'une branche de leur maison (Avogari) fût en possession de l'avouerie héréditaire du diocèse; mais en 1052, un membre de leur famille, Oberto, occupant le siège épiscopal, ils entrèrent en composition, adhérèrent à la Commune et reconnurent pour leurs fiefs la suzeraineté de l'évêque. Ils brisaient ainsi leurs liens avec les Obertenghi dont le pouvoir, dès lors, ne cessa de décroître.

Les vicomtes étaient représentés en Corse par diverses branches qui formèrent au XIVe siècle *l'albergo Gentile*: c'étaient les familles Avogari, Pevere, de Turca (de Curia — de Corte), de' Mari, di Campo. Par leur rupture avec les Obertenghi, ils constituèrent au nord de la Corse une seigneurie indépendante, plus tard limitée au Cap-Corse.

Par eux s'introduit dans l'île l'élément ligurien: les intérêts de la Commune sont devenus les leurs, car leur clan forme à Gênes un noyau d'aristocratie qui détient par les évêques et les consuls, uniquement sortis de leur race, l'autorité religieuse et civile. Pour les Pisans, l'action des Génois en Corse était considérée comme une usurpation; pour les marquis, les vicomtes étaient des vassaux révoltés. Les Corses eux-mêmes, dit la Chronique, étaient malheureux; ils implorèrent l'appui du pape Grégoire VII qui, appréciant leur «désir de retourner conformément à leur devoir sous la domination juste et glorieuse du gouvernement apostolique», leur déclara qu'il y avait en Toscane des seigneurs prêts à prendre leur défense contre les envahisseurs (1077). Mais la mission officielle de rétablir le pouvoir de l'Église en Corse est confiée à Landolfe, évêque de Pise, qui conservera pour le compte du Saint-Siège les citadelles et lieux fortifiés et partagera avec le pape les revenus de la Corse (1078).

L'autorité de ceux des Obertenghi qui, dès lors, prennent d'une façon suivie le titre de marquis de Corse, se trouvait donc bien réduite. A cette époque, dans les républiques d'Italie, la cause de l'évêque ne se sépare pas de celle de la commune. Si l'on observe qu'avant Grégoire VII, l'investiture des évêques est un droit temporel attribué aux souverains et non aux papes, on admettra que l'élévation de Landolfe au vicariat apostolique de la Corse correspondait à une véritable inféodation de l'île aux Pisans: ce fut bien ainsi que les Génois le comprirent.

Pendant quarante ans, le Saint-Siège ne cessa de favoriser les Pisans. En 1119, Pise fut érigée en archevêché, ce qui mécontenta les Génois au point de rendre la guerre inévitable. Dans un but de pacification, le pape Calixte II, en 1121, déclara que la Corse dépendrait à jamais directement du Saint-Siège. Les Pisans protestèrent. Ce fut alors que la diplomatie génoise déploya ses ressources pour la première fois. Les ambassadeurs Caffaro et Barisone venus à Rome, y étonnèrent clercs et laïcs par leurs prodigalités. Le 16 juin 1121, ils s'engageaient sur le salut de leur âme et de celles des consuls, à verser à la curie romaine mille cinq cents marcs; ils promettaient en outre de faire un don de cinq cents onces d'or aux clercs qui auraient prononcé en concile la révocation définitive de la primatie de la Corse. De leur côté, les *fidèles* du pape Calixte s'engageaient à faire donner gain de cause aux Génois. Ces conventions furent consignées par écrit. A Rome, chacun voulut sa part du butin inespéré: cardinaux, évêques, clercs, laïques se firent promettre par serment des sommes proportionnées à leur influence. Les ambassadeurs ne négligèrent personne, et quand, au mois d'avril 1123, s'ouvrit le concile de Latran, la décision des juges n'était plus douteuse. Par un reste de pudeur, nul n'osait la formuler. «Le pape alors, dit Caffaro, réunit douze archevêques et douze évêques pour discuter le droit à la consécration des évêques corses et, en consultant l'ancien registre de l'Église romaine, ils trouvèrent que les Pisans détenaient injustement l'archevêché de Corse.» Ils se rendirent alors de la basilique au palais, et l'archevêque de Ravenne prit la parole: «Seigneur, seigneur, dit-il, nous n'avons pas osé proférer une décision en ta présence, mais nous te donnons un avis qui en aura toute la force: que le métropolitain de Pise abandonne la consécration des évêques corses et ne s'y entremette jamais plus.» — Entendant cette parole, le pape se leva et demanda aux juges s'ils approuvaient. Par trois fois, ils répondirent: «*Placet, placet, placet*». «Et moi, ajouta le pape, au nom de Dieu et du bienheureux Pierre, j'approuve et je confirme.»

Aussitôt l'archevêque de Pise, Ruggiero, se leva enflammé de colère, et, jetant aux pieds du pontife sa mitre et son anneau: «Jamais plus, cria-t-il, ne serai ton archevêque ou ton évêque!» Et comme il s'éloignait, le pape, repoussant du pied la mitre et l'anneau, lui dit: «Frère, tu as mal agi, et je t'en ferai repentir.» Le lendemain matin, 27 mars, Calixte fit connaître la sentence du concile. La bulle fut rendue le 6 avril.

Les Pisans ne s'inclinèrent pas devant la sentence pontificale, et les hostilités reprirent leur cours: ce fut une véritable guerre de pirates dans les mers de Corse et de Sardaigne et sur les côtes de ces îles. Enfin, Innocent III entreprit de faire cesser la lutte qui durait depuis quatorze ans (1119-1133) en partageant l'objet du litige: il érigea Gênes en archevêché et lui donna pour suffragants les diocèses de Mariana, du Nebbio et d'Accia, au nord de la Corse; Ajaccio, Aleria et Sagone, c'est-à-dire la plus grande partie de l'île, restèrent sous le gouvernement de l'archevêque pisan (19 mars 1133); la paix fut signée. Pour compenser la perte des évêchés corses, le Saint-Siège attribua à l'archevêque de Pise de nouveaux privilèges et étendit sa juridiction (1er mai 1138).

On aurait pu croire Génois et Pisans satisfaits: il n'en fut rien. Les deux peuples étaient voués aux désastres d'une éternelle rivalité. Chacun d'eux aspirait à l'empire des mers, et tout succès obtenu par l'un était considéré par l'autre comme une atteinte à sa propre grandeur. La guerre recommença en 1162, mais il ne semble pas que la Corse, qui en subit le contre-coup, en ait été la cause. La rivalité des deux peuples sur son territoire deviendra bientôt plus ardente que jamais à propos d'une petite forteresse dont le nom, inconnu jusque-là, figurera pendant des siècles à côté de celui de Gênes dans tous les traités passés par la République. La querelle de Bonifacio, plus futile en apparence que celle des évêchés, ne s'éteindra que par l'écroulement de l'une des deux républiques.

Au XIIIe siècle, Bonifacio, fondée, disent les chroniques, par l'officier impérial de ce nom préposé jadis à la défense de la Corse, était un repaire de pirates qui pillaient les vaisseaux sans distinction de nationalité. Avant 1186, les Génois s'en étaient rendus maîtres, mais en 1187 les Pisans les en chassent et y bâtissent un nouveau fort dont ils sont eux-mêmes expulsés la même année.

Maîtres du rocher qui commande au détroit, les Génois sont bien décidés coûte que coûte à le conserver. Ceux d'entre eux qui voudront y aller habiter jouiront de privilèges exceptionnels. Chacun d'eux touche pour son service de garde six livres de Gênes chaque année. Tout enfant mâle qui y naît reçoit pour son entretien douze deniers par jour jusqu'à l'âge de vingt ans; les filles ont droit à six deniers jusqu'à l'âge de quinze ans, «et ce fait le commun de Gênes, dit le *Templier de Tyr*, pour maintenir en habitation ledit château».

Ces colons ont été choisis dans les professions les plus diverses, forgerons, cordonniers, tailleurs, charpentiers, médecins, etc. L'importance de la colonie est telle que le podestat de Bonifacio prendra plus tard le titre de *vicaire de la Commune de Gênes en Corse*, et son succès poussera les Génois en 1272 à en fonder une semblable à Ajaccio, mais Charles d'Anjou, fils de saint Louis, détruira la forteresse et en chassera les Génois (1274).

Les actes dressés au sein des deux républiques nous montrent à la fin du XIIe siècle Gênes et Pise se disputant âprement la possession de Bonifacio que chacune considère comme lui appartenant en propre. Après vingt-cinq années de guerres et de luttes diplomatiques où tour à tour furent invoquées l'autorité du pape et celle de l'empereur, Bonifacio restait aux Génois.

VI

LE SIÈCLE DE GIUDICE

Table des matières

État de la Corse pendant le Moyen Age. — Bonifacio et les seigneurs de Cinarca. — Giudice. — Premières expéditions des Génois en Corse.

Au XIIIe siècle seulement commence l'histoire des Corses; jusqu'ici, nous n'avons pu étudier l'île que dans ses rapports avec l'étranger. Nous touchons à l'époque où la Corse se fait connaître elle-même et où la légende cède le pas à l'histoire. Ce n'est pas que les monuments soient nombreux, mais ils sont précis et d'une authenticité indiscutable; ils appuient la chronologie à des bases solides, restituent aux personnages traditionnels leur identité parfois discutée, fournissent à la géographie féodale des éléments de reconstitution, et, en se reliant à la documentation externe, permettent d'apprécier le contre-coup des événements qui ont fait peser dans l'île leur lourde influence.

État de la Corse pendant le Moyen Age. — Depuis le IXe siècle, une double tendance s'était manifestée en Europe: la disparition des hommes libres dans la vassalité ou le servage, et l'absorption des petites propriétés dans la grande propriété. La Corse non incorporée à l'empire d'Occident, ainsi que la Sardaigne plutôt abandonnée qu'arrachée à l'empire byzantin, échappent aux mœurs nouvelles importées par les Germains ou du moins ne les subissent que sous une forme atténuée. En Occident comme en Orient, en effet, dès le IXe siècle, on se fait esclave ou volontairement, ou parce que les lois condamnent à la vente de leur corps ceux qui ne peuvent s'acquitter de leurs dettes. Les charges auxquelles sont soumis les hommes libres et surtout le service militaire, triomphent des dernières répugnances du peuple à sacrifier sa liberté. En Corse, rien de semblable, le serf volontaire est l'exception; la sobriété de l'insulaire, sa nature indépendante et guerrière le mettent à l'abri de toute aliénation de sa personne. Il est donc peu probable que le servage ait beaucoup pesé sur les Corses, et si on voit s'opérer aux IXe, XIIe et XIIIe siècles des ventes d'esclaves corses, on doit supposer qu'ils appartiennent à des familles de captifs musulmans.

On a déjà fait observer d'ailleurs que dans tous les patrimoines de Saint-Pierre, le servage était moins arbitraire et moins barbare que partout: en Sardaigne, dit M. Amat de San-Filippo, les questions entre patrons et serfs étaient tranchées par les tribunaux.

A côté des trois clans qui se partageaient l'île s'était élevée une féodalité autochtone dont il est permis de soupçonner les commencements. Nous avons vu plus haut combien l'aristocratie italienne goûtait les dignités en usage dans la hiérarchie byzantine et de quel attrait étaient revêtus ces titres de *consuls* et surtout de *juges* (αργοντες) réservés d'abord aux seuls fonctionnaires.

L'influence des usages administratifs et même de la langue de Byzance dans les îles méditerranéennes n'est plus à démontrer. En Sardaigne, au XIe siècle, les juges-souverains de Cagliari se donnaient encore le titre d'archonte et conservaient sur leurs sceaux les caractères helléniques. Au XIIe siècle, Grégoire VII adressait une bulle aux clercs, *consuls* majeurs et mineurs de la Corse. Quant au titre de *juge*, il précéda dans les deux îles toutes les qualifications féodales. Lorsque Byzance affaiblie, isolée de ses dernières possessions occidentales, se trouva dans l'obligation de renoncer à y envoyer des fonctionnaires, les indigènes qui purent s'élever au-dessus de leurs compatriotes, usurpèrent leurs fonctions et, croyons-nous, se parèrent de leurs titres pour en imposer davantage. En Sardaigne, les monuments confirment cette opinion; en Corse, ils apparaissent trop tard pour la justifier, mais le souvenir des *juges* est assez souvent évoqué dans la chronique corse pour faire admettre qu'avant de se qualifier seigneurs et gentilshommes, les puissants de l'île aient pris une qualification à laquelle les masses étaient habituées. Giovanni della Grossa cite à plusieurs reprises des *juges* qui se firent *seigneurs* et parvinrent à rendre leurs fonctions héréditaires.

Ce n'était cependant pas chose aisée, car nous verrons qu'en Corse, le droit héréditaire à l'autorité est presque toujours contesté. Le fief passe péniblement à ses héritiers naturels; l'autorité suprême ne se transmet jamais.

Aucune constitution n'assure au chef du jour une prépondérance certaine pour sa race. Tous les Corses aspirent au pouvoir, et les plus forts l'arrachent tour à tour au caprice de l'opinion populaire qu'actionne tout un rouage de volontés unies par des intérêts trop immédiats pour être stables. Ces rouages constituent le *clan* dont l'organisation ne permit pas au système féodal de s'imposer dans toute sa rudesse germanique. Ainsi que les cités italiennes, et plus encore qu'elles, la Corse paraît avoir toujours eu dans ses rangs inférieurs des hommes libres en quantité suffisante pour composer une tierce classe peu différente des deux autres auxquelles elle est souvent unie par les liens du sang. Dans un pays où la femme est tenue dans un état constant d'infériorité, l'*amie* (comme on dit alors) presque toujours accueillie, du moins supportée par la femme légitime, ne souffre pas plus de sa maternité irrégulière que son fils n'aura à rougir de sa bâtardise. Les parentés s'étendent donc très loin, et ni les richesses, ni l'éducation n'opposant de barrière au mélange des classes, tous les hommes peuvent se croire égaux. Aucune hiérarchie, aucun ordre social ne faisant de la féodalité un corps constitué, la Corse échappe aux progrès inhérents à toute organisation même défectueuse, et nourrit uniquement le sentiment de l'indépendance individuelle. C'est pourquoi les clans corses n'ont jamais pu concevoir les unions patientes et fertiles qui, à Gênes, donnèrent naissance aux *alberghi*. Dans l'*albergo*, l'intérêt général ignore les soifs individuelles de ses membres, alors que la famille corse ne vise qu'à satisfaire des ambitions. C'est la plus violente et la plus appuyée par le chiffre de ses partisans qui triomphera: les alliances ont pour principal objet d'en augmenter le nombre. Une femme qui compte vingt frères ou cousins germains est un beau parti, même pour un *Cinarchese*.

Lisons les chroniques, nous y verrons que le vassal, à la fois soldat et pasteur, ignore la glèbe, car le seigneur est rarement assez puissant pour l'y maintenir. Dès qu'il se sent opprimé, il se révolte, s'il ne peut espérer se faire seigneur lui-même. Il sait qu'un homme robuste et sachant manier le fer trouvera toujours bon accueil; les inimitiés des chefs lui procureront un appui et un soutien. Le pouvoir natif du feudataire est très limité: trop de frères, trop de bâtards surtout, partagent son patrimoine et ses ambitions. Le vassal, ne l'oublions pas, est souvent apparenté au seigneur, il vit de la même existence que lui et, comme lui, porte des armes offensives et défensives; il trouvera toujours asile dans les villages libres qu'administrent leurs consuls ou leurs gonfaloniers. La seule loi est la force qui se manifeste surtout par le nombre des clients accourus volontairement ou attachés au chef par les liens du sang. Encore cette loi n'est-elle pas absolue: la nature du pays, hérissé de montagnes, couvert de maquis, protège l'isolé contre la masse, refrène et limite l'autorité, encourage les rébellions et maintient la Corse dans un état d'anarchie plus désastreux pour son progrès que les pires tyrannies.

La tradition insulaire conserva, du gouvernement des Pisans, le meilleur souvenir: «Leurs juges, dit Giovanni della Grossa, savaient se concilier l'affection des grands, de la classe moyenne et du peuple, parce qu'ils maintenaient seigneurs, gentilshommes, gens du peuple et autres dans le rang qui leur convenait. Cette paix et cette union profonde firent oublier les malheurs des temps passés; on bâtit ces belles églises qui sont aujourd'hui les plus anciennes, des ponts superbes et beaucoup d'autres édifices d'une architecture remarquable et d'un art singulier dont quelques-uns subsistent encore aujourd'hui.»

Il est certain que le gouvernement ecclésiastique des Pisans ne pouvait qu'adoucir la condition des classes populaires et surtout des serfs de corps—s'il en subsistait. Dans tous les pays d'Occident, aux temps les plus durs de la féodalité, le fait de devenir le serf d'un évêque ou d'une grande abbaye était considéré comme une grande amélioration de sort. Mais les abus ne tardèrent pas à paraître. La féodalité ecclésiastique s'implanta dans les mœurs et emprunta à l'autre jusqu'à ses caractères de transmission héréditaire. Les bénéfices passent du père au fils. En Corse, un prêtre commence presque toujours la fortune d'une famille. C'est, d'après les chroniques, le cas des Cortinchi, ce sera au XVe siècle celui de la puissante maison d'Omessa dont les chefs, prélats batailleurs, partageront les bénéfices entre leurs fils naturels. Un prêtre violent, Abram de Belgodere, à la même époque, relèvera en Corse la famille abaissée des marquis et contraindra les moines de Portovenere à restituer une part des biens abandonnés par la faiblesse des Obertenghi dont il revendique l'héritage pour le laisser à ses bâtards. On pourrait multiplier les exemples; il va de soi que c'est par une aristocratie religieuse que le pape voulait faire diriger la Corse, aristocratie de vertu, de discipline et surtout de soumission à l'Église; or, l'abbaye qui fut la plus favorisée en Corse, qui y recueillit le plus de bénéfices, «était, au dire de Grégoire IX (1231), complètement dépravée et souillée de tous les vices des moines».

Bonifacio et les seigneurs de Cinarca. Giudice de Cinarca.— Maîtres de Bonifacio, les Génois tentèrent de s'attacher, par des moyens conciliants les plus puissants d'entre les féodaux. Ce fut ainsi que les seigneurs de Cinarca et les

Biancolacci furent amenés à signer des traités d'alliance avec les Bonifaciens. Soit mauvaise foi de la part des contractants, soit désobéissance du fait de leurs vassaux, ces pactes furent fréquemment rompus. La plus ancienne de ces conventions est de 1222. Le 5 septembre, Opizzo de Cinarca, chevalier, et Guglielmo Biancolaccio se font admettre ensemble au nombre des citoyens de Bonifacio. Ils s'engagent à aider ladite commune contre ses ennemis, et à se tenir à la disposition du podestat et des consuls de Gênes, sans toutefois que cet engagement puisse porter en quoi que ce soit préjudice à leurs droits. Nous sommes déjà dans la seconde phase de l'histoire des communes. Il n'y a pas un siècle qu'elles se faisaient confirmer leurs privilèges par les seigneurs; maintenant elles se les attachent par les liens d'une bourgeoisie honoraire, sans toutefois attaquer encore leur autorité: ces actes sont des accords de puissance à puissance; dans peu, nous verrons en Corse, comme en Ligurie, les seigneurs reconnaître la suzeraineté de la commune.

Par la suite, les relations des Génois et des Corses sont souvent tendues. A ces derniers, les habitants de Bonifacio reprochent de se livrer à de fréquentes excursions sur les territoires qu'ils cultivent, d'y faire la maraude, de piller leurs bestiaux, et d'incendier les habitations de leurs alliés. Des traités de paix interviennent, mais ils sont violés généralement par les Corses ou par les Génois l'année même de leur adoption.

Mais la division régnait entre différentes branches des Cinarchesi et des Biancolacci. Guglielmo de Cinarca fut assassiné par ses propres neveux qui s'emparèrent de ses biens au détriment de ses héritiers légitimes. Ceux-ci étant en bas âge, la vendetta fut tardive; elle n'en fut pas moins énergique, les meurtriers à leur tour trouvèrent la mort sous les coups de Sinucello, fils de Guglielmo, qui en sacrifiant ses cousins aux mânes de son père, s'imposa comme le seul seigneur du territoire cinarchese en attendant qu'il se rendît maître de la Corse tout entière. Sous le nom de Giudice (Juge) qu'il adopta, Sinucello fut le premier Corse dont les gestes imposèrent le souvenir à la postérité. «Ce fut, dit avec raison Ceccaldi, l'un des hommes les

La Corse. Figure allégorique du Vatican (1585).

Carte de la Corse au XVIe siècle (auteur anonyme). (*Bibl. Nat. de Paris.*)

Pl. IV. CORSE.

plus remarquables qui aient jamais existé dans l'île.»

Bien que les historiens insistent sur la constance de Giudice envers les Pisans, celui-ci semble s'être déclaré, dès son arrivée en Corse, le vassal de la commune de Gênes dont il reconnut la suzeraineté pendant la plus grande partie de sa vie. En 1258, il fit avec les Bonifaciens un premier traité d'alliance qui fut strictement observé jusqu'en 1277. A cette époque, une ambassade génoise vint à Propriano lui reprocher en termes fort mesurés de n'en avoir pas strictement observé les conventions. On lui faisait grief seulement d'employer à son usage des salines appartenant aux Bonifaciens et d'avoir laissé élever une forteresse sur un emplacement relevant du district de Bonifacio: «La Commune, dirent les ambassadeurs, se refuse à croire les crimes dont on vous a chargé, vous, Giudice de Cinarca, citoyen génois, dont les ancêtres ont toujours été considérés par la Commune comme des fils; aussi ne veut-elle pas agir envers vous comme envers un étranger; les chefs des anciens nous ont envoyés à vous pour apprendre la vérité de votre bouche, car si les accusations portées étaient vraies, la Commune, prenant en considération votre fidélité et celle de vos ancêtres, vous traiterait en fils, conformément à la parole divine qui dit: «Si ton fils pèche, avertis-le». Ils lui représentaient en outre qu'il n'avait aucun droit sur le district de Bonifacio, mais que, s'il croyait en avoir, c'était devant la commune de Gênes qu'il devait les faire valoir.

Giudice accueillit l'ambassade assez froidement; cependant après avoir laissé écouler plus d'une année, il consentit à renouveler entre les mains du podestat de Bonifacio l'hommage de 1258 (1278). En 1280, il stipula un nouvel accord avec les Bonifaciens; mais il montra par son langage qu'il n'entendait plus être traité en vassal: «Autrefois, dit-il, le district de Bonifacio était une véritable caverne de voleurs: les seigneurs de Cagna, de Biscaglia, de Corcano, d'Attala, d'Arescia et les Biancolacci en étaient les maîtres, et la commune de Gênes n'y pouvait rien. Ils volaient mes vassaux, dérobaient mes bestiaux et ceux des Bonifaciens. Tous ceux qui habitent Bonifacio depuis longtemps, savent qu'aujourd'hui, grâce à Dieu et à ma vigilance, ils peuvent dormir et reposer sans crainte... désormais, si les Bonifaciens ont à lutter contre des ennemis, je serai leur pasteur et leur défenseur.»

Cette déclaration confirme le récit des chroniqueurs qui narrent en appuyant sur les moindres circonstances les luttes de Giudice contre les autres féodaux corses. Il est probable que le bon accueil que trouvèrent auprès de la Commune plusieurs d'entre eux, les Salaschi, les Cortinchi, et les petits-fils des assassins de son père, indisposèrent Giudice contre Gênes, et que son mécontentement se traduisit par une véritable invasion du district de Bonifacio.

La guerre éclata, les troupes génoises débarquèrent. Après trente jours de lutte, Giudice, blessé à la suite d'une chute de cheval, dut aller demander des secours aux Pisans. Les Génois sommèrent ceux-ci de livrer le vassal rebelle. Les Pisans répondirent que, Giudice étant leur propre vassal, ils étaient décidés, non à l'abandonner à ses ennemis, mais au contraire à lui prêter assistance. Giudice, en effet, bien qu'il eût été armé chevalier jadis par Giovanni Boccanegra, capitaine du peuple de Gênes, avait rendu hommage aux Pisans. Avec l'aide de ceux-ci, Giudice rentra en Corse et chassa sans peine les Génois des postes qu'ils occupaient. Les deux républiques aigries l'une contre l'autre par une longue rivalité, exaspérées par des torts réciproques, armèrent des flottes considérables qui se rencontrèrent à la Meloria le 5 août 1284. Cinq mille Pisans périrent, onze mille furent faits prisonniers. «Pour voir Pise, disait-on alors, il faut aller dans les prisons de Gênes.» Gênes triomphante s'assurait l'empire des mers, mais la victoire lui coûtait cher. «Il y eut en cette année, dit frère Salimbene qui écrivait trente ans plus tard, plus de larmes et de gémissements à Gênes et à Pise que jamais depuis jusqu'à nos jours.»

Le 3 avril 1288, les bases d'un traité de paix furent proposées à la commune de Pise par ses citoyens captifs. Les Pisans devaient s'engager à soumettre Giudice qui avait reconquis son indépendance et à supporter tous les frais des nouvelles expéditions. Pise affaiblie ne put que souscrire à des conditions d'où dépendait la liberté de ses plus éminents citoyens. La paix fut signée le 15 avril 1288 et Gênes décida sur-le-champ d'en faire exécuter les clauses. En vain, le chroniqueur Jacopo D'Oria, dont la famille possédait des biens en Corse, tenta de dissuader ses compatriotes d'une entreprise qui les poussait «au devant d'un abîme». «Si les Génois, dit Pertz, avaient suivi ses conseils, ils auraient épargné à la République des trésors engloutis pendant cinq siècles sans résultat.»

Gênes ajourna cependant l'ouverture de la campagne au printemps de l'année suivante. Au mois de mai 1289, les troupes génoises, sous les ordres de Luchetto D'Oria, débarquèrent à Propriano. Giudice surpris, se retire dans la montagne avec quelques partisans, alors que ses ennemis et plusieurs de ses parents se groupent autour du général génois et lui rendent hommage. Luchetto, qui prend le titre de vicaire général en Corse pour la commune de Gênes, s'empare des châteaux de l'Au-delà-des-Monts. A Aleria, l'évêque, Orlando Cortinco, lui ouvre les portes de la ville, et sa campagne n'est plus désormais qu'une promenade au cours de laquelle seigneurs et communes lui font leur soumission. Aux premiers, il demande des otages, dans les villages il nomme des *gonfalonniers* ou syndics. Il rend la justice, tranche les différends entre familles, en un mot fait en toutes circonstances acte de suzerain.

Giudice, alors, voyant son parti diminuer de jour en jour, envoya proposer à Luchetto D'Oria de faire sa soumission, offrant de marier à Gênes une de ses filles. Dans une entrevue qui eut lieu à Faona, les deux adversaires jetèrent les bases d'une trêve qui devait durer jusqu'au carême. Giudice envoya à Gênes des ambassadeurs et reconnut, le 8 décembre, la suzeraineté de la Commune; mais quelques jours après, ses envoyés revinrent sans avoir pu accomplir leur mission. Dans une entrevue qu'il eut avec Luchetto, Giudice lui fit remarquer ironiquement qu'il avait tort de compter sur ses alliés insulaires et lui cita le proverbe: «Qui se fie à un Corse a la tête sur un précipice». La guerre recommença, mais Luchetto D'Oria, malade, dut s'embarquer pour Gênes, laissant le commandement à son frère Inghetto. Jacopo D'Oria constate amèrement alors «que la dépense de vingt-cinq mille livres nécessitée pour les frais de la campagne, a été stérile, et que les seigneurs corses continuent à recevoir Giudice chez eux et à le considérer comme leur chef et souverain».

Au mois de juillet 1290, Nicolò Boccanegra débarqua en Corse à la tête de quelques troupes génoises. Il ravagea Ornano, Istria et la plaine de Talavo, mais une épidémie l'obligea à se retirer à Bonifacio. Privé de ses soldats malades, il fit appel aux bourgeois et recommença la campagne secondé par les cousins de Giudice. L'expédition fut malheureuse: battu par les Corses, il dut bientôt retourner à Gênes, laissant Giudice maître sans conteste de l'île. Celui-ci ne reconnut désormais que la suzeraineté des Pisans: aussi Gênes imposa-t-elle le bannissement de Giudice parmi les clauses principales de la trêve de trente ans conclue avec Pise le 31 juillet 1299. «Les syndics de la commune de Pise s'engagent solennellement à bannir Giudice de Cinarca, sa femme, ses filles, ses fils, les femmes de ses fils, ses descendants de tout sexe, qu'ils soient issus ou non de légitime mariage; à leur interdire tout séjour à Pise ou sur le territoire même de la commune de Pise.»

On ne saurait dire si cet article reçut un commencement d'exécution. On sait seulement qu'il fut annulé par le traité définitif du 24 juin 1331. Giudice était mort environ depuis vingt-cinq ans.

Giovanni della Grossa et Pietro Cirneo racontent, avec de longs détails, les guerres que Giudice soutint contre Giovanninello Cortinco de Loreto. Une querelle de valets, dans laquelle les deux seigneurs étaient intervenus, avait, au dire des chroniques, fait naître cette longue inimitié qui survécut longtemps aux chefs des deux factions. En effet, lorsqu'au XVe siècle, Gênes partage en Corse le commandement entre deux gouverneurs, il est bien entendu que l'un patronnera le parti de Giudice, l'autre celui de Giovanninello.

Ainsi que l'avoue le chroniqueur D'Oria, lui-même, les campagnes des Génois en Corse ne firent qu'interrompre le long règne de Giudice dont l'autorité s'imposa pendant toute la seconde moitié du XIIIe siècle. La tradition veut que cette autorité ait été judicieuse et bienfaisante. Le comte Giudice de Cinarca (car il avait pris ce titre ainsi qu'en témoigne un document pisan) s'appliqua à faire régner partout la justice. Suivant la Chronique, il fixa, dans une consulte générale tenue à la Canonica di Mariana en 1264, les pouvoirs des seigneurs, et permit d'en appeler de leurs sentences à son tribunal. Les impôts furent limités: chacun suivant sa fortune dut payer une, deux ou trois livres de Gênes; dans les pays féodaux, les sommes perçues étaient partagées entre les seigneurs et Giudice; dans les autres localités, il percevait pour son compte la totalité de l'impôt. «Il s'appliqua, dit Ceccaldi, à donner la paix à la Corse et à la gouverner avec modération et justice.»

La tradition rapporte que Giudice devenu vieux confia la garde de ses châteaux à ses fils naturels: Arrigo, Arriguccio, Salnese et Ugolino devenus ainsi seigneurs d'Attalà, de la Rocca, d'Istria et de la Punta di Rizeni, et tiges des familles féodales de ces noms. La trahison de Salnese d'Istria le livra aux Génois: enfermé dans la prison de la Malapaga, à Gênes, il y mourut âgé de près de cent ans. Un historien français contemporain, le *Templier de Tyr*, secrétaire de Guillaume de Beaujeu, confirme par son témoignage le récit des chroniqueurs. Après avoir parlé d'un «grand seigneur d'une isle qui a nom Corse, qui se disait Juge de Chinerc et qui, homme de la commune de Gênes, se fit homme de la commune de Pise», rapporte comment «les Pisans abandonnèrent le Juge de Chinerc de Corse, lequel vint à la merci de la commune de Gênes qui le tint en prison avec Pisans et Vénitiens, et mourut après ledit Juge de Chinerc».

VII

LA CORSE GÉNOISE

<u>Table des matières</u>

Gênes et l'Aragon. – Réunion de la Corse à Gênes.
– Le Temps de la Commune et Sambocuccio
d'Alando. – Arrigo della Rocca et la Maona.

Gênes et l'Aragon. – En 1296, le pape Boniface VIII avait investi des îles de Corse et de Sardaigne la maison d'Aragon. Se contentant d'établir leur pouvoir dans la

Sardaigne, Jayme Ier et Alfonse ajournèrent la conquête de la Corse, malgré les pressantes sollicitations des seigneurs insulaires. Enfin, en 1345, Raymondo de Montepavone, qui avait gouverné longtemps Cagliari pour le roi d'Aragon, ayant convaincu D. Pedre, successeur d'Alfonse, de la facilité avec laquelle il occuperait un pays où l'Aragon comptait de si nombreux partisans, le roi se décida à envoyer des troupes que les Bonifaciens virent avec stupeur se répandre sur leur territoire (novembre 1346).

Au temps des guerres pisanes, Gênes avait lutté en Corse plus pour l'influence que pour la conquête. Quand Pise ruinée eut abdiqué ses prétentions, la Commune avait cessé de s'occuper de la Corse. Seuls, les D'Oria de Nurra, maîtres en partie de la Sardaigne et de la Rivière-de-Ponent, avaient tenté d'en faire une terre gibeline: les uns s'y présentaient armés de l'investiture aragonaise propre à leur acquérir les sympathies des habitants, les autres, comme Branca D'Oria, avec des pouvoirs fictifs qui en imposaient aux *fidèles* de la Commune et leur ouvraient les portes mêmes de Bonifacio. A deux reprises, Aitone D'Oria, amiral des Gibelins, avait tenté la conquête de la Corse: la première expédition ayant échoué, il s'était uni en 1335 à Arrigo de Cinarca, seigneur d'Attalà, fils de Giudice, et tous deux s'étaient rendus maîtres de la Corse entière. Comme un revirement s'était produit à Gênes en faveur des D'Oria, Aitone faisait reconnaître par son allié en mars 1336 la suzeraineté de la Commune, mais l'année suivante, ayant mis ses troupes et ses galères au service du roi de France, l'amiral se désintéressa de sa conquête et quitta la Corse pour n'y plus revenir. Il devait périr à la bataille de Crécy.

Mais toutes ses expéditions avaient un caractère privé, et la Commune n'en tirait bénéfice qu'occasionnellement. En 1345, le doge Giovanni da Murta arriva au pouvoir avec de vastes projets au nombre desquels il faut compter la ruine de l'influence espagnole en Corse et en Sardaigne: pour obtenir ce résultat il sut réconcilier momentanément, ou du moins unir, dans un même élan patriotique, les nobles et le peuple. Le parti populaire triomphait à Gênes et ses tendances, entre les mains de l'homme supérieur qu'était le doge, devenaient un instrument de conquête. Il envoyait en Corse le chef de la puissante corporation des bouchers, Antonio Rosso, pour y *travailler* le peuple, et le terrible ennemi des grands, Gottifredo da Zoagli, pour impressionner la noblesse. En Sardaigne, ses agents tentaient de faire révolter Sassari contre le roi d'Aragon, et les D'Oria, les Spinola, les Malaspina et les Massa, oubliant leurs triples rancunes d'aristocrates, de gibelins, d'exilés, secondaient les efforts de ces artisans, de ces Guelfes, de cette plèbe qui les avaient chassés.

Réunion de la Corse à Gênes.—Cependant les hostilités étaient suspendues, quand la nouvelle parvint à Gênes que le territoire de Bonifacio venait d'être envahi. Indigné, le doge se plaignit à D. Pedre qui, au lieu de s'excuser, déclara que «l'expédition de Corse était faite par son ordre». Cette sèche réponse dictait aux Génois une conduite énergique: la conquête de la Corse devenait indispensable à l'honneur de la République. En trois mois, les agents de la Commune s'assurèrent l'adhésion des chefs, et en avril 1347, Nicolò da Levanto, podestat de Bonifacio et vicaire pour les Génois en Corse, recevait les hommages des Cinarchesi (Guglielmo et Ristoruccio della Rocca, — Orlando et Arriguccio d'Ornano). Si les registres du chancelier Giberto da Carpina, lacérés et réduits à quelques feuilles, ne nous ont conservé que les actes relatifs à ces personnages, il n'en faut pas conclure que les Cinarchesi furent seuls à rendre cet hommage, car le chroniqueur florentin, Giovanni Villani, qui mourut l'année suivante (1348), dit formellement qu'au mois d'août 1347 «*les Génois eurent la seigneurie de toute l'île de Corse, par la volonté presque unanime de tous les barons et seigneurs de la Corse*».

Pendant ce temps, le roi d'Aragon armait des forces importantes pour les jeter sur la Corse. Le 12 juillet, le doge réunit le Conseil des Sages pour délibérer «sur les événements de Corse—*supra factis Corsicæ*.» Dans cette séance, on décréta un armement considérable auquel furent tenus de contribuer tous les citoyens, les vassaux de la Commune, ainsi que les seigneurs et les villes confédérés. Pour couvrir les premiers frais de la campagne, un emprunt de 50.000 livres fut voté.

Le 18 juillet, des lettres sont envoyées en tous sens pour inviter seigneurs et communes à coopérer au «recouvrement urgent de l'île de Corse». Il faut répondre dans le délai d'une semaine. Les marquis del Carretto qui gardent le silence, sont menacés et sommés d'envoyer leur procureur. Gottifredo Impériale est chargé de recruter des soldats à Pise et «dans tous les endroits où il en pourra rencontrer». Ces lettres témoignent par leur rédaction d'une fièvre impatiente et inquiète; «on ne saurait trop prévoir, disent-elles, de combien de dangers les Génois sont menacés, *si la Corse tombait entre les mains d'un étranger ou d'un ennemi*, et pour éviter ce péril, chacun doit, d'un cœur fidèle et empressé, remplir un devoir aussi nécessaire que glorieux.»

Aucun détail ne nous est parvenu sur cette campagne, que commandait le fils du doge, Tomaso da Murta. La terrible peste de 1347-48 qui ne laissa en Corse que le tiers des habitants, au dire de Villani, anéantit tout souvenir de cette expédition. Cependant la Chronique nous montre à l'époque de la *grande mortalité*, l'implacable populaire Gottifredo da Zoagli assouvissant sur des seigneurs qui avaient cependant reconnu les premiers la souveraineté de Gênes, sa haine pour la noblesse. Sous de futiles prétextes, il fit pendre Orlando Cortinco, et envoya deux de ses parents mourir à la Malapaga. Il ne se montra pas moins sévère à l'égard d'Orlando d'Ornano. Ce seigneur n'était cependant coupable que d'avoir enlevé la femme de son frère, parce que, dit la Chronique, «il la trouvait plus belle que la sienne». Gottifredo n'apprécia pas cette excuse et le fit décapiter. En Balagne, il semble n'avoir pas été étranger à l'incendie et au pillage du château des marquis de Massa à San-Colombano par les *populaires*; mais il fit couper le nez à une femme de mœurs douteuses qui avait séquestré la fille d'un des marquis pour la «marier à un seigneur qui la recherchait». Cet homme vertueux et sanguinaire, qui s'était fait élire comte de Corse par le peuple, ne tenta pas de résister à la peste: il retourna à Gênes pour fuir le fléau, laissant comme vicaire Guglielmo della Rocca, mais non sans avoir pris la précaution de faire consigner en otage par celui-ci son fils Arrigo.

Par décret du 29 novembre 1347 fut ouvert l'*Emprunt nouveau pour l'acquisition de la Corse*. Le capital de 50.000 livres fut divisé en 500 actions (luoghi) donnant droit chacune à une voix dans les assemblées délibératives. Malgré la peste, la République entretint des garnisons en

Corse; mais une guerre terrible, dans laquelle Gênes trouva réunies contre elle toutes les forces maritimes des Grecs, des Vénitiens et des Aragonais, la contraignit peu à peu à mettre toutes ses troupes au service d'une cause d'où dépendait sa fortune commerciale. Forcée de transiger avec ses ennemis, elle tenta de les diviser et, pour «empêcher les étrangers de se plaindre», elle rappela de Corse les soldats qui y restaient encore en 1350. Les pourparlers avec le roi d'Aragon s'éternisèrent, les Génois ne voulant à aucune condition, renoncer à la Corse et à la Sardaigne. Cependant quand ils virent que D. Pedre, en lutte avec la Castille, était immobilisé dans son royaume, ils ne songèrent plus qu'à reprendre les positions qu'ils occupaient avant la guerre. Un diplomate habile, Leonardo da Montaldo, fut chargé de ramener à la République les communes qui s'étaient séparées d'elle au cours des hostilités avec Venise. En Corse, il procéda discrètement et reçut à Calvi, au nom de la Commune, le serment de fidélité prononcé par les chefs au nom du peuple corse. On envoya alors en Corse des troupes qui occupèrent quelques forteresses, dont Baraci, lieu propre à surveiller le débarquement des Aragonais (1357).

Le Temps de la Commune et Sambocuccio d'Alando. — Si l'on s'en rapporte aux chroniques, toutes les invasions génoises qui se sont succédé en Corse, furent provoquées par les insulaires eux-mêmes réunis en consulte à la suite de soulèvements d'importance inégale. Et de fait, si les monuments prouvent que ce n'est pas là une satisfaction accordée par l'auteur à l'amour-propre national, ils témoignent surtout de l'habileté de ceux qui travaillèrent à les asservir.

Car la documentation, extraite en grande partie de la comptabilité froide et discrète de la Commune, nous révèle que toutes ces consultes et tous ces soulèvements sont le résultat d'intrigues dont le prix est soigneusement consigné. Observons aussi que les ambassades corses sont presque toujours arrivées à Gênes au moment où la République avait intérêt à leur intervention. Elles ne représentent le plus souvent qu'un parti, et exécutent leur mission à l'insu du plus grand nombre. Aussi arrive-t-il parfois que leurs pouvoirs sont contestés, et que les mandataires s'estiment heureux d'être renvoyés dans leur île sans passer par la corde ou la prison, après avoir été traités de *faux ambassadeurs*.

Quiconque a étudié l'histoire de la Corse ailleurs que dans les chroniques, sait combien la portée de ces assemblées a été exagérée. Les populations de Morosaglia et des pays voisins y prenaient part; quant au reste de la Corse, il n'y était représenté que dans des proportions assez faibles et uniquement par les partisans des organisateurs de la consulte. S'il n'en était ainsi, comment comprendrait-on les résultats contradictoires de ces réunions, où se succédaient des décisions tellement diverses que la mobilité même du peuple corse ne suffirait pas pour les expliquer?

On imagine donc combien il était facile à un chef de clan, à un parti, même à une invasion étrangère, de faire sanctionner les usurpations les moins justifiées: le pays était pauvre, les peuples oisifs, les rivalités aveugles, les passions excessives. Dans un horizon trop étroit pour se développer, les qualités de la race n'étaient plus qu'un danger pour elle-même. La Corse aspirait à un champ plus vaste, toute nouveauté lui était une espérance, tout inconnu devenait un messie. L'étranger pouvait débarquer sur son sol, il y trouvait toujours une faction intéressée au changement; tout au moins, s'il n'y avait rien à gagner pour elle, y avait-il à perdre pour la fraction adverse.

Une vaste *internationale* (que l'on me pardonne cette expression moderne) reliait au milieu du XIVe siècle les *populaires* de tout l'Occident. A Rome, où Rienzi, vainqueur des patriciens, ose attaquer le dogme de la monarchie universelle et proclamer l'indépendance des peuples, à Gênes, à Lucques, à Pise, à Sienne, partout souffle un vent de révolte, et les marchands italiens, en propageant les idées nouvelles sur les foires de Provence et de Champagne, apportent en France le germe de la Jacquerie. Dans un pays comme la Corse, les Zoagli, les Rosso, les Montaldo trouvent un terrain propice aux rébellions. Mais ce n'est pas seulement un idéal social que poursuivent ces diplomates avisés, ils servent leur patrie. Depuis plus d'un siècle, il existait en Corse des villages indépendants. Dans ces petites communes qui souffrent du voisinage des seigneurs et des fréquentes invasions des Cinarchesi, l'intrigue génoise avait plus de facilités pour préparer les voies que dans les pays où le seigneur est souvent un tyran, mais aussi un protecteur. Suivant une version très ancienne de Giovanni della Grossa, «les grands dominaient là où ils n'étaient pas *seigneurs*. Ne pouvant supporter leurs mauvais traitements, les peuples de Mariana et du domaine des Cortinelis s'unirent ensemble et mirent à leur tête Sambocuccio d'Alando». La troupe toujours grossissante traverse triomphalement la Corse et renverse les châteaux, bâtisses grossières qui ne doivent leur force qu'à leur position naturelle. Mais les seigneurs, revenus de leur surprise, songent à se défendre. Deux armées sont en présence et l'avantage, au dire de Pietro Cirneo, est plutôt du côté des seigneurs, car le prudent Sambocuccio est d'avis d'éviter la bataille. On combattit toute une journée, sans résultat, mais «le parti populaire, dit la Chronique, sentant qu'il ne pouvait se maintenir sans un appui solide, envoya à Gênes quatre députés qui, en son nom, *donnèrent la commune de Corse à la commune de Gênes*». Les ambassadeurs, reçus avec effusion, y furent entretenus et luxueusement habillés, dit la comptabilité, «*pour le bénéfice et l'utilité de la commune de Gênes*».

Car telle est la morale et la conclusion de ce mouvement populaire dans lequel un écrivain italien (le général Asserets) soutenant une thèse politique, d'ailleurs richement documentée, a voulu voir «une révolution telle que n'en avait jamais subi aucun pays italien». La Chronique si fertile en détails ne nomme pas un seigneur qui ait péri au cours du soulèvement; sauf dans le *Marchesato* et le fief *cortinco*, qui prendront désormais le nom de *Terre de la Commune*, tous les châteaux seront rapidement relevés. Si justifiée qu'eût été une *jacquerie*, le peuple qui n'a même pas pu contraindre ses chefs (*caporali*) à se mettre à sa tête, n'a été que l'instrument de la politique génoise.

La révolution communale de Sambocuccio, encadrée par la mission de Montaldo et précédée de pourparlers avec Gênes, ne nous apparaît donc pas comme un acte spontané des populations. Le diplomate génois qui partait en Corse le 30 septembre 1358, semble littéralement être allé *chercher l'ambassade* dont la mission à Gênes était terminée dès le 12 octobre, ainsi qu'il résulte de la facture de «25 livres 18 sous» du tavernier Leonardo da Boncella pour frais de pain, nourriture et boisson, des ambassadeurs du peuple corse. Ce détail a son importance, car il nous permet de croire que l'habile politique a pu régler tout aussi bien les phases de la révolte que rédiger les *instructions* données par le peuple à ses mandataires.

En résumé, le *Temps de la Commune* ne fut qu'un épisode de la guerre de Gênes contre l'Aragon, et des luttes de la démocratie génoise contre des tyrans dangereux, non à cause de leur tyrannie, mais en raison de leur indiscipline. La République, qui avait laissé au peuple corse la consolation ou plutôt l'illusion de s'être donné soi-même, envoya comme gouverneur le frère du doge, Giovanni Boccanegra. (Octobre 1358.)

Le rôle de Sambocuccio a été considérablement amplifié par les historiens modernes qui ont vu en lui non seulement le libérateur du peuple, mais encore le législateur de la Corse. Il n'existe ni tradition, ni document qui appuie cette opinion, née au XVIIIe siècle, dans des conditions que nous avons relatées au début de cet ouvrage. Le peuple l'avait choisi pour le diriger contre les seigneurs; par deux fois, Sambocuccio négocia avec la République l'envoi d'un gouverneur, et représenta très probablement le parti populaire à Gênes où des actes notariés nous signalent sa présence. En Corse, il semble n'avoir exercé que les fonctions de *conseiller du gouverneur* qu'il partageait avec six autres insulaires.

Rien d'important ne signale le gouvernement de Giovanni Boccanegra. Après son départ (1362), les seigneurs recommencèrent à peser sur le peuple. Sambocuccio s'adressa encore aux Génois qui envoyèrent comme gouverneurs Tridano della Torre et Filippo Scaglia. Ceux-ci détruisirent les châteaux et soumirent tous les seigneurs. Ils se firent remettre par chacun des Cinarchesi une caution assez forte, à défaut de laquelle ils prirent en otage un fils ou une *amie*.

Les conventions passées entre les chefs du peuple corse et la commune de Gênes, ne sont pas parvenues jusqu'à nous: «Les conditions, dit Giovanni della Grossa, étaient que les Corses ne seraient jamais obligés de payer plus de vingt sous par feu chaque année.» Les documents nous apprennent que le gouverneur, assisté d'un vicaire et d'un jurisconsulte, devait prendre l'avis d'un conseil composé de six Corses. Chaque paroisse était administrée par son gonfalonier, chaque groupe de villages par un podestat.

Des désordres de toute nature signalent le milieu du XIVe siècle; c'est d'abord l'apparition de la secte des *Giovannali* dont «la loi portait que tout serait commun entre eux», et que l'opinion

Sartène: vieilles maisons. (*Sites et Monuments du T. C. F.*) — La Porta: le Clocher et l'Église. (*Ph. Damiani.*) — Cargèse.(*Sites et Monuments du T. C. F.*)
Pl. V. — CORSE.

publique accusait de débordements et de crimes inqualifiables. Le pape les excommunia et envoya contre eux un commissaire avec quelques troupes; les Corses se joignirent à la petite armée, et les *Giovannali* furent exterminés.

Sous le gouvernement de Tridano della Torre commença la lutte entre les Ristagnacci (appelés à tort Rusticacci dans les manuscrits du XVIIIe siècle) et les Cagianacci, familles *populaires* de la piève de Rogna. Leurs *vendette* devaient se prolonger pendant près d'un siècle.

Arrigo della Rocca et la Maona. — Les gouverneurs génois soutenus par les chefs populaires étaient à peu près maîtres de la Corse, lorsqu'Arrigo della Rocca, fils de Guglielmo, qui s'était enfui en Espagne, débarqua à Olmeto avec des troupes catalanes et, secondé par les Cinarchesi, s'empara de l'île entière. A Biguglia, il se fit acclamer comte de Corse. A la suite de ces succès rapides, D. Pedro le nommait son lieutenant en Corse et en Sardaigne; mais un parti composé des feudataires du Cap-Corse et d'un certain nombre de chefs de villages conduits par Deodato da Casta, se forma contre Arrigo, qui abusait violemment du pouvoir. Une consulte populaire tenue à la Venzolasca décida l'envoi d'ambassadeurs à Gênes, qui, effrayée par les dépenses d'une nouvelle guerre, afferma l'île à une société industrielle et financière, composée de six membres, et désignée sous le nom de *maona* (27 août 1378). On prétendit à Gênes que les mandataires du peuple corse avaient sollicité ce nouveau mode de gouvernement.

Arrigo, après avoir attendu vainement des secours promis par le roi d'Aragon, se décida à accepter une part dans la *maona*, mais il ne tarda pas à se brouiller avec ses associés. D'accord avec les seigneurs d'Ornano et d'Istria, il tomba à l'improviste sur les troupes génoises et s'empara de deux membres de l'association: l'un fut mis à mort, l'autre paya six mille florins pour sa rançon.

La *maona* s'était résignée à la perte du pays cinarchese que gouvernaient les seigneurs sous la suzeraineté du comte Arrigo. L'assassinat d'un membre de la famille de Leca ralluma le feu des divisions intestines; le gouverneur pour la société en voulut profiter: ses troupes battirent les Cinarchesi et les refoulèrent jusqu'en Ornano. Mais alors les seigneurs, redoublant d'énergie, tombèrent à leur tour sur l'armée génoise qui, réfugiée à Ajaccio, dut capituler.

Cependant, Arrigo était parvenu à se rendre maître de la Corse presque entière, il y régna tranquillement au nom du roi d'Aragon pendant plusieurs années, n'ayant à lutter que contre des révoltes partielles. En 1393, il perdit toutes ses conquêtes et se trouva, avec tous les seigneurs Cinarchesi, dépossédé même des fiefs paternels.

Arrigo eut de nouveau recours au roi d'Aragon qui mit à sa disposition deux galères. En moins de temps encore qu'il n'en avait mis à perdre l'île, il la reconquit et fit même prisonnier le gouverneur génois, Battista da Zoagli, frère du doge de Gênes. Mais comme les Cinarchesi ne lui avaient apporté aucune aide, il les chassa de leurs châteaux et se déclara seigneur de l'île tout entière.

Quatre ans après, Raffaele da Montaldo, capitaine de l'île de Corse pour les Génois, l'obligea à repasser les monts (1398). Arrigo se préparait de nouveau à la guerre lorsqu'il mourut en 1401.

VIII

LA FIN DU MOYEN AGE

Table des matières

Rivalité de Francesco della Rocca et de Vincentello d'Istria. – Conquête de l'île par Vincentello. – Entreprises des Aragonais sur la Corse. – Intrigues des seigneurs, des caporali, des Fregosi. – Intervention pontificale.

A Gênes, en moins de quatre ans, dix doges s'étaient succédé, choisis alternativement dans les factions des Adorni et des Fregosi. Pendant près de deux siècles, ces deux familles d'origine populaire devaient se disputer le pouvoir, au détriment de leur patrie qu'elles inféodèrent tour à tour à des souverains étrangers pour enlever à la faction adverse triomphante les bénéfices de sa victoire. A l'extérieur, la sécurité de la République fut, au cours du XVe siècle, constamment menacée: par les Vénitiens, jaloux de la prospérité de leur commerce, par les Milanais, voisins turbulents et intraitables, par les Musulmans, dangereux pour leur négoce en Orient, par l'Aragon qui convoite l'empire de la Méditerranée, et plus tard par l'ambition conquérante des princes français. Au début du siècle, les rois aragonais ont les yeux fixés sur la Sardaigne, qu'ils dominent imparfaitement, et sur la

Corse dont ils ne sont souverains que de nom; mais il ne semble pas qu'ils aient poursuivi la conquête de cette dernière avec ardeur: leur ambition ne se manifeste que par des expéditions intermittentes et des formules de chancellerie rarement sanctionnées par des actes.

En octobre 1390, le doge Antoniotto Adorno, voyant sa patrie menacée par le duc de Milan, Gian-Galeaz Visconti, et ne voulant pas s'effacer devant les Fregosi, offrit la suzeraineté de Gênes au roi de France. Charles VI accepta et envoya comme gouverneur le comte de Saint-Pol, remplacé, peu après, par le maréchal Boucicault (1401). La Corse devenait vassale du roi de France. Elle était alors gouvernée avec justice et modération par Raffaele da Montaldo. Malheureusement, en mai 1403, Boucicault le remplaça par Ambrogio de' Marini, qui ne put tenir tête aux Corses révoltés. A la mort de celui-ci advenue en décembre de la même année, Leonello Lomellino, alléguant qu'il avait engagé dans la maona de Corse des sommes considérables, sollicita du roi de France la concession de l'île en fief noble. Au mois de janvier 1404, Andrea Lomellino son fils était nommé gouverneur de la Corse. Peu de temps après, Leonello, l'investiture obtenue, prenait possession de l'île. «Arrivé en Corse, avec le titre de comte, dit Giovanni della Grossa, il se laissa aller à un tel excès d'orgueil qu'il prétendait que tout lui appartenait: hommes, bestiaux, fruits et tout le reste. Il se vit bientôt l'objet d'une haine profonde et déclarée.»

Rivalité de Francesco della Rocca et de Vincentello d'Istria.
— Avec l'appui des Génois, auxquels il s'était soumis après la mort de son père, Francesco della Rocca, fils d'Arrigo, vicaire de la République, avait contraint les

Cinarchesi à reconnaître sa suprématie. Seul, Vincentello d'Istria, fils de Ghilfuccio et d'une sœur du comte Arrigo, dont le domaine était réduit au tiers de la petite seigneurie d'Istria, ne voulut pas s'incliner devant l'autorité du bâtard de son oncle. Il s'associa quelques aventuriers sardes et catalans avec lesquels, monté sur une felouque de rencontre, il commença de piller les territoires des Bonifaciens. Dès que les ressources ainsi acquises le lui permirent, il se procura un brigantin dont l'usage énergique lui valut bientôt dans les eaux méditerranéennes la réputation d'un corsaire redoutable. Les navires des marchands génois, lui procurant le plus substantiel de ses prises, sa renommée parvint à la cour d'Aragon où le roi, don Pedre, se souvenant des services et de la constance de son oncle Arrigo, lui fit un favorable accueil, et lui donna quelques troupes avec le titre de *lieutenant du roi en Corse*. D'esprit pratique, Vincentello ne se para pas bruyamment de cette dignité honorable, mais il débarqua discrètement dans l'île, s'empara par surprise du château de Cinarca et y plaça une garnison espagnole. Avec les Corses qui étaient venus, en grand nombre, se ranger sous la bannière aragonaise, il marcha sur Biguglia où il ne rencontra aucune résistance et se présenta devant Bastia. Quoique secondé par Francesco della Rocca, Leonello Lomellino fuyant le danger, s'était embarqué pour Gênes, laissant dans la forteresse une petite garnison dont le chef livra la place à Vincentello pour deux cents écus.

A Biguglia, Vincentello, satisfait du nombre respectable de ses partisans, s'était fait offrir le rameau d'oranger qui, suivant le rite consacré en Corse, lui conférait le titre de comte. Francesco della Rocca, à Bonifacio, se préparait à la lutte en ralliant à la cause génoise les mécontents déçus pour avoir escompté trop tôt les avantages de la suzeraineté aragonaise. Cependant les deux peuples étaient en paix, et quand Francesco, jugeant ses forces suffisantes, reprit l'offensive, une proclamation du roi de Sicile, D. Martin, fils de D. Pedro, ordonna au gouverneur de Sardaigne et à ses officiers de porter secours à Vincentello *contre les rebelles qu'il s'étonnait de voir combattre sous l'étendard de la commune de Gênes*, de poursuivre lesdits rebelles en tous lieux, mais *de respecter Calvi et Bonifacio, villes génoises*. Cette formule n'avait pour but que de limiter les revendications génoises et de montrer surtout qu'elle les voulait ignorer. Gênes imita cette discrétion, mais n'en envoya pas moins, en 1407, Andrea Lomellino, fils de Leonello, avec le titre de gouverneur. Francesco della Rocca, dont la popularité avait remplacé celle de Vincentello, triomphait sur tous les points. Dans l'Istria, dans l'Ornano, à Vico, il avait battu et poursuivi les troupes de ce dernier et les avait obligées à franchir les monts. «Partout où il passait, dit la Chronique, chacun prenait les armes pour se joindre à lui.» Il assiégea Biguglia où le comte s'était retiré et le contraignit à fuir à Bastia. Bloqué dans cette forteresse par Francesco et le gouverneur génois qui venait de débarquer, Vincentello, blessé à la jambe, se jeta en hâte sur un brigantin et s'en fut solliciter des secours en Sicile.

La faveur dont avaient joui les Génois et leur vicaire Francesco auprès des chefs insulaires, ne fut pas de longue durée. Quand Vincentello reparut dans la baie d'Ajaccio avec une petite flotte catalane (1408), les Cinarchesi l'accueillirent comme un sauveur. Pour se les attacher par des liens plus solides que ceux dont il avait éprouvé la fragilité, il dissimula ses ressentiments, et s'engagea à partager avec les plus influents d'entre eux les fruits de leur conquête éventuelle. Cette union éphémère impressionna les masses et les ramena autour de Vincentello.

L'inquiétude à Gênes fut extrême. On y décréta un armement général auquel les communes confédérées furent énergiquement invitées à contribuer (mai 1407). La mort de Francesco della Rocca, frappé d'un coup d'épieu à Biguglia, débarrassa Vincentello d'un redoutable compétiteur, et Andrea Lomellino fut tellement effrayé de l'isolement où le laissait la disparition de son vicaire qu'il pensa renoncer à l'entreprise et s'enfuir. Il en fut empêché par les Gentili, seigneurs du Cap-Corse, qui, accourant avec leurs vassaux, mirent en fuite les troupes de Vincentello.

Francesco ne laissait que des enfants en bas âge. Sa sœur *madonna* Violante, femme de Ristorucello Cortinco, se crut assez forte pour le venger et empêcher Vincentello de s'établir sur les ruines de sa maison. Elle parcourut la Corse, évoquant partout la mémoire de son frère et de son père, le comte Arrigo, «mais, dit la Chronique, le sort ne seconda pas ses desseins; malgré le nombre infini de partisans qui suivirent cette femme valeureuse, malgré la virilité de son courage et l'élévation de son esprit, elle fut battue à Quenza par Vincentello; et sa défaite fut telle qu'elle eut grand'peine à gagner Bonifacio».

Conquête de l'île par Vincentello. — Cependant Vincentello, peu rassuré sur les conséquences de la lutte qu'il avait entreprise contre Gênes, envoya au roi D. Martin, le gouverneur catalan du château de Cinarca, qui, s'appuyant sur l'expérience acquise pendant son séjour dans l'île, put convaincre son souverain des dangers que courait la cause aragonaise abandonnée aux mains des seuls Corses. Le roi promit de prompts secours. Malheureusement pour Vincentello, D. Martin n'arriva en Sardaigne que pour y terminer prématurément ses jours.

En 1411, Gênes envoya en Corse Raffaele da Montaldo, qui s'y était concilié des sympathies au temps du comte Arrigo. Il était particulièrement lié avec la puissante famille d'Omessa dont tous les membres, revêtus de fonctions ecclésiastiques, vivaient en chefs redoutés plus qu'en prélats. Ambrogio d'Omessa était évêque d'Aleria, et Giovanni son neveu, évêque de Mariana. Ceux-ci élevèrent d'abord une barrière à l'ambition croissante de Vincentello; mais quand Montaldo fut rappelé à Gênes, ils semèrent l'agitation dans l'île pour exploiter la mauvaise position de ses successeurs.

Tomasino da Campo-Fregoso, alors doge, fit décréter une dépense de 5000 florins d'or pour soumettre la Corse (7 juin 1416). Son frère Abramo, envoyé dans l'île, contraignit Vincentello à demander des secours au roi d'Aragon. Quant aux deux évêques, quoique battus par Pietro Squarciafico, lieutenant de Tomasino, ils ne se découragèrent pas et recrutèrent des troupes pour lutter contre les Génois; Vincentello se joint à eux, bat Squarciafico et le fait prisonnier. C'est alors qu'il fit construire à Corte la citadelle dont on peut admirer encore aujourd'hui les imposantes fondations.

Ici, les *caporali* entrent officiellement en scène. Comme à Florence, on appelait ainsi les gonfaloniers du peuple. Ainsi que le gonfalonier, le caporale était toujours choisi parmi les habitants du village. Dans l'esprit du peuple, il devait faire contrepoids à la tyrannie du seigneur ou du podestat, mais les familles de gentilshommes, elles-mêmes, ne tardèrent pas à apprécier une fonction que tous les gouvernements subventionnaient tour à tour, et une nouvelle aristocratie mixte se forma. Il y eut des familles de caporali. Au XVe siècle, le caporale n'est plus pour le gouvernement génois que le chef d'origine locale chargé, moyennant rétribution, de maintenir son influence. Sur ses registres de comptabilité, il confondra sous la même rubrique les syndics des villages et les féodaux les plus puissants de l'Au-delà-des-Monts. Par les caporali, Gênes communique avec chaque clan et conserve ainsi dans l'île une autorité que les fonctionnaires génois sont incapables de maintenir par eux-mêmes.

Il est probable que la suppression d'une pension qu'ils touchaient depuis deux ou trois ans fit soulever les deux évêques et leurs amis contre Gênes. Vincentello se les attacha en leur rendant leur subvention. Dès lors, les familles principales de la Terre-de-la-Commune reçurent régulièrement leur traitement, tantôt de la République, tantôt du gouvernement aragonais, souvent aussi du seigneur cinarchese qui avait pu se constituer un parti important. En 1443, Mariano da Caggio, élu lieutenant général du peuple corse, voudra réprimer leurs abus: il nivellera leurs tours et leur interdira de prendre le titre de caporale; mais son autorité trop éphémère ne portera pas de fruits.

Pour les Fregosi, la Corse devait être un champ d'exploitation. Ils avaient employé au mieux de leurs intérêts personnels les fonds fournis par la République. Afin de continuer la guerre, Abramo de Campo-Fregoso emprunta de l'argent aux Bonifaciens et vint mettre le siège devant le château de Cinarca. Quand il s'en fut emparé, jugeant qu'il lui serait difficile de le conserver, il le vendit 3.500 livres à Carlo d'Ornano. Mais Vincentello d'Istria qui avait vaincu et fait prisonnier le lieutenant d'Abramo, Andrea Lomellini, assiège le gouverneur à Biguglia et s'empare de sa personne (1420). La prise de Bastia suit de près, et les Génois sont chassés. Il est presque inutile d'ajouter qu'Abramo ne rendit jamais aux Bonifaciens l'argent qu'il leur avait emprunté.

Entreprises des Aragonais sur la Corse. — Vers la fin de l'année 1420, le roi D. Alfonse estimant nécessaire sa présence en Sardaigne, arma une flotte importante. Accueilli en souverain à Sassari par les Sardes, il fit voile aussitôt pour la Corse, et reçut à son débarquement les hommages des principaux chefs. Calvi et Bonifacio, dont les populations étaient génoises, s'étaient préparées à la résistance; cependant les Aragonais entrèrent dans Calvi presque sans coup férir, grâce à la trahison d'un habitant, Giacopo-Pietro da Montelupo qui leur en ouvrit les portes pendant la nuit. La ville ainsi occupée, presque sans protestation de la part de sa population pacifique de pêcheurs et de marchands, le roi distribua aux notables quelques faveurs et partit pour Bonifacio, ne laissant, pour garder la place, que soixante Catalans sous la conduite du capitaine Juan de Liñan. Grave imprudence, car les Calvais, privés de communications avec Gênes, principal débouché de leur commerce, et peut-être incommodés par la présence des soudards catalans, s'avisèrent d'un stratagème pour s'en débarrasser. Un navire chargé de marchandises avait jeté l'ancre au cap Saint'Ambrogio, à quatre milles de Calvi: ils firent miroiter aux yeux des soldats les avantages d'une prise facile, et décidèrent une partie de la garnison à courir sus au butin. Ce piège grossier réussit: la garde de la citadelle réduite de moitié, ne put résister aux menaces de la population armée contre elle, et le capitaine Liñan s'estima heureux de pouvoir embarquer tous ses hommes à destination de Bonifacio. Ainsi, fait peut-être unique dans l'histoire, la prise d'une ville et sa délivrance s'effectuèrent presque sans effusion de sang.

Quant à Montelupo, une délibération des habitants de Calvi réunis dans l'église San-Giovanni le 14 août 1421, le déclara traître à sa patrie, indigne d'habiter, de posséder ou de négocier à Calvi. Ses biens furent confisqués et le prix de leur vente affecté à l'acquisition d'armes, de cuirasses et de munitions pour la défense de la ville. C'est à partir de ce moment, dit-on, que Calvi ajouta en exergue à la croix de Gênes qu'elle portait dans ses armoiries la devise «*Civitas Calvi semper fidelis*».

La flotte aragonaise resserrait étroitement Bonifacio. Les canons catalans, hissés sur des tours voisines, dominaient à la fois le port et la ville et causaient de tels ravages que les habitants, déjà décimés par la famine et la rigueur de décembre, implorèrent une courte trêve, promettant de se rendre s'ils n'étaient pas ravitaillés avant janvier 1421. Un brigantin fut envoyé à Gênes et, le premier janvier, une escadre de huit vaisseaux, commandée par Battista di Campofregoso était signalée. Aussitôt les assiégés au mépris de la trêve, dit un historien milanais contemporain, prennent les armes et détournent l'attention des Aragonais. Favorisée par le vent, la flotte génoise brise la chaîne qui ferme le port et ravitaille la cité. C'en fut assez pour décourager le roi appelé à Naples par des intérêts plus pressants, car il s'agissait de la succession de la reine Jeanne compromise par l'ambition de la maison d'Anjou. Il partit après avoir nommé Vincentello vice-roi de Corse. Le pouvoir de celui-ci, en 1421, est tel que l'annaliste génois contemporain (Stella), lui-même ne le discute pas: «La plus grande partie de l'île, écrit-il, appartient au comte Vincentello della Rocca, les Génois y règnent de nom, mais leur pouvoir y est nul.» Le pape Martin V, envoyant en Corse un légat apostolique pour y organiser un synode, l'adressa *au comte Vincentello, Souverain de la Corse*. Celui-ci sut profiter de l'occasion pour convier à cette assemblée tous les laïques de quelque importance, et fit savoir que la constitution synodale devait être observée par tous, sous les peines les plus sévères. Cet acte purement politique tendait à donner à son autorité la sanction apparente du Saint-Siège.

La lutte des Adorni et des Fregosi fit tomber Gênes au pouvoir du duc de Milan. Tomasino de Campo-Fregoso et les siens reçurent «en remboursement des sommes qu'ils avaient dépensées pour le service public» près de 60.000 florins et la seigneurie de Sarzane. Ils attendirent dans cette petite ville qu'un souffle plus favorable leur rendît les hautes charges de la République qu'ils avaient su rendre si lucratives. Comme le roi de France, le duc de Milan s'était engagé à respecter la constitution des Génois et leurs franchises.

Moins tyrannique, Vincentello, malgré l'opposition des Cinarchesi, aurait pu établir solidement son autorité en Corse. En pensionnant les caporali, il avait fait reconnaître sa suzeraineté; les rois d'Aragon, le Saint-Siège, Florence le traitaient en souverain, et Gênes, elle-même, par des rapports courtois avec lui, semblait accepter l'état de choses qu'il avait créé. Les excès dont il se rendit coupable causèrent sa chute. En 1433, alors qu'il était en fort mauvais termes avec Simone de Mari, seigneur du Cap-Corse, et les seigneurs della Rocca, d'Ornano et de Bozzi, il exigea des populations qui lui restaient fidèles une contribution extraordinaire, ce qui lui aliéna les masses. En enlevant une jeune fille de Biguglia, il provoqua l'indignation générale. Les habitants de la Terre-de-la Commune se groupèrent autour de Simone de' Mari et le comte, presque isolé, dut quitter la Corse. Les Florentins l'accueillirent avec de grands honneurs et lui fournirent des secours. Mais comme il revenait, accompagné de son frère Giovanni, Zaccaria Spinola, capitaine d'une galère génoise, s'empara d'eux. Vincentello, conduit à Gênes, fut condamné à avoir la tête tranchée. Il revendiqua la responsabilité de tous les dommages que son frère et les autres Corses avaient infligés aux Génois; ce qui fournit un prétexte à la République pour déclarer ses biens confisqués. L'importance qu'attacha le gouvernement génois à la capture de Vincentello fut telle que Zaccaria Spinola et son lieutenant, Giacopo di Marchisio, reçurent, en récompense, des privilèges à vie, et que chacun des officiers qui se trouvaient à bord de leur galère fut gratifié d'un don de cinquante livres. Vincentello fut exécuté à Gênes dans une petite cour du *Palazzetto* (monument qui renferme aujourd'hui les Archives d'État). Sa tête tomba sous le couperet de la *mannaja*, instrument de mort dont on usait communément en Italie, et qui fit depuis son apparition en France sous le patronage du docteur Guillotin.

Intrigues des seigneurs, des caporali et des Fregosi.— Intervention pontificale.— Après la mort de Vincentello, les feudataires recommencèrent à se disputer le pouvoir. Simone de' Mari, le plus puissant d'entre eux, se rendit maître de Bastia et se crut assez fort pour lever des impôts; mais les Cinarchesi: Giudice d'Istria, Polo della Rocca et Rinuccio di Leca s'unirent contre lui. Afin de diviser ses adversaires, il commença par gagner à sa cause Polo della Rocca et traita avec Rinuccio. Giudice ne voulut entendre parler d'aucun accommodement: il se fit nommer comte de Corse par le roi d'Aragon, titre qui ne fut reconnu que par ses vassaux, car les insulaires, réunis à Morosaglia, élurent Polo della Rocca comte et seigneur de l'île.

Aussitôt Simone de' Mari déçu dans ses espérances, fit avec les Montaldi un traité par lequel la Corse aussitôt conquise serait partagée entre eux et lui, par moitié. Les caporali, fidèles à leurs principes d'intérêt personnel, abandonnèrent le comte Polo et se rangèrent avec les Montaldi, mais ceux-ci après la victoire, s'aliénèrent les Corses en faisant emprisonner leur allié, Simone de' Mari. Sous les ordres de Rinuccio di Leca, les insulaires marchèrent contre les Montaldi dont l'armée fut taillée en pièce à Tassamone (1437).

Cette même année, Tomasino di Campo-Fregoso fut élu doge. Reprenant le projet déjà conçu par tant de familles génoises de se constituer avec la Corse un fief particulier, il envoya son neveu Jano qui entra en correspondance avec les seigneurs et les caporali; grâce à de belles promesses celui-ci n'eut aucune peine à parcourir la Corse en triomphateur. Après avoir reçu l'hommage des seigneurs du Cap-Corse dont il confisqua et revendit les châteaux, il passa dans l'Au-delà-des-Monts et força Bartolomeo d'Istria, fils de Vincentello, à lui céder moyennant 200 écus le château de Cinarca qu'il revendit 3.000 écus à Rinuccio de Leca. Pour conserver son fief, chacun des Cinarchesi paya à Jano une somme proportionnée à son importance.

Encouragé par ces premiers succès, Jano supprima les pensions des caporali. C'était imprudent: ceux-ci mirent à leur tête Polo della Rocca et Rinuccio di Leca qui forcèrent le gouverneur à s'enfuir. Revenu avec des forces importantes, il triompha des Corses, dit Giovanni della Grossa, dans la plaine de Mariana, «grâce à des épouvantails avec lesquels les Génois effrayaient les chevaux» (1441). Cette défaite eut des conséquences graves pour les Corses: pendant plusieurs mois, Polo fut poursuivi par les Génois; mais le pire, dit la Chronique, fut que chacun des adversaires, partout où il passait, levait la taille, de sorte que chaque feu la paya deux fois cette année.

Mais les Adorni ayant reconquis le pouvoir, les Montaldi reparurent en Corse et se mirent en campagne contre Jano qui chercha en vain un allié parmi les feudataires. Battu dans toutes les rencontres, Jano prit le parti de rentrer à Gênes où la fortune de sa famille était très compromise. Pour ne pas tout perdre, il porta la lutte sur un autre terrain et réclama de la République une indemnité de 15.000 livres.

Au milieu des troubles qui désolaient l'île, l'évêque d'Aleria, Ambrogio d'Omessa, qui avait contribué pour une bonne part au retour des Fregosi, proposa aux caporali d'offrir la souveraineté de l'île au Saint-Siège. Le pape Eugène IV accepta, mais les troupes pontificales, s'étant rencontrées avec un parti de Cinarchesi que commandait Raffè de Leca, fils de Rinuccio, éprouvèrent une sanglante défaite. L'avarice des gouverneurs pontificaux acheva de détruire le prestige du régime. Un caporale dont la valeur égalait le prestige, Mariano da Caggio, de la famille des Cortinchi, convoqua une consulte à Morosaglia. Les populations lasses de l'oppression où les tenaient les gouvernements étrangers, les seigneurs et les caporali, élurent par acclamation Mariano lieutenant général du peuple, mais se laissèrent persuader d'accepter, entre toutes les tyrannies, celle qui théoriquement se présentait comme la plus douce. Les troupes romaines débarquèrent donc de nouveau et remportèrent sur les Cinarchesi d'assez gros succès, mais la mort d'Eugène IV (1447) suggéra à son général, Mariano da Norcia, de continuer pour son compte ce qu'il avait entrepris pour celui du pape. Craignant l'opposition de ses alliés, il fit incarcérer Mariano da Gaggio, le gouverneur de la Corse, évêque de Potenza, et Giudice d'Istria, lequel, en haine des seigneurs de la Rocca et de Leca, s'était joint au parti populaire. Ces arrestations provoquèrent l'indignation générale. Mariano da Norcia fut obligé de se retirer dans le château de Brando où il prépara sa fuite: encore prit-il la précaution de vendre avant de partir le dit château pour la somme de trois cents florins qu'il conserva ainsi que les sommes qu'il avait recueillies au nom du gouvernement pontifical.

A Eugène IV avait succédé, sous le nom de Nicolas V, Tomaso Parentucelli, de Sarzane, qui, sujet des Fregosi, fut flatté de voir Lodovico, frère de Jano (nouvellement élu doge de Gênes), venir à Rome lui baiser les pieds. Le pape témoigna sa satisfaction envers la famille de ses seigneurs naturels en donnant à Lodovico l'investiture de la Corse.

En prenant possession de son fief, Lodovico éprouva plus d'une déception. La vente des citadelles et le trésor vidé par le commissaire pontifical lui furent particulièrement sensibles. Le peuple, dirigé par Mariano da Gaggio, paraissait peu disposé à accepter son autorité et les seigneurs peu préparés à verser les garanties pécuniaires qu'il en exigeait; Mariano da Gaggio appela les Corses aux armes, et Lodovico, qui se trouvait alors à Gênes,

Sampiero montrant ses blessures. — Sampiero et Vannina.
Sampiero excitant les Corses à l'insurrection (*d'après l'Histoire de Galletti*).
Pl. VI. — CORSE.

dut revenir subitement avec huit cents hommes: l'évêque d'Aleria, Ambrogio d'Omessa, passa de son côté, mais en poursuivant Mariano, qui battait en retraite, Lodovico perdit un grand nombre des siens sur les rives du Golo, et laissa deux cents prisonniers qui se rachetèrent à prix d'argent.

Lodovico appelé au dogat en remplacement de son frère qui venait de mourir, confia le gouvernement de la Corse à Galeazzo di Campo-Fregoso, son cousin. Les instructions que donna Lodovico à celui-ci furent surtout d'ordre économique: il l'engagea à rendre aux caporali leur pension, estimant que mieux valait dépenser deux ou trois mille livres en subventions qu'en armements; l'expérience qu'en avait faite son frère, disait-il, avait été désastreuse. D'ailleurs, il indiquait les moyens de combler les vides du trésor en exigeant cinq mille livres pour la rançon des otages corses qu'ils conservaient; il suffisait, ajoutait-il, pour faire verser cette somme d'augmenter les tailles dans la proportion de *dix sous par livre*. On voit par ces détails les raisons qui attachaient les Fregosi à la Corse. Quoique excessivement jeune, Galeazzo, «digne de ses parents sous tous les rapports», trouva son cousin encore trop généreux; il refusa de payer les pensions des caporali; il salaria seulement Mariano da Caggio qui avait fait sa soumission, et qu'il jugeait capable de maintenir la paix dans la Terre-de-la-Commune.

Mais l'évêque Ambrogio d'Omessa poussa les autres caporali à la révolte, et sans l'intervention de Michèle de' Germani, évêque de Mariana, qui conseilla à Galeazzo de faire quelques concessions, l'île entière se soulevait à nouveau. Grâce à cette prudente intervention, l'île goûta quelques mois de calme; les caporali patientèrent, mais lorsque leurs réclamations devinrent importunes, Galeazzo se saisit des plus bruyants et les jeta en prison. Il n'eut pas à se louer de cet abus de pouvoir, car les Génois eux-mêmes le jugèrent impolitique et de nature à compromettre définitivement l'autorité de la République. Une lettre du doge assisté de son conseil (9 février 1451) l'en tança vertement: «Vous n'êtes pourtant pas, lui était-il dit, sans savoir de quelle importance est la Corse pour nous et quelle perte irréparable résulterait de son passage aux mains d'une puissance étrangère.» Ces avis venaient tardivement. «Les Corses, disait-on à Gênes, sont d'avis d'expérimenter tous les régimes plutôt que de se soumettre à notre autorité.» Appelés par le comte Polo della Rocca et Vincentello d'Istria (neveu du comte Vincentello), les Aragonais, sous la conduite de Jayme Imbisora, débarquaient en Corse au mois de novembre, prenaient possession de quelques places fortes et manifestaient l'intention de bloquer Bonifacio. Raffè da Leca resta, ainsi que Giudice della Rocca (fils de Polo), du côté des Génois. La lutte paraissait devoir être chaude quand Jayme Imbisora mourut. Comme le comte Polo, découragé, s'embarquait pour Naples, il fut pris en mer par un corsaire espagnol qui le vendit 600 écus à Galeazzo. Celui-ci, moyennant la promesse d'une rançon de 700 écus, garantie par des tiers, rendit la liberté à Polo, et lui donna même le titre de *vicaire du peuple* pour qu'il pût, en recueillant les impôts, réunir les fonds qu'il s'était engagé à payer. Mais le peuple refusa de verser des *accatti* (redevances volontaires) à un vieillard dépourvu de forces et de soldats; ce que voyant, Polo, sans se soucier des amis qui l'avaient cautionné auprès de Galeazzo, retourna dans ses terres.

IX

LA BANQUE DE SAN-GIORGIO

Table des matières

Cession de la Corse à l'Office de San-Giorgio. – Révoltes des seigneurs. – Raffè de Leca. – Tyranie de l'Office. – Les Milanais en Corse. – Dernières luttes des féodaux: Gio-Paolo di Leca et Rinuccio della Rocca.

Jamais la Corse n'avait obéi à tant d'autorités diverses: Galeazzo di Campo-Fregoso possédait les forteresses de San-Firenzo, de Biguglia, de Bastia et de Corte; Calvi et Bonifacio tenaient pour la République; un caporale, Carlo da Casta, dominait dans les campagnes de l'En-deçà-des-

Monts, tandis que chacun des Cinarchesi s'agitait pour faire prévaloir son autorité personnelle sur l'île entière. Raffè di Leca, bien secondé par ses vingt-deux frères, tant légitimes que bâtards, semblait plus que tout autre appelé à ressusciter les rôles de Giudice d'Arrigo et de Vincentello. Sa destinée se heurta à une organisation plus puissante que toutes celles qui avaient dominé la Corse jusqu'à ce jour. C'était l'Office ou Banque de San-Giorgio.

Cet établissement célèbre avait été créé en 1410, sous les auspices du maréchal Boucicault dans le but de réunir aux mains d'une seule compagnie toutes les créances de la République. En peu de temps, l'Office des *Emprunts de San-Giorgio* (*Offitium Comperarum Santi-Georgii*) avait pris une importance considérable. Cette république financière avait son sénat et ses troupes; quant aux décisions de ses magistrats, le Doge, assisté de son conseil suprême, hésitait avant de les contester.

Un corsaire catalan venait de s'emparer de San-Firenzo. Gênes, que la prise de Constantinople, en coupant les communications avec ses colonies de la Mer Noire, venait de plonger dans une situation désastreuse, abandonnait alors à l'Office de San-Giorgio toutes ses possessions d'outre-mer. Galeazzo, voyant que la Corse allait lui échapper, résolut d'en tirer au moins quelque argent: il se rendit à Gênes, et céda à la République ses droits sur la Corse. En même temps que lui, arrivaient des députés du peuple corse qui venaient demander pour leur patrie d'être comprise dans le lot cédé à l'Office de San-Giorgio. Est-il permis de douter de l'unanimité de cette requête, au succès de laquelle, Galeazzo et la Banque seuls étaient intéressés? Tout ce qu'on peut assurer c'est que les négociations ne traînèrent pas, et que, pour l'abandon de la Corse, Galeazzo, dit la Chronique, reçut de l'Office une «somme importante».

Au mois de juin 1453, Pietro-Battista D'Oria commissaire de l'Office parut dans la baie de San-Firenzo et mit le siège devant la forteresse qu'occupait Vincentello d'Istria pour le roi d'Aragon. La place capitula, et Pietro-Battista, après avoir pris possession officiellement de Calvi et de Bonifacio, tint à Biguglia une consulte nationale où l'on publia de nouvelles conventions passées entre l'Office et les Corses. La plupart des seigneurs déclarèrent accepter la suzeraineté de l'Office. Raffè di Leca, particulièrement distingué, fut avec son frère Anton' Guglielmo, inscrit au *Livre d'or* de la République et agrégé à l'albergo Doria, faveur sans précédente et qui, dans la suite ne fut octroyée qu'à deux Corses (Cuneo et Ristori); encore ne fut-ce qu'aux XVIIe et XVIIIe siècles, en des temps où l'inscription moyennant finances, devenue commune, avait ôté au Livre d'or une grande partie de son éclat.

Révoltes des seigneurs.—*Raffè di Leca.*—Si jamais la politique des seigneurs corses se montra obscure et incompréhensible, ce fut pendant cette période où leur mobilité n'eut d'égale que la vigueur de la répression. Presque tous sollicitèrent les bonnes grâces de l'Office qui s'efforça de les satisfaire; mais les soupçons des gouvernants, la susceptibilité des féodaux, leur jalousie vigilante et réciproque épuisèrent rapidement le bon vouloir dont les uns et les autres paraissaient animés. Dès 1454, un agent aragonais, Francesco de Zanilo, pousse Simone et Giovanni de' Mari à la révolte. Geronimo de Guarco, au nom de la Banque, les soumet au bout de sept mois. On ne triompha pas aussi aisément de Raffè malgré la coalition de Giudice et d'Antonio della Rocca, de

Vincentello d'Istria et de Mariano da Caggio contre lui. Une descente en Corse des Sardes, sous la conduite de Berengario Erill, vice-roi de Sardaigne pour le roi d'Aragon (1455), augmenta les difficultés de l'Office: ce fut encore pis quand Lodovico di Campo-Fregoso entra en relation avec Berengario dans le but de lui vendre Bonifacio.

En juillet 1455, Génois et Aragonais ayant signé une trêve, Berengario fut rappelé par son souverain. Astucieusement, la Banque envoya de nouvelles troupes et la lutte recommença. Giudice, sans que l'on sût exactement pourquoi, s'étant réconcilié avec Raffè, les Génois furent battus et refoulés dans l'En-deçà-des-Monts. Jadis, lorsque Vincentello et Arrigo avaient infligé à la République de tels échecs, les Génois, démoralisés, s'étaient retirés pour attendre une époque plus propice et mieux préparée par leur diplomatie toujours active; mais l'Office confiant en la puissance de son or, et décidé à prendre possession d'une marchandise qu'il avait payée, s'impressionnait peu du sang de ses mercenaires. Une lutte sanglante et sans merci fut décidée contre les Corses. Raffè se montra comme cruauté au niveau de ses ennemis. Un habitant du Niolo, Arrigo da Calacuccia, s'étant emparé du gouverneur génois Carlo de' Franchi, Raffè lui paya son prisonnier 400 livres, puis il l'enferma dans une sorte de cage roulante que chacun fut autorisé à mouvoir. Le malheureux ne put supporter ce traitement et mourut au bout de quelques jours. Quant aux soldats génois, il les vendait aux pirates barbaresques, et pour bien afficher son mépris, il n'exigeait des acheteurs que *huit oignons* par tête. Plus miséricordieux à l'égard des mercenaires, il les renvoyait souvent sans rançon. Cependant il fit couper à l'un d'eux les mains et le nez: «Lombard, lui avait-il dit, c'est bien toi que j'ai pris sept fois? c'est bien toi qui m'as juré de ne plus combattre contre moi? Pour ne pas me tromper à l'avenir, je veux te marquer d'un signe de reconnaissance.»

Raffè combattait avec l'énergie du désespoir, car les Génois avaient envoyé des forces considérables. Giudice della Rocca à Bariccini, Raffè, Anton' Guglielmo, et leur oncle Giocante à Leca restaient seuls à soutenir le poids de la guerre. Pour en finir, les Protecteurs de San-Giorgio confièrent le commandement de leurs troupes à Antonio Calvo, *homme énergique et implacable,* dit la Chronique. On lui donna des instructions formelles. Il devait, en débarquant, mettre à prix les têtes des chefs: à qui livrerait Raffè ou Giudice vivants, on verserait mille ducats, morts cinq cents; deux cents ou cent ducats devaient récompenser la prise des deux autres. De ceux de leurs partisans qui se soumettraient, exiger des otages ou des cautions; quant aux rebelles endurcis, les traiter de façon à «inspirer à chacun la terreur».

Antonio Calvo s'acquitta consciencieusement de cette besogne, avec tant de zèle même que le gouverneur Carlo di Negro et l'évêque de Sagone protestèrent contre ses actes de cruauté devant le tribunal des Protecteurs. Ceux-ci ne se laissèrent pas émouvoir: «Laissez faire au capitaine, répondirent-ils au premier: quand il s'agit de châtier, il est plus compétent que vous.» — «La cruauté nous déplaît autant qu'à vous, déclarèrent-ils au prélat, mais il ne faut pas traiter de cruautés les actes de justice.»

Le 20 avril 1456, on apprit à Gênes par une lettre d'Antonio Calvo que Leca était envahi et que Raffè restait bloqué avec ses frères et quelques partisans dans le château. Parmi ces derniers se trouvaient des traîtres, et l'un d'eux, Trastollo da Niolo, depuis le commencement du mois, négociait avec le gouverneur la perte de Raffè. Cependant, la place paraissait imprenable. Par ordre des Protecteurs, Antonio Calvo fit arrêter tous les parents des assiégés et fit en sorte que ceux-ci fussent informés de la situation critique de ces malheureux réduits à l'état d'otages. Trastollo n'eut donc aucune peine à convaincre plusieurs de ses compagnons qui, profitant de l'heure où Raffè et sa famille étaient à table, introduisirent Calvo et ses soldats. Tous furent pris vivants avant d'avoir pu saisir leurs armes. Raffè, sachant qu'il n'avait aucun quartier à espérer, se jeta du haut des remparts et se cassa la jambe. Il eut encore la force de se réfugier sous un rocher où on le découvrit quelques heures plus tard: «Il nous sera difficile, écrivirent les Protecteurs à Calvo, de vous exprimer par lettre ou de vive voix la joie que nous cause, que cause à toute la ville, la capture de Raffè, d'Anton' Guglielmo et des autres rebelles... Mettez-les à la torture avant de les exécuter pour leur faire avouer leurs crimes.» Raffè fut pendu ainsi que vingt-deux de ses parents, frères ou cousins germains, dont les corps restèrent accrochés au gibet; celui de Raffè fut dépecé, et les morceaux envoyés dans les principales villes de la Corse pour y être exposés. Des instructions de la Banque avaient réglé deux mois auparavant le cérémonial de ces représailles. Pietro Cirneo ajoute que l'on expédia à Gênes, après l'avoir préalablement salée, la tête de Raffè.

Tyrannie de l'Office. — La mort de Raffè découragea les feudataires: Giocante de Leca, Arrigo della Rocca, Giudice d'Istria, Orlando d'Ornano et Guglielmo di Bozzi se réfugièrent à Naples. Seul, Giudice della Rocca resta en

Corse, mais n'ayant plus de partisans, il dut bientôt s'enfuir en Sardaigne où il mourut.

A l'intérieur, les sévérités et les excès des fonctionnaires de l'Office exaspéraient les Corses. Le crime isolé d'un vulgaire bandit redoubla les rigueurs. Sur l'ordre de Michele de' Germani, évêque de Mariana, Maino di Brando, dit Brandolaccio, avait subi quelques coups d'estrapade pour un délit dont il se prétendait innocent. Sa culpabilité n'était pas démontrée, il fut remis en liberté. En tout autre pays, ce malfaiteur notoire se fût estimé heureux d'en être quitte à si bon marché: en Corse, le compte se régla autrement.

Le bandit se déclara *en inimitié* avec l'évêque, et un jour que celui-ci, entouré d'une nombreuse escorte se rendait à une assemblée des prêtres de son diocèse, il le tua d'un coup de javelot. Pour qu'il fût bien établi que l'honneur de Brandolaccio était vengé, celui-ci s'était écrié au moment où l'évêque tombait: «C'est moi! Brandolaccio!» Cependant, ordre fut donné de rechercher le meurtrier et ses complices, et de les poursuivre avec la dernière rigueur. Ne pouvant s'emparer de l'auteur du crime, le gouverneur fit arrêter d'abord les Corses qui étaient convaincus de lui avoir donné asile, et trouva le moyen de mêler au procès les remuants caporali d'Omessa. Comme presque tous les membres de cette famille appartenaient au clergé, l'évêque d'Ajaccio fut autorisé par bulle pontificale à instruire contre eux, mais le bras séculier fut plus expéditif. La torture arracha des aveux au curé piévan de Giovellina, fils de l'évêque Ambrogio, et au curé de Casacconi, Sinoraldo, qui furent pendus.

Michele de' Germani était l'ami personnel du doge, ce qui explique les excès qui vengèrent son assassinat. L'un après l'autre, les fils et les neveux d'Ambrogio d'Omessa subirent la torture; on en pendit plusieurs, entre autres Valentino, son frère coupable uniquement «de s'affliger de leur mort». Le nouvel évêque de Mariana successeur de Michele, Ottaviano fut soupçonné d'avoir trempé dans le crime, et son vicaire livré au bourreau. De Rome, Ottaviano se plaignit énergiquement aux Protecteurs de ces procédés: «Pour moi, écrivait-il, je les supporte aisément, car *on ne peut me faire grand mal,* mais je me demande comment font les Corses qui ne peuvent se faire entendre.» Il se trompait, car un jour il disparut dans l'hécatombe qui fondait sur le clergé insulaire. Cette fois ce fut au tour du doge d'être frappé: Pietro da Campo-Fregoso mourut hors de la communion des fidèles.» Avant d'expirer, il avait sollicité son pardon pour les sévices qu'il avait commis envers *un certain évêque de Mariana, mort, dit-on, et différents membres du clergé qu'il avait fait emprisonner et tourmenter pour la sûreté et la défense de son État.* Mais la bulle qui levait l'excommunication ne parvint qu'après sa mort. Le 18 février 1460, elle fut déposée en grande pompe sur son tombeau.

Alors que cette cérémonie grandiose réunissait un peuple entier dans la cathédrale de Gênes, la justice continuait en vain à poursuivre Brandolaccio qui avait entrepris une lutte à mort contre les Génois. Quand ceux-ci, pour échapper à sa mortelle étreinte, se disaient Corses, il les forçait à articuler le mot *capra* (chèvre) particulièrement difficile pour une bouche génoise: en disant *cavra,* ils prononçaient leur arrêt de mort. Brandolaccio périt de la main d'un de ses parents acheté par l'espoir d'une grosse récompense.

En présence d'un mécontentement général, les Cinarchesi revinrent en Corse. Leurs succès inspirèrent à la Banque une telle inquiétude, qu'elle envoya dans l'île Antonio Spinola, l'un des meilleurs officiers de la République. Avec l'aide de Vincentello d'Istria, qui était resté l'allié de l'Office, Spinola contraignit les seigneurs à se retirer dans les montagnes, et fit usage, contre ceux qui leur étaient attachés, de terribles représailles; il ravagea la campagne, depuis les rives du Golo jusqu'à Calvi, et livra aux flammes plusieurs villages. Peu à peu les Cinarchesi firent leur soumission à Spinola qui avait promis au nom de l'office une amnistie générale. «Il les convia à un festin, raconte un Génois contemporain, et, contre la foi jurée, les fit décapiter.» Sans parler des moyens employés pour réunir les chefs corses, le gouverneur de la Corse, Giovanni da Levanto, annonça l'événement aux Protecteurs en ces termes: «Nous sommes venus ici pour mettre en ordre les choses de ce pays et nous avons fait le nécessaire; le magnifique capitaine a présidé à l'exécution: il a décapité Arrigo della Rocca, Vincente di Leca, Trastollo di Paganaccio et son fils, le curé doyen d'Evisa et son frère, Abram di Leca, Guglielmo da Calocuccio, et il en a fait pendre quatorze autres... J'ai envoyé des cavaliers faire de même à Antonio della Rocca et à Manone di Leca.» Ces derniers n'échappèrent pas à leur sort. Vinciguerra et Pier' Andrea della Rocca, fils de Polo, rejoignirent leur père en Sardaigne et Vincentello d'Istria se retira à Sarzane.

Quant à Giocante, il laissa ignorer l'endroit de sa retraite, et pour cause: le 14 novembre 1458, deux des Protecteurs de San-Giorgio en personne s'étaient fait amener dans la maison du vicaire de Pietra-Santa deux criminels condamnés au dernier supplice et avaient passé par écrit avec eux le contrat suivant: «Ils devaient poursuivre Giocante à Pise, à Piombino, à Rome ou en quelque endroit qu'il se pût trouver, et le mettre à mort par quelque moyen que ce fût, fer, corde ou poison»; en échange de quoi ils obtenaient leur grâce, des vêtements neufs, les fonds nécessaires à leurs déplacements, et deux cents ducats chacun sans préjudice d'une gratification qui serait ultérieurement fixée par les protecteurs. La mission des deux bravi échoua.

Gênes était passée de nouveau sous le protectorat du roi de France (1459). D. Juan, roi d'Aragon, réclamait la Corse à l'indignation des Génois. Un mémoire fut rédigé dans lequel on déclara la demande de D. Juan «très injuste (*molto iniqua*), aucun roi d'Aragon n'ayant jamais eu la possession de cette île, et les souverains aragonais n'ayant jamais, dans leurs traités avec Gênes, prétendu autre chose que réserver leurs droits sur la Corse». D. Juan ne perdait pas de vue la forteresse de Bonifacio qui représentait pour lui la clef de l'île. L'archevêque de Sassari avait des intelligences dans la ville qu'il tenta de faire révolter par des promesses et par des menaces. Le roi offrait des fiefs en Sardaigne et des pensions de cent à deux cents ducats aux Bonifaciens; mais la population issue de sang génois, resta fidèle.

Giocante di Leca était alors le chef du parti aragonais. D. Juan le gratifia de 60 florins (1461) et mit à sa disposition une galère et des troupes. Giocante, ainsi que Polo della Rocca, également bien traité, se réservant de faire tourner au moment opportun les événements à leur profit, s'intéressèrent au mouvement que les réfugiés corses de Sarzane et de Rome préparaient d'accord avec les Fregosi.

Vincentello d'Istria n'avait point pardonné à l'Office de San-Giorgio l'assassinat des Cinarchesi, car c'était sur sa parole que ceux-ci s'étaient rendus à l'invitation déloyale d'Antonio Spinola. D'accord avec l'évêque d'Aleria, Ambrogio qui, à son retour en Corse, avait été accueilli, dit la Chronique, «comme un saint ressuscité», il poussa les Fregosi à rétablir leur autorité. Polo della Rocca et Giocante di Leca se joignirent à eux, mais une vilenie de Lodovico di Campo-Fregoso qui tâcha de faire tomber le comte Polo dans un guet-apens divisa les alliés. Dans le désordre de luttes auxquelles chacun prenait part sans en bien entrevoir le résultat, l'Office voyait le nombre de ses ennemis s'accroître chaque jour. Le gouverneur Spinola en mourut de chagrin. Les Fregosi cherchaient un moyen de prendre possession de la Corse sans bourse délier; comme ils négociaient à Sarzane à ce sujet, les Adorni profitèrent de leur absence pour livrer Gênes à Francesco Sforza, duc de Milan. Sous le coup des mêmes influences, la Banque, par acte du 12 juillet 1463, abandonnait la Corse au duc de Milan moyennant une rente de deux mille livres.

Les Milanais en Corse. — En 1464, Francesco Maletta vint prendre possession de la Corse au nom du duc de Milan; Polo della Rocca et les seigneurs de Cap-Corse lui firent leur soumission. Dans une consulte tenue à Biguglia le 24 septembre, le gouvernement milanais fut acclamé.

Deux années s'écoulèrent en paix. En 1467, Giorgio Pagello, commissaire ducal, appela tous les habitants de la Corse à Biguglia, pour y prêter, entre ses mains, serment de fidélité à Galeaz-Maria Sforza, qui avait succédé au duc Francesco son père. Les feudataires de l'Au-delà-des-Monts se rendirent à son invitation, disposés à rendre hommage à son mandataire; mais une querelle qui dégénéra en rixe entre les habitants du Nebbio et les hommes d'armes de la suite des Cinarchesi, coupa court à ces bonnes dispositions. Irrités de ce que Pagello avait, de sa propre autorité, fait punir les coupables, les seigneurs regagnèrent immédiatement leurs châteaux. La guerre devenait inévitable; déjà Giocante di Leca s'était avancé jusqu'à Morosaglia et avait chassé les avant-postes des Milanais; il avait entraîné dans sa cause les seigneurs della Rocca, d'Ornano et de Bozzi, et les caporali de la Terre-de-la-Commune. Pour parer aux événements, les habitants de l'En-deça-des-Monts se réunirent en diète dans la vallée de Morosaglia, et mirent à leur tête, avec le titre de lieutenant du peuple, Sambocuccio d'Alando (1466), neveu de celui qui avait jadis soulevé les communes. Celui-ci envoya des députés au duc de Milan qui remplaça Pagello par Battista Geraldini, d'Amelia (1468). L'empressement que mit le nouveau gouverneur à lancer des agents du fisc dans toutes les directions, faillit lui être fatal. Assiégé dans Matra, Battista d'Amelia ne dut la vie qu'à l'engagement qu'il prit de se retirer à Bastia et de n'en plus sortir. Sambocuccio d'Alando donna sa démission de lieutenant du peuple, et fut remplacé successivement par Giudicello da Gagio, fils de Mariano et Carlo da Casta dont les efforts furent stériles. Il était réservé à Vinciguerra della Rocca d'apaiser les partis et de mettre fin aux troubles; mais lorsqu'il jugea sa mission terminée, il refusa de conserver le pouvoir et se retira dans ses terres (1473). La sagesse de sa conduite lui avait fait donner le surnom d'*ami de la justice*. Colombano della Rocca lui succéda et, l'année écoulée, remit le pouvoir aux mains de Carlo della Rocca, frère de Vinciguerra, qui prit le titre de *défenseur du peuple*, en conservant son frère pour lieutenant.

Après trois années de paix (1476), la guerre recommença entre plusieurs branches des Cinarchesi. Carlo et Vinciguerra furent obligés de se retirer dans leur patrimoine, pour le défendre contre les invasions de leurs parents; d'autre part, la mort du duc Galeaz-Maria rendit à Gênes son indépendance.

En 1479, D. Ferdinand II, roi de Castille, venait de décider une expédition en Corse lorsque le soulèvement des Portugais et la mort de l'amiral Juan Villamari arrêtèrent l'exécution de ses projets. Cependant, en Sardaigne, les intrigues continuaient pour arracher Bonifacio aux Génois. Giovanni Peralta, d'origine sarde, prétextant un voyage de commerce, entra en rapports avec quelques chefs corses et intéressa à son but l'évêque d'Ajaccio, Giacomo Mancozo; mais arrêté par les Génois, il fut mis à la torture et condamné à mort. Un Catalan, Leonardo Esteban, poursuivit l'œuvre de Peralta et subit le même sort. Quant à l'évêque d'Ajaccio, sa culpabilité ayant été prouvée, il fut transféré dans la forteresse de Lerici où il semble avoir été mis à mort.

Dernières luttes des feudataires: Gian-Paolo di Leca et Rinuccio della Rocca. — Par l'entremise du secrétaire d'État Cecco Simoneta, Tomasino de Campo-Fregoso avait obtenu de la duchesse de Milan l'investiture du comté de Corse. Pour assurer son pouvoir, il maria son fils Jano à une fille de Gian-Paolo di Leca, l'un des plus puissants Cinarchesi, et donna sa propre fille à Ristoruccio, fils de ce dernier. Après avoir triomphé des quelques caporali qui lui faisaient opposition, en leur allouant des pensions, il construisit l'enceinte de Bastia qui n'avait été jusqu'alors qu'une forteresse flanquée de deux ou trois pauvres habitations, et décida d'y fixer sa résidence; mais sa tyrannie fut telle qu'il jugea bientôt prudent de laisser à Jano le gouvernement de l'île en attendant qu'il pût l'aliéner; pour cela il lui fallait l'autorisation du gouvernement milanais. Dans cette circonstance délicate, il envoya à Milan le Sarzanais Giovanni Bonaparte (ancêtre direct de Napoléon) qui l'avait accompagné en Corse. Le 18 février 1481, celui-ci exposa la requête de Tomasino devant le conseil de régence qui ne voulut rien entendre.

Sur ces entrefaites, Rinuccio di Leca, jaloux du prestige que valait à Gian-Paolo sa double alliance avec les Fregosi, souleva le peuple et offrit la Corse à Appiano IV, seigneur de Piombino, qui envoya immédiatement son frère Gherardo, comte de Montegna. Dans une consulte tenue à Lago-Benedetto, on fit jurer à Gherardo de ne rien entreprendre contre la constitution du pays, et on l'acclama comte de Corse. Pour ne pas tout perdre, les Fregosi vendirent à l'Office de San-Giorgio moyennant deux mille écus d'or leurs droits sur la Corse. Gherardo, après avoir assisté à la défaite de Rinuccio et de ses partisans exterminés par Gian-Paolo, retourna en Italie.

A l'instigation de Jano, qui déplorait son marché avec la Banque, Gian-Paolo di Leca appela les Corses aux armes. Bien que Campo-Fregoso, convaincu de félonie, eût été incarcéré sur le champ, Gian-Paolo continua la lutte et se fit proclamer comte de Corse et de Cinarca, à l'indignation des seigneurs de la Rocca et d'Istria qui arguaient que les *comtes* avaient toujours été choisis dans leurs maisons. L'Office encouragea leurs protestations et se montra à l'égard des partisans de Gian-Paolo, d'une excessive sévérité. Gian-Paolo se trouva bientôt isolé. Assiégé dans son château de Leca, il dut capituler, s'estimant heureux de pouvoir passer en Sardaigne avec sa famille.

Mais il n'y séjourna pas longtemps; Rinuccio di Leca soupçonnant la Banque, dont jusque-là il avait été l'allié, de vouloir faire de lui ce qu'elle avait fait de Gian-Paolo, engagea ce dernier à revenir en Corse pour combattre avec lui. L'exilé ne se fit pas réitérer l'invitation; il leva une troupe de trois cents Sardes (1488), débarqua en Corse, et joignit son cousin.

Dès que la Banque apprit ce soulèvement, elle envoya dans l'île Ambrogio di Negro, «homme de très grande astuce», et Rollandino Conte qui se firent battre complètement à Bocognano, mais la discorde s'étant glissée parmi les Leca, ceux-ci

Théodore Ier, roi de Corse (d'après une attribution du XVIIIe siècle). — Monnaies de Théodore Ier (*Bibl. Nat. Cabinet des Médailles*). — Le Satyre corse, caricature allemande (d'après Le Glay, *Théodore de Neuhoff*, Paris et Monaco, 1907).
Pl. VII. — CORSE.

essuyèrent, le 29 mars 1489, une terrible défaite. Filippo di Fiesco, capitaine-général de l'armée génoise, avait été très lié avec Rinuccio di Leca: il en profita pour l'attirer dans un guet-apens, et l'envoya à Gênes où il fut jeté en prison et exécuté.

Sous le gouverneur Gaspardo di Santo-Pietro (1489), tout insulaire soupçonné d'intelligences avec les rebelles était mis à mort ou exilé, et ses biens employés à constituer une caution; à ceux qui n'avaient rien et même aux chefs trop dangereux on prenait, selon l'usage, leurs fils ou leurs plus proches parents: c'était la garantie qu'ils ne porteraient pas les armes contre la république.

Pour les moindres délits, des amendes étaient appliquées de la façon la plus arbitraire, les fonctionnaires avaient ordre de ne pas les ménager «d'abord, disent les instructions aux gouverneurs, parce qu'elles retiennent les Corses dans le devoir, ensuite parce qu'elles diminuent les dépenses que l'Office s'impose pour maintenir l'île en paix».

Dès 1457, la Banque avait conçu le projet de construire une forteresse à Ajaccio. Les guerres contre les seigneurs de Leca firent apprécier l'utilité de cette construction. En mars 1489, Ambrogio di Negro écrivait aux Protecteurs:

«Je rappelle à vos seigneuries que si elles veulent la paix, il faut dépeupler la région et peupler Ajaccio, y construire une forteresse et détruire complètement la race des Leca.»

L'ancienne ville d'Ajaccio était située au fond du golfe sur le territoire de San-Giovanni. En 1486, l'Office décida que la ville jusqu'alors située sur un point insalubre, serait reconstruite à deux milles plus bas, sur la langue de terre qu'occupe aujourd'hui la citadelle. L'ingénieur chargé de tracer le plan de la cité, Paolo Mortara s'adjoignit pour diriger les travaux un Corse nommé Alfonso d'Ornano. Le 2 mai 1492, ce dernier écrivit aux Protecteurs de San-Giorgio que les murailles de la ville étaient assez avancées pour «couper les jambes à toute espèce d'ennemis». On y envoya des colons liguriens et pendant longtemps le séjour n'en fut toléré qu'à un petit nombre de Corses privilégiés. Ce fut seulement en 1743, que disparurent entre les Ajacciens les distinctions d'origine.

En 1500, Gian-Paolo de Leca retourna en Corse et souleva l'Au-delà-des-Monts; à son appel une partie même de la Terre-de-la-Commune prit les armes. Ambrogio di Negro, envoyé contre lui, fit alliance avec Rinuccio della Rocca et força Gian-Paolo à quitter l'île. Les Génois attachèrent tant de prix à cette victoire qu'ils élevèrent une statue à l'heureux général (1501).

Un seul des Cinarchesi jouissait encore d'une certaine indépendance; c'était Rinuccio della Rocca; unique maître de sa seigneurie au détriment de frères incapables, il avait su se faire abandonner le fief d'Istria par ses seigneurs. Ennemi de Gian-Paolo, il avait été l'objet de faveurs diverses de la part de l'Office et s'était marié dans la famille génoise des Cattanei. Malheureusement pour

Rinuccio, la Banque avait placé auprès de lui pour le surveiller un prêtre corse de moralité douteuse, Polino da Mela, qui lui servait de secrétaire. Les intrigues de ce dernier eurent pour résultat de faire révolter Rinuccio contre l'Office. Il prit les armes, mais, vaincu par Nicolò D'Oria à la Casinca, il dut abandonner ses domaines à la compagnie moyennant une rente annuelle dont il alla vivre à Gênes.

Mais Rinuccio n'avait cédé qu'à la force. Dès qu'il le put, il quitta Gênes secrètement et excita de nouveaux soulèvements. Nicolò D'Oria le somma de déposer les armes et de quitter l'île, sous peine de voir tomber les têtes de son fils et de son neveu, qui étaient ses prisonniers. La menace fut exécutée. Dès lors, la République n'épargna, contre la maison della Rocca, aucun crime, aucune perfidie: Giudice et Francesco della Rocca ses fils furent assassinés. Rinuccio passa en Sardaigne, puis en Espagne, où il sollicita des secours qui lui furent promis, mais qu'il ne reçut pas. Louis XII, maître de Gênes, apprit par les Cattanei la situation de ce brave capitaine; il lui dépêcha deux gentilshommes chargés de lui offrir de grands avantages (1507). Rinuccio se rendit à Gênes où les représentants du roi le reçurent avec distinction; mais les négociations n'aboutirent pas et la guerre recommença. Andrea D'Oria, qui devait acquérir plus tard une célébrité universelle, menaça Rinuccio de mettre à mort le dernier de ses fils, s'il ne déposait pas les armes. Traqué de toutes parts, le chef corse, après dix ans de lutte, succomba dans une embuscade que lui avaient tendue les descendants d'Antonio della Rocca, irréconciliables ennemis de Rinuccio qui les avait dépouillés de leurs seigneuries

(1511). Gian-Paolo di Leca, qui n'avait pas renoncé à la guerre, vivait alors à Rome; il y mourut en 1515. La ruine de Gian-Paolo et de Rinuccio fut aussi celle du pouvoir féodal en Corse. Gênes ne permit pas aux maisons della Rocca et de Leca de se relever, les seigneurs d'Istria, d'Ornano et de Bozzi firent leur soumission et renoncèrent désormais à tout rôle politique.

X

LA PREMIÈRE OCCUPATION FRANÇAISE

Table des matières

Henri II et la Corse. – Sampiero Corso. – État de la Corse au traité de Cateau-Cambrésis. – Rétrocession de l'Ile à la République de Gênes. – La fin de Sampiero.

Né en 1498 à Bastelica, dans les montagnes sauvages qui s'étendent au-dessus d'Ajaccio, Sampiero Corso fit ses premières armes dans les *bandes noires* de Jean de Médicis. Il s'attacha ensuite à la fortune du cardinal Hippolyte de Médicis et, à la mort de celui-ci, entra au service de la France sous les auspices du cardinal du Bellay (1535). Déjà il avait acquis dans toute l'Europe la réputation d'un guerrier redoutable et valeureux. Après le traité de Crépy il revint en Corse où il épousa Vannina d'Ornano, héritière d'un des fiefs les plus importants de l'Au-delà-des-Monts. Au retour d'un voyage à Rome, il fut arrêté à Bastia par ordre du gouverneur de la Corse et il fallut l'intervention du roi de France pour lui faire rendre la liberté. De cette offense, Sampiero conserva un souvenir cruel. La guerre entre la France et Charles-Quint allait lui fournir l'occasion de se venger.

Henri II était au plus fort de sa lutte contre l'empereur Charles-Quint, allié de Gênes, et il venait de solliciter des Turcs l'envoi d'une flotte dans la Méditerranée occidentale. Aussi accueillit-il volontiers un projet qui lui permettait d'atteindre un double but: combattre l'empereur et la République de Gênes, obtenir dans la Méditerranée un point d'appui pour les flottes réunies de la France et de la Turquie.

A la nouvelle de la prochaine arrivée de l'armée française, sous les ordres du baron de la Garde, et de la flotte turque, commandée par Dragut, l'Office s'empressa de renforcer les garnisons de Saint-Florent, de Bonifacio et de Calvi, d'envoyer dans l'île des munitions, de l'artillerie, des vivres et deux commissaires; mais la garnison de Bastia, prise de peur, se rendit, imitée bientôt par le seigneur da Mare, du Cap-Corse. Sampiero, réfugié dans le pays, excitait ses compatriotes à reconnaître le roi de France comme leur seigneur. Corte se rend à lui, pendant que de Thermes entre à Saint-Florent.

Les insulaires paraissent «si naturellement français», déclare du Bellay, qu'on les pourrait conduire «par un filet à la bouche». Le 23 août 1553, de Thermes prenait possession officielle de la Corse au nom du roi de France.

Dans l'Au-delà-des-Monts, Sampiero partageait entre ses compagnons (appartenant pour la plupart à la famille d'Ornano) les territoires conquis et les chargeait d'organiser de nouvelles bandes. De son côté, Dragut s'emparait de Porto-Vecchio; Bonifacio, défendue énergiquement par un chevalier de Malte, Antoine de

Canetto, fut livrée par trahison (1553). Le corsaire abandonna ensuite ses alliés; mais il fut remplacé par un exilé génois, Scipion Fieschi, qui amena aux Français quelques galères de Provence. Calvi seule, résistait encore.

«Quant aux Génois, écrit le nonce du pape au cardinal du Bellay, ils sont délibérés de dépenser tout ce qu'ils ont, jusqu'à leurs propres vies, sans y épargner leurs femmes et leurs enfants, au recouvrement de ladite île de Corsègue.» Charles-Quint s'était engagé à supporter la moitié des frais de la guerre. La Banque se décida aux plus grands sacrifices: on arma vingt-six galères, l'empereur fournit 12.000 hommes de pied et 500 cavaliers; le duc de Toscane, Cosme de Médicis, alors allié de Charles-Quint, envoya 3.000 soldats, auxquels s'ajoutèrent 2.000 Milanais. Le vieil amiral, André Doria, reçut le commandement de toutes ces troupes le 10 novembre 1553. Il fit lever le siège de Calvi, s'empara de Bastia et vint bloquer Saint-Florent que défendait le mestre de camp Giordan Orsini (Jourdan des Ursins). Trente-trois galères françaises, portant les secours demandés par le maréchal de Thermes, durent rebrousser chemin, car la flotte de Doria fermait l'entrée du port, et la tempête les dispersa. Des Ursins se vit refuser une capitulation honorable; mais ses soldats se frayèrent un chemin sur des barques à la pointe de l'épée. Ce fait d'armes passa, en ce siècle guerrier, pour un des plus merveilleux qui ait jamais été exécuté: Brantôme et de Thou le narrent en y joignant les témoignages de la plus énergique admiration.

Nous n'essaierons pas de raconter ici les événements de cette glorieuse guerre, qui dura presque sans interruption et avec des vicissitudes nombreuses jusqu'à la paix de Cateau-Cambrésis. Il suffira de savoir que les Français, alliés des Turcs, firent tout leur possible pour se maintenir dans l'île, tandis que l'Office dépensait des sommes énormes pour tenir en échec les Corses et leurs défenseurs. Après la trêve de Vaucelles, deux députés de la nation corse, Giacomo della Casabianca et Leonardo da Corte, accompagnèrent Jourdan des Ursins auprès de Henri II à qui ils transmirent une série de requêtes.

Le 17 septembre 1557, à la Consulte de Vescovato, tenue sous la présidence de Sampiero, des Ursins affirma que le roi venait de soustraire à jamais les Corses à la domination tyrannique de Gênes «et qu'il avait incorporé l'île à la couronne de France, en telle sorte qu'il ne pouvait abandonner les Corses sans abandonner sa propre couronne».

Le 3 avril 1559 fut signée la paix de Cateau-Cambrésis qui enlevait plus en un jour à la France «qu'on ne lui aurait ôté en cent ans de revers». L'opinion la plus répandue chez les Corses fut que le roi abandonnait une contrée qui ne lui était plus utile, la guerre étant terminée. «La vérité, dit M. Jacques Rombaldi, est que la reddition de la Corse à la République fut l'objet des disputes les plus vives entre les négociateurs du traité, que cette question faillit, à diverses reprises, amener la rupture des pourparlers et rallumer la guerre, et qu'enfin Henri II ne consentit à cet abandon qu'à la dernière extrémité.»

Jourdan des Ursins, espérant peut-être que la paix ne serait pas définitive, tint le traité caché pendant quelque temps, mais bientôt, il reçut l'ordre de préparer son départ. Les chefs corses vinrent alors le trouver à Ajaccio «remontrant la fidélité qu'ils ont toujours maintenue pour la France, la ruine qu'avait apportée la guerre en leurs maisons, personnes et biens et demandant qu'il plût au roi de les garder envers et contre tous, sans jamais les rendre entre les mains des Génevois (sic); que si le roi cependant estimait que l'île était trop à charge à sa couronne, ils contribueraient à la dépense pour le soulager en partie, ils se taxeraient eux-mêmes de payer le lieutenant général de Sa Majesté, la justice et les tours de garde et caps de la marine et, en outre feraient un tribut annuel pour payer au roi quelque somme d'argent, selon leur possibilité et pauvreté... Sire, dit plus loin Jourdan des Ursins, ce serait chose trop longue d'écrire à Votre Majesté, par le menu toutes les choses qu'ils me dirent, car pendant une grosse heure ce ne fut que pleurs et lamentations, vous disant en substance, Sire, que c'était la plus grande pitié du monde de les voir.»

Pendant que le sort de la Corse se discutait à Cateau-Cambrésis, un Génois estimait que le parti le plus sûr pour la République serait de laisser les Corses se gouverner eux-mêmes. «Ils ont pour nous, disait-il, une aversion aussi forte que justifiée. Nos officiers avec leurs désirs de justice, nos concitoyens en pratiquant l'usure, les ont véritablement provoqués à la révolte. Pour les empêcher de se révolter encore, ils font un nouveau système de gouvernement... Qu'ils soient donc maîtres chez eux et nous donnent des otages pour garantie de leur fidélité; qu'ils laissent Calvi entre nos mains et mettent à leur tête deux Génois à leur choix pour les gouverner. Chacun y trouvera profit[C].»

Ces vues n'étaient pas celles de la République.

Rentrer en possession de la Corse, y rétablir son autorité, lui paraissait essentiel: cela importait à la sécurité de son commerce. L'Office promit de n'inquiéter aucun Corse, il envoya deux commissaires: Andrea Imperiale et Pelegro Giustiniani—qui donnèrent à tous de bonnes paroles, mais multiplièrent les actes de représailles. On procéda au désarmement; les gens qui allaient en voyage, pouvaient seuls porter une lance ou une épée. Ordre fut donné de démolir les châteaux, et un décret interdit de quitter le pays pour aller prendre du service à l'étranger. Une grande assemblée fut réunie, où les commissaires, présentant de faux états, réclamèrent des taxes doubles: on décida de les faire supporter par les riches. L'impôt consenti, restait à le percevoir: il fallait pour cela faire le recensement des feux et établir le cadastre. L'opération, indispensable après six années de guerre, fut conduite avec rapidité, et l'on devine toutes les vexations qu'elle put comporter: les propriétaires devaient déclarer les immeubles qu'ils possédaient, avec l'indication de leur nature, de leur étendue et des revenus qu'ils produisaient, tout cela sous peine d'amende.

Quand on publia le rôle des taxes, ce fut bien autre chose. Le pays n'avait ni industrie ni commerce; les employés étant des étrangers, l'argent sortait des mains des contribuables sans jamais y retourner. Le sol produisait de l'orge et du blé; mais l'olivier n'était guère cultivé qu'en Balagne. On vendait à la moisson ce qui était nécessaire pour payer les dettes de l'année et pour ravitailler les places fortes. Or, les prix n'étaient pas élevés. En 1552, l'hémine (13 décalitres environ) coûtait à Ajaccio 4 livres 5 sous; l'orge, 2 livres. En 1569 (mauvaise récolte), l'hémine de blé se vendait en Balagne 6 livres 8 sous. En 1570, à Saint-Florent, c'est-à-dire dans le Nebbio, le sac de blé coûtait 4 livres 15 sous. Il faudrait maintenant deux sacs de blé pour acquitter l'impôt, au lieu qu'autrefois deux boisseaux suffisaient. On se croyait plus que jamais livré à l'avidité des usuriers étrangers, quelques-uns même entrevoyaient l'impossibilité de payer et le risque d'être expropriés. L'effervescence montait, et ce n'était pas la partialité que les commissaires montraient dans l'administration de la justice, qui pouvait la calmer.

Pour augmenter le désarroi, les corsaires barbaresques venaient prélever dans l'île leur tribut d'esclaves. Depuis quarante ans qu'ils faisaient des descentes dans l'île, ils avaient ravagé les côtes, transformé les plaines en désert; ils s'avançaient maintenant dans l'intérieur, à la suite des populations qui s'y retiraient. Débarquant le soir, ils arrivaient par une marche de nuit jusqu'à des villages que la distance paraissait mettre hors de leurs atteintes: Sartène et Evisa avaient été mises à sac. Les commissaires voyaient la désolation et les ruines accumulées, ils enregistraient le nombre des malheureux conduits en captivité: 70 entre Ajaccio et Bonifacio, 30 dans le Fiumorbo, 25 aux Agriates, 20 à Campoloro. Mais leur affliction n'est qu'une formule de chancellerie, car ils persistent à exiger la démolition des tours et des châteaux, à interdire de porter des armes, sauf sur la côte. Algaiola obtint quatre fusils: deux ans après, il n'y avait plus que des ruines. Les Corses captifs à Alger étaient, dit-on, plus de 6.000. Le manque de sécurité suffisait à lui seul à éloigner les Corses d'un gouvernement qui ne protégeait pas ses sujets.

Pour échapper aux impôts et aux corsaires il n'y avait qu'à quitter le pays et le mouvement d'émigration s'accentua: on trouve des Corses jusqu'en Écosse. En vain l'interdiction demeure: les Génois veulent que la Corse, mise en culture par ses habitants, pourvoie aux besoins de Gênes. Pour cette seule raison, l'agriculture ne pouvait qu'être délaissée.

Sur ces entrefaites, la République se substitue (1552) à la maison de Saint-Georges, «l'expérience ayant démontré, dit un important document conservé à la Bibliothèque Universitaire de Gênes, que les Protecteurs étaient trop occupés à l'administration des *Compere* pour songer aussi aux affaires politiques et militaires de la guerre». La cession eut lieu moyennant un subside annuel de 50.000 lires pour la Corse. Les ambassadeurs, envoyés à Gênes pour faire hommage aux nouveaux maîtres, exposent la détresse du pays en termes saisissants. «Beaucoup, disent-ils, n'ont plus qu'un souffle de vie. Ils sont réduits comme les bêtes à chercher leur nourriture dans les maquis et à vivre d'herbes et de racines.» Les larmes aux yeux, ils supplient qu'on diminue un impôt trop lourd pour leurs épaules, et ne craignent pas de dire que tout dépend de cela, «*importa il tutto*». Ils implorent en même temps une amnistie générale qui ramènera les hommes égarés, fera tomber les inimitiés, rétablira la liberté du travail et assurera la tranquillité publique.

Le Sénat demeura sourd à ces prières. En refusant l'amnistie, il obligeait un grand nombre de Corses à persévérer dans la rébellion; en refusant d'alléger l'impôt, on attisait le mécontentement. Sampiero, qui n'avait cessé d'espérer contre tout espoir, allait en profiter.

Pendant quatre ans on le vit parcourir l'Europe, cherchant à intéresser quelque souverain à la cause de la Corse. Reçu par les cours de Navarre et de Florence avec beaucoup d'égard, il n'en obtint que des promesses. Il résolut de s'adresser aux princes musulmans: on le trouve à Alger auprès de Barberousse, à Constantinople auprès de Soliman. En vain, tout semble l'abandonner. Sa femme elle-même veut quitter Marseille où elle était réfugiée, pour se rendre à Gênes. De rage, il l'étrangle de ses propres mains. C'est alors qu'il se rend à la cour de France et de Thou nous rapporte l'impression d'indignation qu'y produit «un homme aussi méchant». Il n'est point poursuivi, mais on ne lui accorde aucun secours. Le 12 juin 1564, il débarque dans le golfe de Valinco avec une petite troupe et se précipite en furieux sur Corte, qu'il emporte.

Rien ne résiste à cet homme de 66 ans; ni les Corses hésitants, ni les Génois culbutés à Vescovato. Entre les Doria et Sampiero, la lutte prend un caractère d'horreur tragique: les prisonniers sont jetés aux chiens ou mutilés; les villages brûlent, à commencer par la maison de Sampiero à Bastelica. Pendant deux ans et demi, la Corse est un champ de carnage. Gênes n'a plus qu'une ressource: la trahison. Elle parvient à ses fins en se servant des frères d'Ornano, cousins de Vannina, gagnés, sous prétexte de venger leur parente, par l'espoir d'être mis en possession de ses biens. Entraîné dans une embuscade auprès de Cauro le 17 janvier 1567, Sampiero est abattu par le capitaine Vittolo. «Dieu soit loué, dit le gouverneur Fornari dans sa lettre au Sénat de Gênes, ce matin j'ai fait mettre la tête du rebelle Sampiero sur une pique à la porte de la ville d'Ajaccio, et une jambe sur le bastion. Je n'ai pu réunir les restes du corps parce que les cavaliers et les soldats ont voulu en avoir chacun un morceau, pour mettre à leur lance en guise de trophée.»

Sampiero a lutté jusqu'au bout pour la liberté corse. Apprécié de ses contemporains et du pape Clément VII, général habile que Paoli regrettera de n'avoir pas à ses côtés, il fut «le plus Corse des Corses».

Alphonse d'Ornano, fils de Sampiero, résista encore pendant deux ans et obtint de Georges Doria des conditions honorables. Il quitta son pays le 1er avril 1569 pour former un régiment de Corses au service de Charles IX: il devait recevoir de Henri IV le bâton de maréchal de France et le commandement de la Guyenne; son fils aussi, Jean-Baptiste d'Ornano, devait être maréchal de France sous Louis XIII. En Corse, George Doria avait proclamé l'amnistie; mais il ne tarda pas à être rappelé, et ses successeurs, revêtus par Gênes d'un pouvoir sans bornes, considérèrent la Corse comme un domaine à exploiter jusqu'à l'épuisement.

XI

LA CORSE SOUS LA DOMINATION GÉNOISE

Table des matières

I) LES ROUAGES ADMINISTRATIFS[D].

Les statuts de 1571. Le gouverneur et l'organisation judiciaire. Le Syndicat. – Les Corses éliminés de l'administration.

Le 7 décembre 1571, le Sénat de Gênes promulgua un décret par lequel les statuts de 1357 qui régissaient l'île, revisés depuis 1559 par une commission composée de deux Corses et de trois Génois, seraient en vigueur à partir du 1er février 1572. Les insulaires avaient envoyé à Gênes le P. Antonio de Saint-Florent et Giovan-Antonio della Serra. Le gouvernement génois avait désigné de son côté Giovan-Battista Fiesco, Domenico Doria et Francesco Fornari. A la suite d'une demande qui lui fut adressée par l'orateur de Corse, le Sénat de Gênes, par décret du 8 décembre 1573, ordonna une révision nouvelle des statuts et désigna pour la faire le gouverneur Giovan-Antonio Pallavicino, son vicaire Gio-Battista Gentile et Martilio Fiesco, auxquels il conseillait de demander l'avis de notaires, procurateurs, caporaux, gentilshommes de l'île. Cette revision, de nouveau promise en 1577, puis le 19 février 1588, ne fut jamais accomplie. Les statuts de 1571 furent donc appliqués en Corse d'une façon à peu près ininterrompue pendant toute la période génoise. Publiés en 1603 et plusieurs fois réimprimés, notamment à Bastia en 1694, les *Statuti civili e criminali dell' isola di Corsica* furent traduits en français par Serval, avocat au Parlement, en 1769, c'est-à-dire lors de la réunion à la France et sur le désir exprimé par Mgr Chardon, premier président du Conseil supérieur de Corse: rien ne prouve mieux la force légale que l'on continuait à leur reconnaître. Les Corses étaient jaloux de leur corps de lois; comme, en 1770, une ordonnance royale leur avait fait croire que le gouvernement français voulait en décider l'abrogation, une assemblée insulaire, sur la proposition d'Abbatucci, en réclama avec force le maintien.

D'après ce code, le gouverneur général jouissait d'un pouvoir sans bornes. Là où il était, cessait toute autorité. Seul il possédait en Corse le droit *della spada* ou *di sangue*, c'est-à-dire qu'il avait pleins pouvoirs pour juger toutes les causes criminelles. Il pouvait condamner à la corde, aux galères, au pilori, au fouet, sans aucune formalité ni preuve juridique, mais *ex informata conscientia*; il prononçait seul sur ce qui intéressait le commerce et accordait à son gré ou refusait tout droit d'importation ou d'exportation; il disposait enfin des revenus publics et n'était obligé de rendre des comptes qu'en retournant à Gênes à l'expiration de son commandement.

Le gouverneur résidait à Bastia. Il avait, au début du XVIIIe siècle, du temps de Morati,—l'auteur de la *Prattica manuale*,—un traitement de 1.000 écus d'argent et, de plus, 25 pour 100 des condamnations recouvrées et 500 écus d'argent pour la tournée qu'il devait faire dans l'île. Il avait droit aussi, périodiquement, à certaines prestations en nature de la part de ses administrés.

Il était assisté de nombreux fonctionnaires: le vicaire (il y en eut deux, à partir du XVIIIe siècle, s'occupant chaque année à tour de rôle du civil et du criminel; le vicaire au criminel avait la préséance sur l'autre, remplaçait le gouverneur empêché; l'un et l'autre touchaient le même traitement de 2.000 lires);—le chancelier qui, au début du XVIIIe siècle, payait sa charge 7.600 lires par an, fonction lucrative et recherchée;—le sous-chancelier, désigné, avec approbation du gouverneur, par le chancelier (25 lires par mois);—le trésorier, qui était en général noble; il était chargé d'encaisser les deniers publics et de payer les fonctionnaires; son salaire fixe était de 800 lires par an; il avait droit aussi à une certaine part dans la quantité d'huile que la Balagne, en vertu d'un décret de 1646, fournissait à la République; — le seigneur «*fiscale*», choisi également, en principe, dans la noblesse et parmi les docteurs en droit; chargé de mettre en mouvement l'action publique, il bénéficiait de la moitié des condamnations pécuniaires prononcées en matière pénale, à charge par lui de payer 50 lires par mois à la Chambre; le fiscal, de même que le trésorier, avait le titre de «magnifique»; — le syndic de la Chambre ayant pour mission de faire rentrer les impôts et de tenir un compte exact des débiteurs; — un chapelain; — un secrétaire et un sous-secrétaire, fonctions créées seulement à la fin du XVIIe siècle; — un maître des cérémonies, dont la charge fut établie en 1671 et à qui, à partir de 1690, le gouverneur prit l'habitude de déléguer certaines affaires en matière ecclésiastique; — des individus en nombre variable (80, 100, 140) portant le nom de

Corte: Maison Gaffori. —
Ibid.: Statue de Paoli.
Calvi: la Citadelle. (*Sites et Monuments du T. C. F.*)
Pl. VIII. — Corse.

famegli, sous la direction d'un capitaine ou *bargello*, ayant pour mission d'exécuter les ordres que le gouverneur ou ses vicaires pouvaient donner pour l'administration de la justice; — le gardien des prisons ou *castellano*; — l'archiviste, préposé à la garde des archives du gouvernement et notamment du «Livre rouge», le *Libro rosso*, où se trouvaient enregistrés tous les ordres et décrets de la Sérénissime République depuis 1471; — un avocat, enfin, chargé de défendre les pauvres sans exiger d'eux aucune indemnité, *non vi e altra mercede a detto avocato che quella che la divina pietà e misericordia li contribuirà nell' altra vita.*

La justice était rendue en Corse par le gouverneur et par d'autres fonctionnaires, dont le nombre varia suivant les époques, et qui portaient le titre de commissaire ou de lieutenant. En vertu d'un décret des sérénissimes collèges de Gênes du 6 juin 1570, ils étaient élus par ces collèges aux deux tiers des voix; un décret de 1584 porta cette quotité aux quatre cinquièmes. Leur fonction était temporaire: ils étaient d'abord élus pour un an seulement; puis un décret du 12 novembre 1571 déclara que les élections des gouverneurs et magistrats quelconques se feraient tous les dix-huit mois et auraient respectivement lieu à la fin de février ou d'août. Les titulaires de ces charges ne pouvaient posséder à nouveau aucune d'elles qu'après trois ans d'interruption.

Tel était le droit commun; mais un certain nombre de villes jouissaient de privilèges spéciaux. Bonifacio avait eu, dès le XIVe siècle, un «podestat» qui était envoyé par Gênes, mais qui devait, dans son administration, observer les statuts de la cité; dans les jugements qu'il rendait, il était nécessairement assisté des «caissiers»: ceux-ci, élus par les habitants mêmes de Bonifacio, étaient en outre chargés de poursuivre le recouvrement des condamnations prononcées par le podestat et de gérer les biens de la commune. Il y avait plusieurs juridictions d'exception en matière civile ou commerciale. Nous nous bornerons à citer celle des *campari* et celle des *censori* ou *ministrali*. Les *campari* étaient compétents en matière de vols et dommages champêtres. Quant aux *censori* ou *ministrali*, au nombre de deux, élus tous les six mois, leur juridiction s'étendait aux affaires de commerce: ils avaient des pouvoirs de réglementation notamment pour la pêche, pour la vente du vin, pour celle du pain dont ils déterminaient eux-mêmes le prix. — Les Calvais également pouvaient concourir dans une certaine mesure à l'administration de la justice: le commissaire que la République envoyait à Calvi était assisté, en matière civile, de trois «consuls» tirés au sort périodiquement (tous les six mois, puis tous les trois mois) dans une liste — un *bussolo* — de trente-six membres élus par les Calvais eux-mêmes. Le tribunal n'était composé de la sorte que pour les procès entre Calvais, et même les consuls jugeaient seuls et sans l'assistance du commissaire les procès champêtres; pour les causes dans lesquelles intervenaient des gens étrangers à Calvi, le commissaire jugeait seul. — St-Florent jusqu'au début du XVIIe siècle, Bastia de 1584 à 1645 eurent également des faveurs spéciales.

D'autre part les seigneurs féudataires qui existaient en Corse avaient le droit, dont ils usaient en pratique, de publier des règlements qui étaient appliqués dans leurs seigneuries. On a conservé—et publié—les statuts des seigneurs de Nonza, Brando et Canari. Il est probable que des statuts de ce genre furent promulgués par les autres seigneurs du Cap, notamment par les da Mare, et dans l'Au-delà-des-monts, par les seigneurs d'Istria, de Bozio et d'Ornano. Il y avait aussi des tribunaux en matière ecclésiastique, cinq à l'époque de Morati: Bastia, Aleria, Ajaccio, Nebbio, Sagone.

L'organisation judiciaire en Corse comprenait enfin une sorte de tribunal suprême à fonctions diverses et qui portait le nom de *Syndicat*, les membres qui en faisaient partie étant les «syndics». Ce Syndicat ne fut pas toujours composé de la même façon: il y eut d'abord des insulaires, élus par leurs compatriotes, et des Génois, désignés par le gouvernement de la République. Deux citoyens génois se réunissaient, pour former le Syndicat de l'En-deçà-des-monts, à six Corses élus à raison de deux par *terziero*; leur compétence s'étendait aux juridictions de Bastia, Corte et Aleria; l'opinion des deux Génois valait autant que celle des six Corses réunis. Dans l'Au-delà-des-monts on élisait de même six insulaires qui formaient, avec les deux Génois, le Syndicat pour les juridictions d'Ajaccio, Vico et Sartène. La Balagne, Calvi et Bonifacio élisaient aussi des délégués, qui formaient le Syndicat, en compagnie des deux Génois, pour chacun de ces territoires. Cette organisation, qui résulte d'un décret du 27 janvier 1573, ne subsista pas durant toute la période génoise; on ne tarda pas à supprimer les syndics insulaires, de sorte que bientôt les représentants de Gênes purent seuls faire partie du Syndicat.

Le Syndicat avait d'abord un pouvoir de juridiction civile. Les causes susceptibles d'appel pouvaient être déférées en général, au choix de l'appelant, devant le gouverneur, le gouvernement génois ou le Syndicat. Dans ce dernier cas, le Syndicat était une véritable cour de justice tenue, comme les autres magistrats, à l'observation des statuts. Mais sa principale fonction consistait à surveiller la conduite des différents fonctionnaires de l'île, qu'ils aient été élus par les Corses ou nommés par la République. Les syndics, qui venaient en Corse tous les ans et n'y faisaient que des tournées, recevaient les plaintes que les particuliers pouvaient avoir à formuler contre tel ou tel administrateur, ils statuaient en dernier ressort sur les réclamations qui leur étaient ainsi adressées et, s'ils les reconnaissaient fondées, ils avaient le pouvoir de prononcer contre le coupable les peines qu'ils jugeaient convenables et qui consistaient le plus souvent, soit en une amende, soit en la privation temporaire ou même définitive de son office. Les commissaires syndics recevaient ensemble une indemnité qu'un décret du 28 avril 1710 fixa à 1.770 lires. Au surplus, rien de particulièrement original: l'institution du Syndicat, qui n'a point d'analogue dans notre droit français, se retrouve à Gênes et en d'autres régions italiennes.

Un tel régime n'apparaît vraiment pas comme «un régime de compression et d'absolutisme». Le Conseil des Douze était également une garantie contre l'arbitraire administratif, puisque ses membres étaient élus par les procurateurs ou députés de chaque pième: les douze mandataires de l'En-deça-des-monts, auxquels se joignaient les six de l'Au-delà, avaient par leur «orateur» résidant à Gênes, un contact permanent avec le gouvernement génois; mais ils ne pouvaient émettre que des vœux et les seules attributions que la République ligurienne eût consenti à leur laisser, étaient relatives aux travaux publics.

Malgré le pouvoir illimité dont était armé le gouverneur, l'observation des statuts pouvait garantir une tranquillité relative. Mais les institutions valent ce que valent les hommes chargés de les appliquer. Or les fonctionnaires que Gênes envoie en Corse ne sont pas choisis parmi les plus dignes. Ce sont, pour la plupart, des gentilshommes ruinés que leur incapacité éloigne des grands postes de la République. Ils vont dans l'île refaire leur fortune. Tout pour eux devient une marchandise: privilèges, brevets d'officiers, droits de port d'armes, justice, permis d'importation, même les lettres de grâce acquises quelquefois par un individu *en prévision du crime qu'il n'a pas encore commis*. Tous les textes contemporains mentionnent les vexations sans nombre pratiquées par les fonctionnaires génois, l'usage excessif du droit exorbitant accordé au gouverneur de condamner *ex informata conscientia*, l'augmentation croissante des taxes dont on grevait sans cesse l'île, le favoritisme effréné, l'altération sans scrupule des tarifs, la longueur des procès et surtout l'arbitraire odieux et la partialité évidente qui osaient s'étaler au grand jour. Le *Libro rosso* mentionne presque à chaque page les réclamations des Douze et de l'orateur, les requêtes adressées par les élus de l'île au gouvernement génois afin de mettre un terme aux exactions et aux injustices révoltantes commises dans l'île par les délégués de la République. Le renouvellement, la fréquence même de ces plaintes sont une preuve du peu de cas que la métropole en faisait.

D'ailleurs les insulaires sont, par une violation constante des statuts, progressivement éliminés de toute l'administration. Dès 1581, un décret pris par le gouverneur Andréa Cataneo, interdit les fonctions de garde à tout individu né, marié, ou habitant en Corse. D'après un décret de 1585, promulgué par Cataneo Marini, aucun Corse ne peut exercer de fonctions judiciaires dans le lieu où il est né, dans celui où il a sa femme et dans tous ceux où il a des parents de nationalité corse jusqu'au quatrième degré. En 1588, Lorenzo Negroni déclare tout Corse impropre à exercer les fonctions de notaire ou de greffier. Enfin un arrêt de 1612 empêche tout insulaire d'exercer une fonction, même infime, dans le lieu de sa naissance. Le même arrêt révoque les privilèges des grandes villes, qui fournissaient elles-mêmes leur capitaine de la milice. Deux ans après, le Sénat décide que les «Douze» n'enverront plus à Gênes l'orateur chargé de la défense de leurs intérêts. De nouveaux décrets excluent les Corses des charges de collecteurs (1624) et des offices de vicaires et d'auditeurs (1634).

Notons enfin que Gênes ne se préoccupe vraiment que des villes, n'admettant les Corses dans l'administration municipale que s'ils renoncent à la qualité de Corses: dans ces conditions seulement Gênes permet aux *Magnifici anziani* d'Ajaccio de s'intéresser au développement de la cité. De la campagne, au contraire, où se réfugient les mécontents et les rebelles, on ne se préoccupe pas. De là la haine que les populations voisines d'Ajaccio (Tavera, Bocagnano et Bastelica notamment) nourrissent contre la ville privilégiée; de là des guerres d'embuscades. Ce n'est pas des villes que viendra le sursaut de révolte et l'origine du soulèvement.

XII

LA CORSE SOUS LA DOMINATION GÉNOISE

Table des matières

2) LA VIE ÉCONOMIQUE ET SOCIALE[E]

La police des marchés et la Composta d'Ajaccio. – Les incursions des Barbaresques. – La question du port d'armes et les origines de la vendetta. – Désorganisation sociale: une mission ecclésiastique dans le Niolo. – Disparition de la féodalité.

«La Corse est naturellement fertile et avantageusement située pour le commerce. Les Génois n'y encouragèrent ni les arts ni l'agriculture. Nulle fabrique, nulle manufacture n'y fut établie; le commerce y fut aussi peu protégé, s'il n'y fut pas absolument prohibé.» Pommereul, qui parle ainsi en 1779, est suspect comme «philosophe» hostile à ce qu'il appelle «l'esprit mercantile». Certes, le système colonial des Génois, envisage uniquement l'intérêt de la métropole: les Corses, obligés de garder leurs denrées ou de les livrer à vil prix, se désaccoutumèrent du travail des champs. «Le particulier qui retira de la terre les fruits et le blé nécessaires à sa simple subsistance et à celle de sa famille, qui put tondre quelques moutons et se faire filer de leur laine par sa femme ou ses filles un vêtement grossier, fut aussi riche que celui qui, possédant inutilement de beaucoup plus grands territoires, n'en put également mettre en valeur que ce qui était suffisant pour lui procurer la simple nourriture.»

Mais il faut distinguer la ville, colonie génoise qu'il est nécessaire d'approvisionner régulièrement, et la campagne, ou l'indigène se réfugie farouche. A Ajaccio, par exemple, des magistrats chargés de veiller à la police des marchés sont élus annuellement par le Conseil des Anciens, parmi les citoyens notables de la ville: ce sont les *Spectabili ministrali*. Les noms de Francesco Cuneo, Leca, Colonna, Orto, Rossi, Oberti, Bonaparte, Martinenghi, Peraldi, Paravicino, etc., figurent dans la longue liste des *Spectabili ministrali*. Ces magistrats étaient chargés d'arrêter la *meta* (mercuriale) suivant les saisons et la nature des denrées, ils s'opposaient à l'accaparement des vivres, tenaient la main à ce que la ville fût constamment approvisionnée, ordonnaient des recensements et ne permettaient l'exportation des vivres, du vin et de l'huile qu'après s'être assurés que l'alimentation de la ville n'aurait pas à en souffrir. Aux XVIe et XVIIe siècles, Ajaccio et l'Au-delà-des-monts produisaient peu d'huile et de vin; on était obligé d'en tirer de la Balagne, et d'ailleurs, en employant la voie de mer. Il est bon d'ajouter qu'à cette époque la campagne d'Ajaccio n'était pas mise en culture: elle avait l'aspect d'un désert, parsemé de quelques petites oasis. Pour la rendre productive, on doit faire des concessions de terre à ceux qui prennent l'engagement de les mettre en culture dans un délai déterminé. Ces concessions de terres remontent à 1639; les demandes devinrent générales pendant la période 1639-1670.

En été, au moment des fortes chaleurs, le Conseil des Anciens avait la sage prévoyance de faire approvisionner la ville de neiges: c'était le moyen de rendre buvable l'eau saumâtre des puits de la cité. La fourniture des neiges était l'objet d'un contrat passé par devant notaire, en présence du commissaire génois, concédant aux seules personnes qui en étaient chargées le droit exclusif d'introduire les neiges en ville pendant l'été.

La *Composta* était une assemblée des notables commerçants de la ville, qui fixait annuellement le prix des denrées pour servir de base aux paiements à faire en nature. Elle était consultée par le gouvernement pour tout ce qui intéressait le commerce de la cité; elle avait le droit de présenter des observations et d'émettre des vœux. C'était une sorte de Chambre de Commerce.

L'orateur de l'Au-delà des monts ayant demandé au Sénat de Gênes (4 avril 1584) de décider que, pendant deux années, les marchands d'Ajaccio ne pourraient plus vendre à crédit, à l'exception des blés et autres denrées, et, en outre, d'accorder aux débiteurs de ces mêmes négociants un délai de deux années pour se libérer, Gio-Battista Baciocchi, procureur de la *Composta*, répondant au nom de celle-ci, déclara que les marchands d'Ajaccio accordaient un délai de deux années à leurs débiteurs, mais qu'ils ne pouvaient pas admettre qu'il leur fût défendu de vendre à crédit pendant ce même laps de temps. Il revendiqua pour les marchands de la ville la liberté de vendre aussi bien à crédit qu'au comptant, en ajoutant qu'une pareille prohibition était contraire aux lois civiles et canoniques et à l'usage admis chez tous les peuples de commercer librement. Les marchands d'Ajaccio possédaient dès le XVIe siècle une notion exacte de leurs droits, qu'ils savaient au besoin revendiquer avec fierté.

La vie économique demeurait pourtant singulièrement trouble. L'audace des corsaires barbaresques était telle qu'on les vit, en novembre 1582, venir jeter la terreur et l'épouvante jusque sous les murs d'Ajaccio. La nouvelle se répandit en ville qu'ils venaient d'enlever dix habitants de Bastelica dans la plaine de Campo di Loro. Aussitôt Jérôme Roccatagliata, chargé de la garde des marines, sortit d'Ajaccio avec sa compagnie à cheval pour marcher à leur rencontre. De courageux habitants de la ville, ayant à leur tête Niccolo Baggioco et Martino Punta, se joignirent à lui et atteignirent les infidèles à Porto Pollo le 19 novembre 1582. Après un vif engagement, les Barbaresques furent défaits en laissant sur le terrain vingt des leurs; on leur fit dix-neuf prisonniers. Martino Punta reçut un coup d'arquebuse qui lui enleva le pouce de la main droite.

Episode que la tradition a popularisé! Mille autres pourraient être cités: sans cesse les plages de Corse sont visitées par les corsaires barbaresques, qui pillent les campagnes et enlèvent des captifs. Les 85 tours, bâties sur le littoral par ordre du gouvernement de Gênes pour signaler aux populations l'approche des corsaires, ne suffisaient pas toujours à les préserver de leurs atteintes.

Ces tours sont nombreuses. De la mer, en longeant les côtes, on les voit dans leur fauve isolement, sur les pointes les plus périlleuses. Elles accentuent encore la désolation des rocs, des arbustes qui semblent incrustés, des escarpements inaccessibles qu'elles commandent. Parfois, au contraire, elles se parent des charmes d'un promontoire harmonieux et d'une baie caressante. Ainsi nous apparaissent les tours du littoral d'Ajaccio: celles de Capitello, construite en 1553, de l'Isolella (1596), de la Castagna (1580), de Capo di Muro (1584), de la Parata (1608), des Sanguinaires (1550). Dès l'apparition des voiles hostiles à l'horizon, les laboureurs, les bergers des rivages accouraient vers la tour la plus proche: ils y trouvaient des vivres et des armes. Aussitôt on allumait un grand feu au sommet de la tour. C'était le signal convenu qui se multipliait de cime en cime. Les cabanes, les villages, les cités étaient ainsi prévenus de l'arrivée des ennemis. Puis tout s'éteignait. La tour s'enveloppait de silence pour se réveiller quand l'ennemi débarquait.

De temps en temps il y avait entre les pirates et les Corses des échanges ou des rachats mutuels d'esclaves. C'est ainsi que, le 14 août 1597, quatre galères turques, commandées par Moretto Rais, après avoir fait comprendre par leurs signaux que leur arrivée était pacifique, allèrent jeter l'ancre dans l'anse de Ficajola et proposèrent aux Bastiais de racheter un certain nombre d'esclaves corses.

En 1584, noble Pasquale Pozzo di Borgo, orateur de l'Au-delà des monts, est envoyé à Gênes pour signaler au Sénat les déprédations des infidèles, dont les nombreux rapts, disait-il, amèneront infailliblement le dépeuplement du pays. Il supplie la République de prendre des mesures efficaces, afin d'éloigner les Barbaresques des plages d'Ajaccio et de la province de l'Au-delà des monts. A défaut, ajoutait-il, ce qui reste encore de population ne tardera pas à être réduit en esclavage, au grand détriment du corps et de l'âme. Déjà les Barbaresques pénétraient dans l'intérieur du pays, jusqu'à 15 et 18 milles. Pozzo di Borgo proposait d'augmenter la prime de capture, qui était de 70 lires par infidèle capturé les armes à la main et de 13 pour un prisonnier fait *alla stracqua*, c'est-à-dire trouvé sur le rivage où la tempête avait pu le jeter: elle fut portée respectivement à 100 et à 50 lires, et le Sénat accorda 30 lires pour tout Turc tué pendant le combat.

Un autre remède avait été proposé trois ans auparavant par Giovanni da Salo, citoyen d'Ajaccio, orateur pour l'Au-delà des monts: il avait demandé (5 janvier 1581) des permis de port d'armes afin de se défendre non pas seulement contre les Barbaresques mais contre les ours (dont la présence est ainsi attestée dans la Corse du XVIe siècle).

Les armes sont nécessaires aux Corses pour leur sécurité personnelle et pour la défense même de l'île contre les pillages des Barbaresques; mais on ne délivrera le permis que moyennant finances, on monnaiera cet indispensable privilège, on en fera une mesure fiscale, un procédé de vexation. On verra des gouverneurs vendre des ports d'armes, ordonner ensuite un désarmement général, revendre les armes confisquées: le même fusil, dit-on, fut vendu jusqu'à sept fois. Mais dans cette complication même, le problème est trop simple, car de ces armes les Corses commencent à faire un mauvais usage, s'il est vrai qu'il faille noter ici l'origine de la *vendetta*. Les Génois semblent fondés à défendre les armes à feu; mais la seule cause de la vendetta fut l'absence absolue de justice sous leur gouvernement.

«Dès qu'un homicide se commettait, est-il dit dans *la Justification de la révolution de la Corse* — ouvrage au titre caractéristique, que les Génois eux-mêmes ne réfutèrent que faiblement, — les parents du mort recouraient à la justice contre l'assassin; les parents de l'assassin accouraient pour empêcher l'action de la justice. Il y avait entre les parties une première lutte devant le greffier pour en obtenir un procès-verbal favorable; une seconde devant le juge qui émettait son avis; une troisième devant le gouverneur, de qui émanait la sentence. Si les parties avaient quelques moyens pécuniaires, on profitait de l'occasion pour faire une moisson abondante: les plus offrants gagnaient toujours leur procès; mais si c'étaient les parents du mort, on ne condamnait l'assassin qu'à une peine légère, et simplement pour leur donner une sorte de satisfaction, tandis que, si c'étaient les parents du meurtrier, le meurtrier lui-même était exempté de toute peine afflictive ou infamante... Que si les assassins étaient pauvres, alors, pour faire parade d'une justice incorruptible, ils étaient condamnés au bannissement; mais bientôt, pour une pièce de 80 francs (genovina), on accordait un sauf-conduit de six mois, même aux bannis pour peine capitale, avec permis de port d'armes, afin que, pouvant parcourir l'île en toute sécurité, ils fussent non seulement en état de se défendre contre leurs ennemis, mais même de commettre de nouveaux attentats. Quelquefois on les faisait embarquer pour Gênes où, admis au service de la République, ils étaient élevés à des grades honorables, et même à celui de colonel. Enfin, au bout de peu d'années, tous les bannis, absous par des grâces générales ou particulières, retournaient chez eux d'un air de triomphe et plus insolents que jamais.»

Effrayés des crimes et des délits de tout ordre qui restaient impunis, les Corses eux-mêmes s'indignaient et réclamaient une répression sévère.

«En Corse, dit un chroniqueur, il y a des voleurs publics, de faux témoins, des notaires faussaires, des malfaiteurs de toute sorte. Les maux de cette île se sont multipliés tellement que, de même que le mal français se soigne par le vif argent, il faudrait employer contre cet état de choses les moyens les plus violents.»

Mais Gênes n'agissait pas, sinon pour augmenter les taxes et tirer profit de la misère, matérielle ou morale, où l'île commençait de sombrer. Aussi les Corses, dans la méfiance grandissante vis-à-vis de la justice, prirent-ils décidément l'habitude de recourir à l'acte personnel et de venger eux-mêmes l'injure qui leur était faite. Le nombre des crimes commis pendant cette douloureuse période est presque incroyable: on relève sur les registres de la République, en l'espace de 32 ans (de 1683 à 1715), 28.715 meurtres.

En 1714, un Jésuite, le P. Murati, député à Gênes par les Douze, obtint qu'il ne serait plus délivré aucun port d'armes, à condition qu'une redevance de deux *seini* (0 fr. 40) par feu indemniserait la République du tort que lui causait la suppression des patentes. Le nouveau gouverneur Pallavicini, chargé d'opérer le désarmement, ne rencontra dans sa tâche aucun obstacle, et la police de l'île parut prendre une voie meilleure. Malheureusement, de toutes les mesures prises, une seule survécut: l'impôt auquel les insulaires s'étaient eux-mêmes soumis.

Ce n'est pas que les magistrats de Gênes n'aient rien tenté pour l'amélioration économique et sociale de la Corse. Ils avaient donné tout leur appui au Barnabite milanais Alexandre Sauli, qui fut évêque d'Aleria de 1570 à 1591 et qui mérita le titre d'«apôtre de la Corse»; mais un demi-siècle avait passé et tout devait être repris à pied d'œuvre. En 1652, alarmés par l'impiété et le relâchement des mœurs de leurs indomptables sujets, les Génois demandèrent à saint Vincent de Paul quelques prêtres de sa Congrégation pour aller prêcher des missions dans l'île, afin de ramener au bercail les brebis égarées. «Monsieur Vincent» fit droit à cette requête: il envoya sept missionnaires; le cardinal Durazzo, archevêque de Gênes, leur adjoignit quatre ecclésiastiques et quatre religieux. Les quinze représentants de l'orthodoxie prêchèrent des missions en différents endroits, à Aleria, à Corte, dans le Niolo.

Le rapport adressé par les missionnaires à saint Vincent de Paul nous apprend qu'à Aleria régnait le plus grand désordre, non pas à cause du manque de directeurs spirituels, mais au contraire parce qu'il y en avait trop. Le siège épiscopal, il est vrai, était vacant; mais il y avait deux vicaires généraux, dont l'un était nommé par la Congrégation de la Propagation de la Foi et l'autre par le Chapitre de l'Église cathédrale. Ces deux vicaires généraux se faisaient la guerre: «L'un défaisait ce que l'autre avait fait et si l'un excommuniait, l'autre relevait cette excommunication.» De sorte que le clergé et le peuple étaient divisés en deux clans, ni plus ni moins que s'il se fût agi de politique: de la religion et de la morale, nul ne se souciait.

Les rapports de nos missionnaires signalent du reste le désordre qui régnait dans la Corse entière; ils y mettent même tant de vigueur qu'on serait assez naturellement porté à soupçonner qu'ils ont un peu chargé le tableau pour mieux faire ressortir, par contraste, la difficulté de leur tâche et la fécondité de leurs efforts. A les en croire, «outre l'ignorance, qui est fort grande parmi le peuple, les vices les plus ordinaires qui règnent dans le pays sont l'impiété, le concubinage, l'inceste, le larcin, le faux témoignage et, sur tous les autres, la vengeance qui est le désordre le plus général et le plus fréquent».

Les bons pères furent effrayés de l'état religieux du Niolo: «Je n'ai jamais trouvé de gens, écrit l'auteur du rapport, et je ne sais s'il y en a dans toute la chrétienté, qui fussent plus abandonnés qu'étaient ceux-là.» Beaucoup n'étaient pas baptisés; la très grande majorité ignorait les commandements de Dieu et le symbole des Apôtres; «leur demander s'il y a un Dieu ou s'il y en a plusieurs... c'était leur parler arabe. Il y en avait plusieurs qui passaient les 7 ou 8 mois sans entendre la messe, et les 3, 4, 8 et 10 ans sans se confesser; on trouvait même des jeunes gens de 15 et 16 ans qui ne s'étaient encore jamais confessés»; bien entendu, ils n'observaient ni Carême ni Quatre-Temps. Mais cela n'était que peccadille à côté du reste: les hommes et les femmes se mettaient en ménage librement et ne se mariaient qu'ensuite.

Pour remettre un peu d'ordre dans tant de désordre, les missionnaires commencèrent par catéchiser le clergé qui en avait lui-même grand besoin, puisque, nous dit le rapport, plusieurs ecclésiastiques donnaient les exemples les plus déplorables et commettaient des incestes et des sacrilèges avec leurs nièces et parentes. De ce côté, ils n'eurent pas trop de peine: ils obtinrent assez aisément des prêtres corses qu'ils fissent, même publiquement, la confession de leurs fautes et qu'ils se livrassent aux austères douceurs de la pénitence.

En second lieu, les missionnaires obtinrent de ceux qui vivaient en état de péché la cessation des scandales qu'ils causaient. Ils travaillèrent

Corte: la Citadelle. (*Sites et Monuments du T. C. F.*) — Tour de Casella.
Bastelica: Maison de Sampiero.
Pl. IX. — CORSE.

aussi à amener des réconciliations entre ennemis acharnés. Mais cela fut assez malaisé, surtout dans le Niolo. «Tous les hommes venaient à la prédication l'épée au côté et le fusil à l'épaule»; quelques-uns — les bandits — apportaient en outre «deux pistolets et deux ou trois dagues à la ceinture». Enfin, après bien des efforts, deux ennemis firent la paix; d'autres suivirent leur exemple, «de façon que, pendant l'espace d'une heure et demie, on ne vit autre chose que réconciliations et embrassements» et, ajoute l'auteur du rapport, «pour une plus grande sûreté, les choses les plus importantes se mettaient par écrit, et le notaire en faisait acte public». Communion générale à laquelle tous les Niolains prennent part, fondation de nombreuses conférences de la charité, guérison rapide et radicale de tous les maux dont souffrait la Corse... Vaine illusion: après le départ des missionnaires, les désordres recommencèrent de plus belle, s'il n'est pas plus vrai de dire qu'ils n'avaient jamais cessé. Le clergé lui-même continua d'être, au point de vue moral comme au point de vue professionnel, fort au-dessous de sa tâche, sans organisation rigoureuse, sans instruction suffisante.

Ce qui contribua plus que tout à la désorganisation sociale, c'est la disparition de ce que l'on pourrait appeler les classes dirigeantes, la fin de cette féodalité qui avait constitué des cadres pour les pauvres et les inférieurs. Tactique habituelle aux grandes républiques italiennes: elles ne laissèrent jamais s'élever au niveau de leur patriciat (Gênes avait reconstitué le sien en 1528) la noblesse des villes ou des pays qui composaient leurs Etats. Systématiquement les Génois nivelèrent les castes en Corse, laissant aux chefs de clan de vains titres honorifiques et de maigres privilèges perpétuellement discutés.

Des fiefs cinarchèses, ceux d'Istria, d'Ornano et de Bozzi avaient seuls conservé un semblant d'existence; mais, morcelés par de nombreux partages, ils étaient pour leurs seigneurs d'un maigre revenu. L'autorité de ceux-ci est d'ailleurs illusoire: un lieutenant des feudataires exerce bien la justice en leur nom; mais il est désigné par le gouverneur.—Les maisons della Rocca et de Leca ne possèdent plus que des distinctions appellatives, le patronat de certaines églises et l'exemption des dîmes et de la taille. Cette dernière exemption est héréditaire dans une soixantaine de familles dont le «magistrat de Corse» se fait représenter les titres à chaque génération. Le privilège de paraître couverts devant le gouverneur leur fut enlevé en 1623. — Les seigneurs du Cap Corse sont également dans la misère par suite de leur accroissement même: seuls, ceux qui ont conservé des intérêts à Gênes sont plus riches.

En somme il y a un mouvement social tout à fait curieux qui transforme les conditions mêmes de la vie populaire. Les clans vont se former autour d'hommes sortis du peuple, et que distingue leur instruction; les grands patriotes du XVIIIe siècle ne sont pas des seigneurs. Giacinto Paoli, Colonna-Ceccaldi, Gaffori, Limperani, Abbatucci sont des médecins; Leoni, Costa, Marengo, Charles Bonaparte, Saliceti, Pozzo di Borgo sont des avocats.

XIII

BASTIA AU XVIIe SIÈCLE

Table des matières

Situation topographique: les quartiers, les édifices religieux, les monuments publics et privés. — Le Mont-de-Piété et l'Hôpital. — Le collège des Jésuites et l'Académie des «Vagabonds».

L'œuvre génoise en Corse est surtout visible dans les villes. Ajaccio, fondée en 1492, avait été la capitale de l'île pendant l'occupation française qui précéda Cateau-Cambrésis, et l'on y goûtait déjà, dit Filippini, «la douceur du climat, la beauté des campagnes, ses rues droites et larges, la fertilité du sol, les jardins délicieux». Elle fit de rapides progrès à la fin du XVIe siècle et au commencement du XVIIe: édifices religieux, écoles, institutions de bienfaisance datent de cette époque. Lorsqu'un décret du Sénat de Gênes, en date du 3 décembre 1715, divisa la Corse en deux gouvernements, Ajaccio devint le siège du gouverneur de l'Au-delà des monts. Mais Bastia, plus ancienne, plus importante pour les Génois à cause de sa situation même, était depuis 1453 la résidence du gouverneur de l'île et de son vicaire. Capitale administrative et religieuse, bien défendue par un système compliqué de remparts, de citadelle et de tours, en relations constantes avec Gênes, elle eut au XVIIe siècle un éclat et une prospérité incomparables: la vie économique et intellectuelle s'y développa dans le calme. La chronique de Filippini et les Annales de Banchero, ancien podestat de Bastia, nous permettent d'esquisser un tableau qui contraste singulièrement avec le spectacle des misères et des vengeances des Corses de l'intérieur.

Une montagne haute et raide, dont le pied se perd dans la mer, domine la ville, qui occupe sur la côte un espace d'environ 800 mètres de long sur 200 de large. Vers le milieu de sa longueur, la mer forme une anse fermée au N.-E. par un môle (inauguré en 1671) et au S.-E. par l'escarpement du rocher sur lequel est bâtie la citadelle. C'est *Terra Nova*, qu'enferme un mur d'enceinte. On y accède par une porte d'entrée placée sons la garde d'un capitaine et de soldats de Gênes; la citadelle, où habitaient le gouverneur et les officiers de sa suite, était entourée d'un fossé et l'on y pénétrait à l'aide d'un pont-levis. De larges rues, des places publiques, l'église paroissiale de Sainte-Marie, qui passait pour la plus somptueuse de l'île, avec ses colonnes en marbre de Corse, les stalles de son chœur, les bijoux, dentelles et broderies conservés dans son trésor. Elle devait cette richesse aux évêques de Mariana, qui s'en servaient comme de cathédrale. La Canonica en effet tombait en ruines et, dès la seconde moitié du XIIIe siècle, les évêques de Mariana résidaient à Vescovato. Mgr Leonardo de Fornari, évêque de Mariana, décédé en 1492, avait établi par testament que les revenus capitalisés d'une certaine somme d'argent placée à la Banque de Saint-Georges seraient affectés à la réparation de la Canonica; mais en 1495 Mgr Ottavio de Fornari, nommé évêque de Mariana, fit construire l'église Sainte-Marie de Terranova; un bref du pape Pie V obligea les évêques et chanoines de Mariana à résider à Sainte-Marie. Mgr Centurione commença la construction du chœur de cette église: il y officia pontificalement le 18 juin 1575. En 1582 la commune de Bastia céda les bénéfices de Pineto pour aider à la restauration de l'église cathédrale de Sainte-Marie. Comme elle était devenue insuffisante, que le pape Clément VIII avait autorisé (1600) la substitution de Sainte-Marie à la Canonica et l'attribution, par suite, du legs Leonardo de Fornari, on la refit sur de nouvelles bases. Mgr Jérôme del Pozzo, de la Spezia, évêque de Mariana, posa la première pierre de la nouvelle cathédrale en 1604; les travaux furent menés à bonne fin en 1619; le clocher fut achevé en 1620. La consécration eut lieu le 17 juillet 1625, par Mgr Giulio del Pozzo. Lorsque mourut ce prélat, le 17 décembre 1644, il légua mille écus pour achat de chandeliers d'argent et objets d'art.

La ville proprement dite, c'est *Terra Vecchia*. Plus grande, plus peuplée que la citadelle, elle n'est fermée par aucun système de murs ou de fossés. Sur l'emplacement de l'ancienne église paroissiale, l'église St-Jean Baptiste a été construite en 1640. Les rues y sont étroites et tortueuses. Une série d'oratoires, de chapelles et de couvents: St-Roch, édifié en 1604; la Conception, qui s'écroula le 25 février 1609, mais qui fut restaurée et agrandie en 1611. Les plus beaux édifices de toute la Corse appartiennent assez ordinairement aux moines. Les Lazaristes sont installés dans une vaste et belle maison, dont la situation, hors de la ville et sur le bord de la mer, «est si singulière que, d'une lieue en mer, cette maison paraît sortir de l'eau». Les couvents des Cordeliers, des Capucins, des Récollets et des Servites, bâtis sur des mamelons en arrière de la ville, l'entourent du côté de la terre. Deux couvents de religieuses, notamment celui des Clarisses.

Bastia, vers le milieu du XVIIe siècle, était donc une charmante ville, dont la population ne dépassait certainement pas 7.000 habitants: tel est le chiffre que donnent les Annales de Banchero; celui de 14.000 qu'indique le docteur Morati dans la *Prattica Manuale*, est beaucoup moins vraisemblable. Les rues, étroites, sombres et escarpées dans la vieille ville, plus larges aux environs de la citadelle, sont bordées de maisons plus ou moins bien construites, généralement hautes, habitées dans les étages supérieurs par les propriétaires et les gens aisés qui louent le reste au peuple. On comptait près de 400 magasins.

La ville était alimentée par de nombreuses fontaines débitant une eau excellente. Elle produisait du vin exquis, des céréales qu'elle exportait à Livourne et à Gênes, et l'étang de Chiurlino lui fournissait à profusion du poisson, des anguilles et du gibier d'eau.

A l'exemple des anciennes villes italiennes, Bastia avait un Mont-de-Piété, pour prêter des fonds aux pauvres à un taux modéré. Cette institution fut créée en 1618 par l'évêque Sartario di Policastro, visiteur apostolique, qui en établit un autre à Ajaccio, et ces deux établissements ont précédé de plus d'un siècle et demi le Mont-de-Piété de

Paris (créé le 9 décembre 1777). L'évêque en fit annoncer l'ouverture par l'intermédiaire des curés. Il était stipulé dans les statuts que le Mont, placé sous la surveillance et la direction des évêques, serait administré par trois gouverneurs, pris parmi les meilleurs, les plus fidèles et les plus éclairés des citoyens: deux nommés par l'évêque, le troisième par l'illustrissime commissaire de la République de Gênes; six autres membres, nommés pour moitié par le commissaire génois, leur étaient adjoints. Leurs fonctions étaient renouvelables chaque année le jour de la fête de l'Annonciation de la Vierge Marie, sous la protection de laquelle l'œuvre était placée. Les administrateurs étaient tenus de prêter serment entre les mains de l'évêque et, en leur absence, entre celles des vicaires généraux, soit le jour de leur nomination, soit le lendemain.

Le registre des engagements et des retraits était confié à un gouverneur ayant la pratique de la comptabilité. Ce registre, qui contenait 300 feuillets, portait en tête, outre les statuts, une page destinée à recevoir les noms de bienfaiteurs disposés à faire des dons et legs à l'œuvre. Il mentionnait la désignation des nantissements, la somme prêtée et la date de l'engagement. Le prêt, consenti pour six mois, représentait la moitié de la valeur de l'objet: il ne pouvait excéder 12 livres. Ce délai expiré, on vendait les gages aux enchères, sans avis préalable. La caisse du Mont-de-Piété était confiée aux soins des officiers municipaux; elle était à 3 clés, dont une restait entre les mains de l'évêque, la deuxième était la propriété des conseillers municipaux; l'un des gouverneurs, alternant tous les six mois, conservait la troisième. Le service courant se trouvait assuré par le dépôt entre les mains du gouverneur d'une somme de 50 écus, soit 200 livres.

«En commençant, disaient les statuts, les prêts auront lieu en argent; par la suite, les évêques pourront les faire, partie en argent, partie en blé; on s'en rapportera à la prudence des évêques.» Il était en outre stipulé que le Mont-de-Piété, pour venir en aide à un plus grand nombre de pauvres, solliciterait l'autorisation nécessaire afin de pouvoir accepter, des emprunteurs qui y consentiraient, la restitution, «à mesure comble, du blé prêté à mesure rase» et le versement d'un sou et demi par écu prêté pour 6 mois. Les prêts ne devaient être faits qu'aux vrais pauvres, sans exception aucune, avec rapidité, empressement et charité.

La question de l'hôpital se pose en 1646. Dès le temps de la domination pisane, des personnes charitables, s'inclinant vers les misères humaines, avaient eu la pensée de créer un *Ospedale dei poveri*: l'hôpital primitif, dit de Saint-Nicolas, parce qu'il était situé près d'une chapelle dédiée à ce saint, — d'où la dénomination de la place actuelle, — dépendait de Pise. En 1546 il fut transféré dans la haute ville, mais bientôt reconnu insuffisant. Un siècle après, on proposait donc d'ériger un nouvel hôpital sur l'emplacement du premier, et de le confier à l'ordre des frères de Saint-Jean de Dieu.

La seule école pour l'éducation de la jeunesse, sous le gouvernement de Gênes, était celle des Jésuites qui datait de 1635 (celle d'Ajaccio datait de 1617), dans le bâtiment occupé aujourd'hui par le Lycée. Le recteur et les professeurs étaient nommés par l'évêque. Les jeunes gens allaient compléter leur éducation dans quelques-unes des Facultés les plus célèbres de l'Italie: médecins, jurisconsultes, hommes d'Eglise; mais la plupart se destinaient à la carrière des armes. Ceux qui revenaient à Bastia pouvaient se rencontrer au sein d'une Académie littéraire qui groupait les beaux esprits de l'endroit, les honnêtes gens qui se piquaient de beau langage et savaient manier avec élégance la langue italienne et le vers classique. C'était l'Académie des Vagabonds — *Accademia dei Vagabondi* — fondée en 1659: elle devait être réorganisée en 1750 par le marquis de Cursay. On connaît le nom de quelques-uns de ses membres, notamment de Jérôme Biguglia, dont le tombeau se trouve dans l'église Sainte-Marie.

La population, nonchalante ou active, se pressait dans les rues pour admirer les spectacles ordinaires et la pompe des cérémonies: le gouverneur de Corse défilant avec sa suite, l'évêque de Mariana et son clergé, les confréries avec leurs insignes et les membres revêtus de leurs cagoules. Un air lumineux et léger, des physionomies riantes. Les chroniques et les récits ne nous laissent pas l'impression d'une population malheureuse, révoltée. Mais trop d'étrangers circulent ici: l'âme de la Corse ne bat pas dans cette ville administrative et commerciale, capitale militaire, *civitas* et *praesidium*.

XIV

UNE TENTATIVE DE DÉNATIONALISATION

Table des matières

Les Grecs du Magne installés à Paomia. – Une colonie florissante. – Etat d'esprit des Corses: les Grecs expulsés.

En 1676 des Grecs du Magne, dans l'ancien Péloponnèse, fatigués de la tyrannie des Turcs, demandèrent à Gênes un territoire pour eux, leurs femmes et leurs enfants. Le Sénat génois accepta et les établit en Corse. Tel est le fait premier et, réduit à ces termes, il ne peut manquer de surprendre. Car enfin, si les Turcs tyrannisaient les Grecs, les Génois tyrannisaient les Corses. En quittant le Péloponnèse pour s'installer dans une île soumise à la domination génoise, les Grecs n'allaient faire, semble-t-il, que changer de tyrannie.

Il n'en devait pas être ainsi, et ce n'est point par les Génois que les Grecs allaient souffrir. Leur démarche s'explique tout d'abord par la politique traditionnelle de Gênes dans la Méditerranée orientale: de très anciennes relations commerciales s'étaient nouées avec les Grecs, tandis que les Ottomans avaient toujours manifesté la plus violente hostilité à ses entreprises, même pacifiques. Les Turcs voulaient «la Méditerranée orientale aux Turcs» et, dans la seconde moitié du XVIe siècle, ils avaient profité des embarras de Gênes, occupée à vaincre la révolte de Sampiero, non seulement pour reprendre l'île de Chio, où des Génois s'étaient jadis installés, mais encore pour paraître en Corse même comme alliés de Henri II. Ainsi, ennemis séculaires des Turcs, les Génois devaient tout naturellement paraître sympathiques aux Grecs: déjà, en 1663 et en 1671, des projets de capitulations avaient même été ébauchés entre leurs envoyés et les représentants de la Sérénissime République.

Mais la politique corse des Génois fait comprendre mieux encore l'accueil qu'ils réservèrent aux délégués grecs. Leur domination dans l'île demeurait précaire. Exploitée, pressurée, la Corse s'était d'abord révoltée;

mais toutes ses tentatives d'indépendance avaient été réprimées: elle languissait dans un profond engourdissement. Les impôts avaient été tels, écrit Filippini, que «dans toute la Corse il n'y eut terre, roche, étang, marais, forêt, buisson, lieu sauvage, rien enfin qui ne reçût son estimation». Les Corses, dont il ne faut pas accuser a priori l'indolence, s'étaient découragés de travailler: ils se réfugiaient dans la haute montagne. L'île, improductive et mal soumise, devenait pour la République une possession inutile, un poids mort. Pour résoudre la crise économique qu'ils avaient eux-mêmes créée et pour ne plus se heurter à des résistances nationales, les Génois cherchèrent à dénationaliser le pays en introduisant des éléments étrangers. «Les étrangers en Corse et les Corses hors de Corse!» telle fut la solution, élégante et simpliste, que les Génois prétendirent donner à la question corse.

Dès le milieu du XVIe siècle, vers 1549, et sous le gouvernement d'Auguste Doria, ils avaient envoyé une première colonie de cent familles génoises à Porto-Vecchio, au fond d'un admirable golfe qui s'ouvre, entre des collines verdoyantes, sur la côte sud-orientale. Le site était splendide et les ressources abondaient: des vignobles, des champs d'oliviers, de grands bois de chênes-liège, une mer poissonneuse... Mais ce premier essai de colonisation ligurienne avait échoué, parce que l'air est dans cette région très malsain. Aujourd'hui encore les hautes maisons, bordant des ruelles tortueuses, sont, à cause des fièvres, abandonnées chaque année, de juin à octobre, par la plupart des habitants. Tout autour de la ville on remarque de magnifiques blocs de porphyre rose: c'est sur cette base inébranlable qu'avaient été construites les anciennes fortifications, dont un bastion est encore debout. Les Turcs de l'amiral Dragut, débarquant en 1553 avec 60 galères, les franchirent «en passant» et ils avaient achevé la ruine de Porto-Vecchio.

Lorsque des Grecs vinrent, un siècle plus tard,— montagnards du Taygète, marins de Vitylo,—demander asile à la République, celle-ci tenta de reprendre dans de meilleures conditions une œuvre qui lui tenait à cœur. Et quelle magnifique occasion pour elle de se laver de certaines accusations qui la froissaient d'autant plus qu'elles étaient plus justifiées! Elle allait accueillir des hommes chargés d'impôts, réduits, comme dit Pommereul, «à l'état de la plus dure et de la plus abjecte servitude». Qui donc après cela oserait l'accuser de maltraiter et d'opprimer les Corses?

Le 1er janvier 1676 un descendant de la famille impériale des Comnène, Jean Stéphanopoli, débarquait à Gênes avec 730 compagnons après une pénible traversée de 97 jours. Il avait profité, le 23 septembre 1675, de la présence d'un navire français, le *Sauveur*, capitaine Daniel, dans le port de Vitylo. Tous étaient partis, confiants dans l'avenir; leur évêque, Mgr Parthenios, était avec eux, ainsi que plusieurs membres du clergé.

La République les accueillit avec joie. Elle leur offrit le petit territoire de Paomia, qui s'étend «en forme de queue de paon» sur une hauteur de 600 mètres dominant la côte occidentale de la Corse, entre le golfe de Porto et celui de Sagone. Le climat était sain, mais le sol inculte. Jean Stephanopoli, chargé d'aller reconnaître le terrain, le déclara favorable et un traité fut conclu le 18 mars 1676. Les émigrants devaient recevoir en toute propriété les territoires de Paomia, Ruvida et Salogna; la République s'engageait en outre à pourvoir à leur premier établissement et à respecter leur religion et leurs institutions municipales. De leur côté ils devenaient sujets de Gênes, à qui ils devaient prêter serment de fidélité et payer, en plus de la dîme, cinq livres d'imposition annuelle par feu.

A la fin d'avril, les Grecs furent transportés à Paomia et répartis, par les soins de Marc-Aurèle Rossi, dans les hameaux de Salici, Corona, Pancone, Rondolino et Monte Rosso. Ils furent divisés en neuf escouades, ayant chacune un chef désigné par le suffrage de ses concitoyens. Gênes accorda aux quatre «conducteurs» de la colonie,— Apostolo, Jean, Nicolas et Constantin Stephanopoli,—le titre de chefs privilégiés, comportant le privilège personnel de porter des armes à feu et l'exemption de la taille. La colonie était administrée par un directeur génois nommé pour deux ans: le premier directeur de Paomia fut Pierre Giustiniani, auquel succéda le colonel Buti.

Les colons se mirent au travail avec ardeur. Gênes leur avait fourni des habitations, des instruments d'agriculture, des bestiaux, de l'argent et des grains. Leur «industrie naturelle» fit le reste et sut rapidement transformer une région inculte en un excellent pays. Ils défrichèrent les maquis, greffèrent les nombreux sauvageons qui poussent ici spontanément. L'historien Limperani, qui visita Paomia au commencement du XVIIIe siècle, fut émerveillé des résultats obtenus par les Grecs: leur village était certainement un des plus jolis et des mieux cultivés de la Corse.

Les insulaires regardèrent avec surprise ces étrangers qui venaient s'installer chez eux. «La fortune des Grecs et leurs talents, écrit Pommereul, devinrent l'objet de la jalousie des Corses, qui tentèrent plusieurs fois de les détruire et de dévaster leurs nouvelles cultures.» Voilà qui est vite dit—et faussement interprété. Les Corses et particulièrement les habitants du voisinage,—les gens de Vico et du Niolo,—virent les Grecs d'un très mauvais œil, la chose est évidente, mais il n'est pas besoin d'invoquer la jalousie. Pour être mécontents, il suffisait aux Corses de voir clair dans le jeu des Génois et d'y dénoncer — ce qu'il recélait en effet — une tentative de dénationalisation. Comment aimer des étrangers, seraient-ils animés des meilleures intentions, quand leur présence est imposée par des oppresseurs? Les Génois venaient d'introduire en Corse, non pas sans doute les premiers éléments d'un Etat dans l'Etat, mais un groupe d'hommes attachés à eux par les liens de la reconnaissance et qui leur ménageraient un contact permanent avec l'île, un point d'appui solide en cas de rébellion, un prétexte pour intervenir en Corse si leurs protégés étaient molestés. Entre Grecs et Corses il y eut dès le premier jour — il ne pouvait pas ne pas y en avoir — un malentendu difficile à dissiper et qui allait peser d'un poids très lourd sur le développement et la prospérité de la colonie naissante.

Lorsque la grande insurrection contre Gênes éclata en 1729, unissant dans un même sentiment d'indignation, dans une même aspiration vers l'indépendance, le peuple entier des deux côtés des monts, les gens de Vico sommèrent les Grecs de se joindre à eux. Mais les Grecs n'avaient eu qu'à se louer de la République Sérénissime: ils refusèrent de la trahir. Alors Vicolésiens et Niolains envahirent Paomia et, malgré une vive résistance à la tour d'Ormigna, ils désarmèrent les habitants (avril 1731). La ville fut saccagée et les champs dévastés. Mais les Corses laissèrent aux habitants la vie sauve. Ils ne voulaient que détruire l'œuvre des Génois, ils ne pouvaient reprocher aux Grecs leur fidélité et leur loyalisme: ils les laissèrent partir pour Ajaccio. Le séjour à Paomia avait duré 55 ans.

Dans la Corse insurgée contre leurs maîtres et leurs bienfaiteurs, les exilés, ballottés à tous les vents, sans ressources et souvent sans abri, mènent une existence lamentable et douloureuse. Au moment de la conquête française, ils songeaient à s'établir en Espagne. Marbeuf les fixa en Corse: accomplissant une mesure de justice et de pitié, songeant à rendre l'île «riche et industrieuse», il fit construire 120 maisons non loin des anciens défrichements de Paomia et, parmi les cultures, dans un cadre de collines dorées, Cargèse la Blanche se fonda. Après bien des péripéties qui durèrent jusqu'en 1814, une histoire plus paisible commença pour la ravissante bourgade grecque, cramponnée à la terre dont on a voulu tant de fois l'expulser.

XV

LA QUESTION CORSE ET LA POLITIQUE FRANÇAISE

Table des matières

Les éléments économiques et politiques de la question corse. – L'affaire du droit des trois tours. – Le soulèvement de 1729 et l'intervention autrichienne. – La révolte de 1735 et le «secret» de Chauvelin.

Dans leur tentative de colonisation étrangère en Corse, les Génois avaient échoué, parce qu'ils avaient prétendu résoudre la question corse sans les Corses et même contre eux. De ce fait leur domination même se trouva définitivement ébranlée, et la question corse va entrer dans une nouvelle phase.

Les soulèvements locaux étaient continuels. Sans avoir la gravité d'une insurrection générale, ils révélaient du moins l'impuissance croissante du gouvernement génois. En vain le Sénat recourait-il aux mesures les plus violentes et les plus arbitraires: peine de mort contre quiconque offenserait un agent de la République ou se disposerait à l'offenser, contre quiconque aurait quelques relations que ce soit avec un «bandit», défense faite en 1715 à tous les Corses de porter les armes. Il y avait plus de mille assassinats par an. Le clergé entretenait l'agitation, car les meilleurs bénéfices étaient réservés par la métropole à des Génois; ils

Acte de baptême de Bonaparte. — Ajaccio: Maison de Bonaparte.
Bastia: Statue de Napoléon.
(*Sites et Monuments du T. C. F.*)
Pl. X. — CORSE.

étaient une des plus profitables matières à exploitation. «En sorte que, de génération en génération, les haines contre le gouvernement génois se multipliaient et s'avivaient: elles ne pouvaient se terminer que par des catastrophes.»

Le gouvernement français eut le mérite de comprendre tout le profit qu'on en pouvait tirer et, de bonne heure, ses agents diplomatiques reçurent mission d'étudier la valeur *économique* et *stratégique* de l'île de Corse. Dès la fin de 1682, le sieur Pidou de Saint-Olon, «gentilhomme ordinaire de la maison du roy, s'en allant pour le service de Sa Majesté à Gennes», insiste sur la Corse dans le mémoire qu'il rédige touchant «les *revenus* et les *forces* de la République de Gênes». Le tableau qu'il en fait révèle un remarquable talent d'observation. Si les habitants sont oisifs, c'est qu'«il leur suffit d'avoir de quoi simplement vivre plus tost que de prendre peine pour les officiers gennois qui leur enlèvent encore leur peu de substance (*sic*) avec beaucoup de tirannie.» En réalité nulle terre n'est plus riche: elle produit «de bons vins, des blés de toutes sortes, de l'huile assez abondamment, et fort bonne, de façon que, si on cultivoit les oliviers qui y viennent, il s'y en recueilleroit davantage qu'à la rivière de Gênes. Il y a aussi beaucoup de meuriers, elle produit encore quantité de châtaignes et presque autant qu'en nos Sévennes du Languedoc. Il y a aussi de beaux pasturages: on y fait des fromages excellents, il y a des bois touffus et d'haute fustaye en grande quantité, des Génois y en tirent d'extrêmement bons pour la fabrique de leurs vaisseaux et galères et elle en pourvoit tout cet Estat pour brusler; on y en pourroit tirer telle quantité qu'on voudroit pour la fabrique des vaisseaux. Il y a quantité des cerfs, des daims, des chevreuils, des sangliers et de tout autre genre de chasse, en particulier des perdrix... Il y a de plus des minières d'or, d'argent, de fer et de plomb, et outre cela il y a deux ou trois bons ports, et l'on y en pourroit faire facilement d'autres très commodes. Enfin il n'y faudroit que plus de travail et d'industrie pour y recueillir abondamment de tout ce qui seroit nécessaire à la vie, comme l'on pourroit faire en Provence ou en Languedoc. Ainsy il est aysé de voir qu'on fairoit quelque chose de bon de cette isle; mais, comme a très bien dit un habile homme parlant de la Corse, *li Genovesi vogliono che questa gioia sia sepelita nel fango*, de peur sans doute ou de l'envie de leurs voisins ou, comme dit un autre sur ce sujet, pour détourner un puissant monarque de rentrer dans les justes droits qu'il a sur cette isle. Par le dernier dénombrement cette isle avoit environ 80 mille âmes, mais capable d'en nourrir plus de 250 mille...»

Nous avons voulu insister sur ce plaidoyer, qui est probablement le premier en date pour le relèvement économique de la Corse: dès la fin du XVIIe siècle, la Corse est à l'ordre du jour. Mais il n'y a pas encore une question corse. Pour qu'elle soit posée, il faut attendre le règne de Louis XV et le développement des intérêts de la France dans le bassin occidental de la Méditerranée. Cet aspect proprement politique se manifesta nettement pendant la guerre de la succession d'Espagne, lorsque le petit-fils de Louis XIV devint maître, avec l'Espagne, de la plus grande partie de l'Italie. Il parut alors au gouvernement français que la domination de la Méditerranée Occidentale devait appartenir au *consortium* des trois puissances maritimes unies dans une étroite amitié: la France, l'Espagne et la République de Gênes. Toutes trois devaient se garantir mutuellement la liberté des routes de mer contre toutes les ambitions des puissances extra-méditerranéennes. Un pareil acte était dirigé contre les entreprises de l'Angleterre, qui commençait à chercher les meilleurs points stratégiques de la Méditerranée. La Corse occupait une situation trop avantageuse pour ne pas être convoitée: la France avait un intérêt de premier ordre à la maintenir entre les mains d'une puissance alliée et, au besoin, à surveiller elle-même la liberté de ses rivages.

Un élément nouveau vint encore compliquer la question corse lorsque, au lendemain des traités d'Utrecht et de Rastadt, l'Autriche devint la plus grande puissance italienne. Les Génois eurent désormais le plus grand intérêt à la ménager, sinon même à la servir. Sous prétexte de droit de visite, nos navires furent arrêtés, nos nationaux furent molestés, et le commerce français subit, dans les ports de Corse, de continuelles vexations. La France se heurtait une fois de plus à l'influence des Habsbourg et l'affaire corse n'est, à un certain point de vue, qu'un aspect de la rivalité traditionnelle de la France et de la maison d'Autriche.

De 1715 à 1727 la France ne fut représentée à Gênes que par le consul Coutlet, dont la correspondance a un caractère purement commercial. Mais le 27 juillet 1727 M. de Campredon, «chevalier de Notre-Dame du Mont Carmel et de St-Lazare de Jérusalem», fut nommé envoyé extraordinaire à Gênes. C'était un des diplomates français les plus en vue: il arrivait de St-Pétersbourg où il avait été mêlé aux plus délicates négociations matrimoniales. Sa réputation était considérable, et le choix qui était fait de lui pour la mission de Gênes indiquait à lui seul qu'elle prenait une importance nouvelle.

Les instructions données à M. de Campredon étaient très générales. Mais on lui remit également un Mémoire particulier «concernant le commerce maritime et la navigation des sujets du roi» et, dès les premières pages, il y est question de la Corse. En 1725 les Génois ont fait «visiter et arrester avec violence, à la coste de l'isle de Corse», la barque du patron Blanc de Marseille. «On en a porté des plaintes à la République.» Elle a fait relâcher ce bâtiment, mais elle n'a pas encore donné les ordres qui lui ont été demandés «pour la punition de ceux qui ont commis cette violence, pour le paiement des dommages et intérêts qui sont dus au patron et aux propriétaires». M. de Campredon est chargé d'obtenir les satisfactions réclamées et d'assurer «l'exemption de la visite des bâtiments français».

Il devra également veiller à l'abolition du «droit que l'on prétend exiger des bâtimens français qui abordent à l'isle de Corse». La République l'a établi depuis quelques années à «la Bastie (Bastia), principal port de l'isle de Corse», pour «en estre le produit employé à l'entretien des feux destinez pour avertir les vaisseaux des nations qui sont en guerre avec les Barbaresques que l'on découvre de leurs corsaires à la mer». C'est le droit dit «des trois tours» — la Giraglia, l'Agiello et Santa Maria della Chiapella. — Les capitaines et patrons français qui touchaient le port de Bastia refusaient énergiquement de payer ce droit «qui n'estoit établi que pour les navires italiens et autres qui estoient en guerre avec ces corsaires». Le vice-consul de France, le sieur d'Angelo, soutenait leurs réclamations qui avaient trouvé à la cour de Versailles un chaleureux appui.

La question s'était embrouillée. Le 13 décembre 1723, «MM. les maire, échevins et députés du commerce» à Marseille avaient assuré, après vérification dans les Archives, «que les capitaines et patrons de nos bâtimens, qui ont esté de tous temps à la Bastie et autres ports de l'isle de Corse n'ont jamais payé ce droit-là, que les Français ne le doivent pas». A cela M. de Sorba, ministre de Gênes en France, avait riposté, le 19 juin 1724, par «un extrait des certificats que le gouverneur de l'isle de Corse s'est fait donner par les habitants du païs, faisant mention que les vaisseaux français ont payé ce droit depuis longtemps». Mais on s'était aperçu que ces certificats n'avaient aucune valeur: «on a esté averty qu'ils avoient été extorqués à des gens qui n'ont pu les refuser à ce gouverneur, à moins qu'ils n'eussent voulu s'exposer à son ressentiment».

Quoi qu'il en soit, l'intérêt du roi est que cette affaire reçoive une prompte solution et que la République donne incessamment les ordres qui lui ont été demandés «pour que ce droit des trois tours ne se perçoive plus des bâtimens français».

Telle fut la première affaire que M. de Campredon eut à traiter et, dès 1729, il obtenait une solution favorable: les Génois renonçaient à faire payer ce droit par les vaisseaux français. Ce fut, écrit M. Driault, «comme l'ouverture des affaires de Corse, où M. de Campredon allait être aussitôt mêlé à des événements plus importants».

M. de Campredon devait, en effet, assister aux premiers épisodes d'une nouvelle rébellion qui allait être décisive. En 1728 des soldats corses qui étaient au service de Gênes, à Finale, se trouvèrent mêlés à une rixe: à la suite de quoi ils furent condamnés à mort et exécutés. Un pareil châtiment produisit à travers l'île la plus douloureuse impression: on cria partout vengeance et une formidable émeute se prépara. Elle éclata le 30 octobre 1729 à l'occasion de la perception de la taxe sur le port d'armes. Un vieillard de Bustanica, Lanfranchi, dit Cardone, présenta une pièce de mauvais aloi; le collecteur le somma d'avoir à compléter la somme avant le lendemain. En vain Cardone le pria-t-il «d'avoir égard à sa misère». L'exaspération était à son comble. Les soldats génois furent maltraités et chassés, les armes furent tirées des cachettes, le tocsin sonna de village en village: en quelques jours l'insurrection avait gagné toutes les vallées de l'intérieur. Un premier chef, Pompiliani, ne parut pas assez énergique: il fut bientôt déposé. A la consulte de

San Pancrazio da Biguglia, non loin de Furiani, deux autres chefs, Andrea Colonna-Ceccaldi de Vescovato, et Louis Giafferi de Talasani, furent proclamés généraux du peuple corse. Ils s'adjoignirent l'abbé Raffaelli qui jouissait d'une grande influence sur le clergé. Pour enlever tout scrupule religieux, la rébellion fut proclamée légitime et sainte par l'assemblée des théologiens d'Orezza. Le chanoine Orticoni fut chargé d'aller solliciter l'appui des puissances étrangères.

Il apparut tout de suite que ce soulèvement devait marquer la fin de la domination génoise, et les convoitises s'éveillèrent. L'Espagne, qui préparait l'établissement de don Carlos en Toscane, devait tout naturellement chercher à s'assurer la voie entre Barcelone et Livourne. D'autre part, le Sénat génois demanda un contingent de troupes autrichiennes.

En présence de ce double péril, auquel s'ajouta bientôt la crainte d'une intervention anglaise, la Cour de Versailles éprouva les plus vives inquiétudes et connut un moment de désarroi. Les dépêches envoyées à M. de Campredon trahissent l'indécision la plus complète et le dépit le plus manifeste. Elles recommandent à notre représentant la plus grande réserve vis-à-vis des Génois, «ces gens qui, dans leurs besoins, donnent une préférence si marquée à l'Empereur, pendant qu'ils marquent si peu d'attention pour la France et ne s'adressent à elle qu'en second. Ils paieront chèrement ce secours allemand, pourvu même que, l'expédition de Corse finie, c'est-à-dire les rebelles soumis, le corps des troupes impériales ne se partage pas pour demeurer moitié en Corse et moitié dans le territoire de terre ferme de la République».

Pourquoi le Sénat de Gênes s'était-il adressé à l'empereur Charles VI plutôt qu'au roi de France? M. Driault rappelle l'importance du droit de suzeraineté générale que l'empereur exerçait encore au XVIIIe siècle sur toute l'Italie: «Le prestige impérial, écrit-il, parut sans doute plus capable d'en imposer aux rebelles.» Il est probable aussi que les Génois cherchèrent à opposer un dernier obstacle aux progrès de l'influence française dans l'île: devant l'intérêt croissant que le gouvernement de Louis XV prenait aux choses de Corse, ils pressentaient sans doute les solutions inévitables qui allaient intervenir. Charles VI n'était-il pas au surplus le seul des souverains de l'Europe qui, dépourvu de toute puissance maritime, ne serait pas tenté de rendre définitive l'occupation de l'île par ses troupes?

Quoi qu'il en soit, une armée d'environ 15.000 hommes, commandée par le prince de Wurtemberg et le colonel Wachtendung, jointe aux troupes génoises de Camille Doria, remporta d'assez faciles succès sur les Corses dans le pays de Vescovato, au sud de Bastelica. Mais Camille Doria se fit écraser à Calenzana, le 2 février 1732, et Wachtendung se montre inquiet sur l'issue de la campagne, «ayant à combattre, disait-il, des hommes qui ne connaissaient pas la peur». Ceccaldi et Giafferi entrèrent en pourparlers avec le prince de Wurtemberg, qui les livra aux Génois. Pour sauver les deux prisonniers, les rebelles consentirent à traiter; mais la paix de Corte (11 mai 1732) leur fut singulièrement avantageuse: amnistie générale, admission des Corses à tous les emplois même ecclésiastiques, pouvoir effectif rendu à l'orateur et au Conseil des XVIII. Cette convention était placée sous la garantie de l'empereur: c'était—on le constatait à la cour de Versailles avec mélancolie—laisser à ce prince «la liberté de prendre toujours telle part qu'il voudra à ce qui se passera dans ce royaume, si ce n'est même y établir incontestablement les droits que la Cour de Vienne prétend avoir sur tout le reste de l'Italie».

Le gouvernement français aurait-il manqué d'initiative et d'esprit d'à-propos, et n'aurait-il pas su profiter de l'occasion qui se présentait? Non pas: car ce fut prudence, et non pas abandon. La France a, pour s'occuper de la Corse, un intérêt politique en même temps qu'un intérêt commercial: c'est le double aspect de sa politique méditerranéenne où tant d'ambitions, — autrichiennes, espagnoles, anglaises, — se heurtent et s'entrecroisent. Mais s'il faut surveiller de très près les affaires de Corse, réprimer les menées des Impériaux, profiter des fautes du Sénat, il ne convient pas encore de laisser soupçonner «nos vues sur l'île». La question corse va constituer désormais un des «secrets» de la diplomatie française au XVIIIe siècle: il va se poursuivre, sans faiblesses, sans hésitations, à travers les crises ministérielles qui marquent le règne de Louis XV.

La paix de Corte ne pouvait être qu'une trêve, et les événements de 1729-1732 marquent en réalité le début de la grande insurrection du XVIIIe siècle. Ni les Corses n'avaient été assez naïfs pour croire à la sincérité du Sénat — et, s'ils avaient traité, ce n'était que pour se débarrasser des troupes impériales, — ni les Génois n'avaient eu l'intention sérieuse de mettre un terme à leurs fructueuses exactions et à leurs injustices plusieurs fois séculaires. La Corse restait frémissante: une nouvelle et plus grave rébellion la souleva tout entière au début de 1735.

Les impôts en furent l'occasion. Le règlement du 28 janvier 1733 en avait accru le chiffre, sous prétexte de dédommager la métropole de ses frais d'occupation militaire. Au mois de juin, les fonctionnaires génois avaient reçu l'ordre de convoquer, au chef-lieu de chaque piève, les députés des villages, de leur faire prêter serment au nouveau règlement et de réclamer leur adhésion aux projets financiers du suzerain. La mauvaise volonté fut partout visible. Dans la piève de Rostino, en particulier, où le peuple échappait, par son isolement, à l'emprise génoise, la résistance fut plus courageuse que partout ailleurs. A l'invitation des commissaires, Giangiacomo Ambrosi, de Castineta, refusa de prendre tout engagement au nom de ses concitoyens. Il quitta l'Assemblée en prononçant ces mots: «*Io so di Castineta e mi ritiro.*» Son exemple fut suivi par Paul-François Giovannoni, délégué de Saliceto. Leur ami, Giacinto Paoli, de Morosaglia, se joignit à eux.

Il fallait au plus tôt étouffer ce germe de rébellion et punir le mauvais exemple donné à tout un peuple, déjà mal disposé. Le gouverneur Pallavicino décida de recourir à la force: ce fut en vain. Le capitaine Pippo et le capitaine Gagliardi, envoyés dans la vallée du Golo et dans l'Ampugnani, pour intimider les villages et arrêter les meneurs, furent surpris et obligés de capituler avant d'avoir pu être rejoints par un troisième détachement venu de Calvi. Ainsi commençait la deuxième guerre pour l'indépendance: elle allait durer jusqu'en 1739, et les Corses ont gardé le souvenir du paysan farouche et patriote dont les paroles, répétées de bouche en bouche, surexcitèrent l'enthousiasme national.

On était alors en pleine crise de la succession de Pologne. Le soulèvement de la Corse prenait l'empereur au dépourvu: il ne pouvait intervenir. Les Corses placèrent tout leur espoir dans l'appui de l'Espagne: le chanoine Orticoni partit pour Madrid, pendant que Louis Giafferi remplaçait à Corte la bannière de Gênes par celle du roi d'Espagne. Mais Philippe V résista, tout en protestant de son intérêt affectueux pour la cause des révoltés. Les Corses ne devaient plus compter que sur eux-mêmes: ils se montrèrent dignes des circonstances. Au mois de janvier 1735, Giafferi et Paoli, élus généraux du peuple, convoquèrent à Corte une consulte générale où fut votée une véritable constitution, rédigée par l'avocat Sébastien Costa. La Corse y fut déclarée indépendante et à jamais séparée de la République (30 janvier). L'assemblée populaire, source de toute loi, prendra une part directe au gouvernement; une *Junte*, composée de six membres nommés par l'assemblée et renouvelable tous les trois mois, devra, avec les généraux, représenter le peuple lui-même; un comité, composé de 4 membres, s'occupera de la justice, des finances et du commerce. Véritable constitution démocratique, adoptée par un peuple dont le continent européen entendait parler de temps en temps d'une manière vague et confuse, comme d'une terrible horde de sauvages. «Un petit peuple, obscur, sans littérature, sans industrie, avait, par sa seule force, surpassé en sagesse politique et en humanité toutes les nations civilisées de l'Europe; sa constitution n'était point sortie des systèmes philosophiques, mais des besoins matériels du pays.» Les nationaux firent broder sur leurs drapeaux l'image de la Vierge, sous la protection de laquelle fut placé le royaume. Jésus-Christ fut nommé «gonfalonier» des Corses, c'est-à-dire porte-étendard.

Cependant la France suivait de près les affaires de Corse. Très vite elle comprit tout le parti qu'elle pouvait tirer de la situation: elle l'avait prévue, elle y était préparée. M. de Campredon, invité à fournir d'urgence un rapport, insistait le 10 mars sur les intrigues espagnoles. Et Chauvelin estima aussitôt qu'il fallait agir, sinon encore à découvert, du moins avec précision. Dans une remarquable dépêche du 26 avril 1735, il fixe les deux traits essentiels de la politique à laquelle la cour de Versailles allait s'attacher jusqu'au bout. Il ne peut être question d'«enlever la Corse comme une usurpation sur les Génois»: cette opération brutale «exciterait les cris de toute l'Europe». Mais il faut se la faire offrir en agissant à la fois sur les Corses et sur les Génois. D'une part, «il faut dès aujourd'hui commencer à former *sourdement* un party en Corse et tascher que cela se mène sagement et *bien secrètement*». D'autre part, écrit-il à son représentant, «appliquez-vous à inspirer (*sans laisser deviner la France*) aux meilleures testes de la République que l'isle leur est à charge et que, plustost de se la laisser enlever, ils devraient songer à s'en accommoder avec quelque puissance, qui n'eust intérêt que de protéger les Génois». Il s'agit, en somme, de faire comprendre aux Génois que le gouvernement français est prêt à leur rendre un service tout à fait exceptionnel, — et l'on ne saurait vraiment s'exprimer avec plus de délicatesse ni agir avec plus d'élégance. — Au surplus, Chauvelin a pensé à tout: il entre dans les détails les plus précis relativement à la façon de conduire cette affaire qui lui tient à cœur: «Taschons d'amener les choses au point, en Corse, que tous les habitans tout d'un coup se déclarent sous la protection de la France; alors et sur-le-champ le Roy y envoyeroit quelques troupes et ce que les habitants demanderoient. — Nous déclarerions en même temps à Gênes que nous n'avons envoyé ces troupes que pour que les Corses ne se donnent à personne et que nous sommes prêts de travailler à remettre, s'il est possible, les peuples sous l'obéissance de la République, *à moins qu'elle ne jugeât devoir s'en accommoder avec nous par un traité de vente.* Ce sera alors le moment de faire usage des principales testes que vous lui auriez ménagées, et le Roy se portera à donner de l'argent pour déterminer la pluralité.»

On ne saurait trop insister sur cette lettre du 26 avril 1735. Elle marque, dès l'ouverture de la question de

Corse, le programme de la politique française. Campredon et Chauvelin doivent être considérés comme les précurseurs de l'établissement de la domination française en Corse.

XVI

THÉODORE DE NEUHOFF, ROI DE CORSE

<u>Table des matières</u>

Un aventurier allemand: son règne de huit mois. – Le «secret» de Fleury. – La politique corse du comte de Boissieux et de M. de Maillebois.

Le 12 mars 1736, devant la plage déserte d'Aleria, s'arrêtait une galère aux couleurs anglaises qui venait de Tunis. Aux salves d'artillerie qui éclatèrent du bord rien ne répondit. Alors il en descendit un messager, qui s'en fut porter au «très illustre seigneur» Giafferi une missive lui rappelant certaines entrevues passées à Gênes. Elle était accompagnée de menus présents: «des dattes, des boutargues et des langues» et aussi des «bouteilles de véritable vin du Rhin». Giafferi convoqua les autres chefs, Sébastien Costa, Xavier dit de Matra, Giacinto Paoli. Ils se rendirent, dès le lendemain, au-devant du Messie qui leur arrivait.

Quand il les vit approcher, le passager mystérieux descendit, dans un accoutrement bizarre qui faisait songer au costume de mamamouchi dont M. Jourdain est affublé dans *le Bourgeois gentilhomme*[F]. Il était vêtu, dit le chroniqueur de la Haye, «d'un long habit d'écarlate doublé de fourrure, couvert d'une perruque cavalière et d'un chapeau retroussé à larges bords, et portant au côté une longue épée à l'espagnole et à la main une canne à bec de corbin». Il avait une suite de 16 personnes: un officier, qui prenait le titre de lieutenant-colonel, un maître d'hôtel, un majordome, un chapelain, un cuisinier, trois esclaves maures et huit autres domestiques. Il avait aussi deux esclaves corses, qu'il venait de racheter sur les côtes barbaresques, à crédit d'ailleurs. La cargaison comportait quelques armes et 15,000 bottes à la turque, «magnificence ignorée en Corse». Ce personnage était le baron allemand Théodore de Neuhoff, né à Cologne 42 ans auparavant. Il se donnait les titres de grand d'Espagne, de lord d'Angleterre, de pair de France, de baron du Saint-Empire, prince du Trône romain: titres ronflants et cosmopolites, qui pouvaient impressionner les Corses et qui les impressionnèrent en effet.

Le baron parlait si beau, il faisait miroiter des secours si importants qui ne pouvaient tarder à venir, il offrit incontinent un si somptueux festin arrosé de crus exotiques, que les chefs corses eurent confiance. Ils n'étaient pas forcés de savoir que l'aventurier avait mené jusqu'à ce jour une existence étrange, à Versailles, où il fut page de la duchesse d'Orléans, en Angleterre, en Suède, en Espagne, où il se maria, à la cour de Toscane, en qualité d'agent secret. C'est là qu'il connut les chefs corses exilés de leur patrie, Ceccaldi, Giafferi, Aitelli, et qu'il entendit de leur bouche la détresse d'un peuple anxieux de trouver un «rédempteur». Théodore s'imagina peut-être que la fortune lui souriait enfin et que, sur cette terre sauvage, «aussi peu connue que la Californie et le Japon», il trouverait une couronne et une destinée glorieuse.

Pour ne pas laisser refroidir l'enthousiasme, de Neuhoff mena rondement les choses. Il se rendit à la tête d'un pompeux cortège au palais épiscopal de Cervione, laissé vide par l'évêque d'Aleria, alors à Gênes. Il tenait à son couronnement. Pour lui donner satisfaction, on choisit pour lieu du sacre le couvent voisin d'Alesani. A défaut de trône, un fauteuil flanqué de deux chaises; à la place d'un diadème d'or, une couronne de lauriers cueillis dans le maquis.

Théodore Ier fut acclamé comme «souverain et premier roi du royaume» le 15 avril 1736. On lui vota une constitution avec droit d'hérédité, même pour les femmes, et on l'assista d'une diète de 24 membres—16 de l'En deçà, 8 de l'Au-delà,—pris parmi les sujets «les plus qualifiés et les plus méritants», qui deviendraient les magnats corses. Trois membres de la Diète résideraient à la cour et «le roi ne pourra rien résoudre sans leur consentement, soit par rapport aux impôts et gabelles, soit par rapport à la paix ou à la guerre». L'autorité de cette Diète s'étendrait à toutes les branches de l'administration. Seuls, les Corses, à l'exclusion de tout étranger, seraient appelés aux dignités, fonctions ou emplois à créer dans le royaume. Les Génois étaient à tout jamais bannis de Corse, leurs biens étaient confisqués, ainsi que ceux des gens de Paomia. La constitution réglait les impôts, tailles et gabelles, dont les veuves étaient exemptées. Elle fixait le prix du sel, les poids et les mesures. Une Université publique pour les études du droit et de la physique—admirable souci pratique et digne du siècle des philosophes—serait établie dans l'une des villes du royaume. L'article 17 portait que le roi créera incessamment un ordre de «vraie noblesse» pour l'honneur du royaume et de «divers nationaux». Le souverain et ses successeurs devaient pratiquer la religion catholique romaine. Les chefs prêtèrent serment de fidélité; un banquet et des salves interrompues de mousqueterie saluèrent l'heureux événement.

Théodore revint dans son palais de Cervione. Il fit aussitôt preuve de roi, en distribuant des charges et des honneurs qui suscitèrent bien des jalousies. Il nomma Paoli et Giafferi généraux et premiers ministres; Costa devint grand chancelier, secrétaire d'État et garde des sceaux. Il fit exécuter Luccioni qui avait livré Porto-Vecchio aux Génois pour 30 sequins, et tint tout le monde en haleine par l'espoir de prochains secours. Il emprunte aux géographes allemands le blason de la Corse: une tête de Maure avec le bandeau sur le front. L'argent lui manquant, il essaie de fonder au couvent de Tavagna une frappe de monnaie. Elle ne réussit qu'à produire un seul écu d'argent de 3 livres, plus quelques sous de cuivre portant les initiales T.R. de Théodore Roi. *Totto Rame*, tout cuivre, disaient les Corses frondeurs; *Tutti Ribelli*, tous rebelles, interprétaient les Génois.

Ceux-ci, après avoir mis quelque temps à se remettre de leur étonnement, commencèrent à vouloir expulser de Corse ce roi d'occasion. Un édit contre le baron de Neuhoff fut affiché dans les rues et communiqué aux représentants des puissances étrangères: il noircissait ce «personnage fameux habillé à l'asiatique» de toutes les friponneries; il traitait Théodore de vagabond, d'astrologue et de cabaliste, il le proclamait enfin «séducteur des peuples, perturbateur de la tranquillité publique, coupable de trahison au premier chef». Comme tel il tombait sous les rigueurs des lois génoises. A ce factum, dont les gazettes de Hollande publièrent une

Château de la Punta. — Ajaccio, vue générale. (*Sites et Monuments du T. C. F.*) Pl. XI. — Corse.

traduction, Théodore répondit par un manifeste assez habile, déclarant que les véritables perturbateurs du repos public étaient les Génois eux-mêmes, dont la tyrannie avait soulevé les Corses bien avant son arrivée dans l'île. Quant à lui, «ministre du Saint-Siège» et confiant dans la divine Providence, il avait été élevé au trône par la volonté spontanée et unanime du peuple, ce qui lui permettait de considérer les invectives génoises comme les cris «des chiens qui aboient à la lune». Gênes lâcha dans l'île 1.500 bandits des galères, les *vittoli*, — on les appelait ainsi du nom du compagnon de Sampiero, Vittolo, dont la trahison avait causé la mort du chef corse. — Ceux-ci commirent de nombreuses atrocités et

Théodore, après quelques succès en Balagne, commença de connaître les revers.

Au surplus les chefs corses, que la jalousie divisait et qui ne voyaient pas venir la flotte attendue, se méfièrent et se mutinèrent. Théodore jugea rapidement que la situation n'était plus tenable. Il usa de moyens de fortune pour recruter des partisans, instituant l'Ordre de la Délivrance «tant pour la gloire du royaume que pour la consolation des sujets» et distribuant à cette occasion une pluie de titres de noblesse. Afin d'attirer les étrangers, il proclama la liberté de conscience et déclara vouloir favoriser l'industrie, à peu près inconnue en Corse. Il autorisait également la fabrication du sel que Gênes avait prohibée. Il réglementait la pêche dans les rivières, les étangs et sur les côtes de la mer.

Mais ces dispositions, excellentes en elles-mêmes, ne ramenaient pas la popularité: l'heure de la désaffection était venue. Ayant délibéré «de passer en terre ferme pour chasser les Génois», il publia le 4 novembre, à Sartène, un édit pour annoncer son départ et organiser la régence. Giacinto Paoli et Louis Giafferi reçurent le commandement en chef des provinces au delà des monts; Luca d'Ornano fut nommé gouverneur des provinces en deçà. Puis, seul à travers les forêts, il gagna la Solenzara. Une barque sous pavillon français le protégea des corsaires et le débarqua à Livourne le 14 novembre 1736. Voulant dépister les espions génois, il avait pris un costume ecclésiastique; il n'avait plus rien avec lui, sauf quelques bribes d'argenterie, restes d'une splendeur éphémère. Son règne avait duré huit mois.

Blessé dans son amour-propre, un chroniqueur corse, Rostini, déclare après coup que ses compatriotes s'étaient moqués de ce roi d'opérette: ils voulaient seulement «quelque chose qui fît du bruit» et ils montraient ainsi qu'ils étaient disposés «à embrasser le parti le plus étrange qui se présenterait à eux... plutôt que de se soumettre aux Génois». D'ailleurs le roi Théodore n'avait causé aucun tort à la Corse: il en était sorti plus pauvre qu'à son arrivée. «Grâce à lui, un rayon de soleil avait éclairé quelque temps la nuit de l'oppression génoise. L'île garde bon souvenir de son roi Théodore.»

De cet épisode curieux une conclusion se dégage avec une évidence indiscutable: Gênes devait renoncer à l'espérance de triompher des Corses par ses seules ressources. Allait-elle, comme naguère en 1729, s'adresser à l'Autriche? La guerre de la succession de Pologne peut être alors considérée comme finie; mais l'empereur reste aux prises avec les Turcs, et le marquis de Villeneuve, notre ambassadeur à Constantinople, lui suscite tous les embarras désirables. Il ne reste plus au Sénat qu'à se tourner du côté de la France, accomplissant ainsi le geste qu'avait prévu Chauvelin et que M. de Campredon avait préparé. Le 12 juillet 1737 un arrangement fut conclu. La France enverrait en Corse une petite armée de 8.000 hommes pour soumettre les «rebelles».

Il en fut ainsi, et le commandement en fut confié au comte de Boissieux, neveu du maréchal de Villars. Mais la préoccupation essentielle fut de rassurer les Corses sur les véritables intentions de la France: il ne s'agissait pas d'une expédition militaire, mais seulement d'une «mission de conciliation et d'arbitrage». Le comte de Boissieux s'en acquitta d'ailleurs avec beaucoup d'intelligence et de délicatesse, se bornant à cantonner ses troupes à Bastia et à Saint-Florent, et se tenant en relations avec les Corses de l'intérieur sans intervenir d'une façon active et visible dans leurs rapports avec les Génois.

Les Corses ne purent que se féliciter de son «admirable conduite», de sa «diligence» et de sa «patience». De plus, dans la lettre même où ils rendent un pareil hommage au représentant de la France, les deux «députés» de la nation corse, Erasme Orticoni et Jean-Pierre Gaffori, sollicitaient du cardinal Fleury la continuation de ses bons offices. Sa piété et son équité le désignaient pour être «leur juge et leur avocat»: aussi la Corse, «chargée du poids de ses injures et de ses droits», n'hésitait-elle pas à recourir à son arbitrage. En termes qui savaient rester dignes, ils exprimaient toute la confiance qu'ils n'avaient jamais cessé d'avoir dans le Roi très chrétien, «notre maître», pour la paix de l'Europe et «pour la rédemption et délivrance des Corses qui gémissent dans l'esclavage et l'oppression».

Le plan de Chauvelin se réalisait donc point par point: il existait en Corse un «parti français», les habitants «se déclaraient sous la protection de la France» et le gouvernement de Louis XV avait eu la suprême habileté de faire réclamer par les Génois eux-mêmes l'envoi d'une armée française dans l'île. Cependant la Cour de Versailles croit que l'heure n'a pas encore sonné. En présence de l'offre formelle faite par Orticoni et Gaffori, le cardinal de Fleury se dérobe et craint de s'engager.

Sa réponse (6 juin 1738) est un chef-d'œuvre de réserve diplomatique et de sous-entendus. Il commence par poser en principe la souveraineté «légitime» de Gênes: «Vous êtes nés sujets de la République de Gênes et ils sont vos maîtres légitimes. Il ne s'agit point d'aller fouiller dans des temps reculés la constitution primitive de votre pays et il suffit que les Génois en soient reconnus depuis plusieurs siècles paisibles possesseurs pour qu'on ne puisse plus leur contester le domaine souverain de la Corse.» En conséquence «le roy ne peut et ne doit avoir d'autre principe, dans les bons offices qu'il est disposé à rendre à vos citoyens, que celui de les remettre dans l'obéissance légitime à leurs souverains». — Mais, tout en réservant les droits de l'empereur, sous la garantie duquel l'exécution du traité de 1732 a été placée, tout en rassurant Gênes à l'endroit des ambitions françaises, Fleury entend rester en bons rapports avec les «rebelles» et ménager l'avenir: «Si vous estes bien déterminés à vous conformer à ces principes, le Roy travaillera avec tout l'empressement possible à vous rendre une tranquillité que vous avez perdue depuis si longtemps, et ne vous demandera d'autre récompense de ses soins que celle d'avoir contribué au bonheur d'un païs qui lui a toujours esté cher, aussi bien qu'à ses glorieux ancêtres.» Au surplus, ne me forcez pas à en écrire trop long, devinez ce que je n'avoue pas ouvertement: «M. le comte de Boissieux, dont vous paroissés estre contens, vous expliquera plus au long les intentions de Sa Majesté.»

Le général français se trouvait aux prises avec les plus graves difficultés, suscitées en partie par la réapparition de Théodore. Depuis son départ de Solenzara, le roi en exil avait mené l'existence la plus étrange. Des émissaires génois le suivent pas à pas et le font à plusieurs reprises arrêter. A Florence, à Rome, à Paris, en Hollande, il doit se cacher pour échapper à leurs dénonciations et même à l'assassinat, car sa tête a été mise à prix. Emprisonné pour dettes à Amsterdam, il réussit à se faire rendre la liberté et organise une compagnie commerciale, commanditée par des négociants hollandais, qui se chargera d'exploiter la Corse. Il enverra à ses sujets des munitions et des approvisionnements; ceux-ci le rembourseront en huile, châtaignes et autres produits. Mais les trois navires qu'il affrète ne peuvent débarquer leur cargaison; lui-même avec le vaisseau l'*Africain* parut devant Sorraco près de Porto-Vecchio, mais il ne tarda pas à filer sur Naples (septembre 1738), pendant que le comte de Boissieux prescrivait de «courre sus» à ceux de sa suite et à ses partisans. Entouré d'espions et de traîtres, Théodore se confine en Italie dans une mystérieuse retraite et s'efforce de réchauffer le zèle de ses partisans par des lettres que son neveu Frédéric apporte aux chefs. Vains efforts, qui ne se prolongeront pas au delà d'une année.

D'autre part, M. de Boissieux devait tenir tête aux exigences croissantes des commissaires de Gênes qui le sommaient d'intervenir plus activement. Ne voulant pas sortir de la réserve que les instructions dont il était porteur lui recommandaient avec insistance, il décida seulement de procéder au désarmement des habitants. Mais les troupes françaises du capitaine Courtois, envoyées dans ce but à Borgo, durent battre en retraite du côté de Bastia, harcelées par les Corses qui les poursuivirent jusqu'au delà de la plaine de Biguglia (13 décembre 1738).

Cette défaite des Français, à laquelle les insulaires donnèrent le nom de *Vêpres corses* — mot impropre, car il n'y eut pas de guet-apens comme en Sicile, — stupéfia le cabinet de Versailles moins qu'elle ne l'ennuya. M. de Boissieux fut aussitôt rappelé et remplacé par le marquis de Maillebois. Il était malade quand il apprit sa disgrâce et n'y survécut pas. Il mourut à Bastia, dans la nuit du 1er au 2 février 1739, et fut inhumé dans l'église Saint-Jean où son tombeau subsista jusqu'en 1793.

Le comte de Maillebois, qui lui succéda à la tête des troupes françaises de Corse, imita sa prudence. Pourtant il ne fallait pas, sous prétexte de mansuétude, imposer à l'armée française une inaction pouvant porter atteinte à son prestige aux yeux des rebelles et aux yeux des Génois. Après avoir lancé une proclamation où il affirmait n'avoir «d'autre vue que le bonheur et la tranquillité du pays», il entra en campagne et décida de porter les armes jusque dans les cantons montagneux de l'intérieur. La Balagne, où Frédéric de Neuhoff, neveu du roi Théodore, prêchait et organisait la résistance, fut assez facilement réduite: la prise de Lento et de Bigorno assura l'occupation presque complète de la vallée du Golo. Puis Maillebois se rendit à Corte: tout le nord de l'île était pacifié et même désarmé. La résistance fut plus longue dans le sud, encombré de montagnes et de rochers, et surtout dans le canton de Zicavo, où Frédéric s'était réfugié, dominant la vallée du Taravo. Maillebois n'y entra qu'à la fin de septembre. Frédéric et ses partisans durent quitter la Corse (1740). Dès le mois de juillet précédent, Giacinto Paoli, Giafferi et Luca d'Ornano étaient partis pour Naples.

Maillebois se hâta de proclamer que la pacification était achevée. Il s'efforça de gagner les sympathies des Corses par sa modération et son équité; il leva un régiment spécialement composé d'insulaires, auquel on donna le nom de Royal-Corse. Il s'enferma dans Calvi: admirant la fertilité et l'heureuse situation de la Balagne voisine, «il en fit des rapports à son gouvernement, appelant son attention sur l'intérêt qu'il y aurait à s'y établir». Lui aussi voit clair et juste et entrevoit les solutions inévitables. Les 8.000 hommes de troupes françaises que Gênes entretient n'ont pacifié que les côtes et leur établissement dans l'île n'est que provisoire; si les Français se retirent, les Corses, restés maîtres de l'intérieur, remporteront sur les Génois des victoires décisives et les chasseront de l'île, qui sera perdue pour la République sans compensation. «L'intérêt certain de la République était de se défaire de la Corse au meilleur prix. Il n'importait que de le lui faire comprendre[G].»

XVII

LA CORSE PENDANT LA GUERRE DE LA SUCCESSION D'AUTRICHE

Table des matières

Les progrès de l'influence française. – La dernière aventure du roi Théodore. – Intrigues anglaises, sardes et autrichiennes.

M. de Campredon, vieilli, ne suffisait plus à l'activité que réclamaient les événements nouveaux. Il demanda à se retirer (juin 1739) et fut aussitôt remplacé par M. Chaillon de Jonville, gentilhomme ordinaire de la maison du roi, ancien ministre à Bruxelles. Rien à signaler dans les instructions qui lui furent remises le 24 juin 1739: c'est à peine s'il y est question de la Corse. Mais dès qu'il fut arrivé à Gênes, en janvier 1740, il reçut du secrétaire d'État des Affaires étrangères, Amelot, des lettres plus précises et un mémoire très détaillé sur ce sujet. L'objet de sa mission était d'ouvrir avec le Sénat une négociation sur les conditions de l'intervention française en Corse. Le gouvernement de Versailles, désireux de terminer «une affaire aussy épineuse», réclame toute sa liberté d'action. Les troupes génoises évacueraient entièrement toutes les places et forteresses de la Corse «qui seraient remises entre les mains du Roi et y mettrait des garnisons». Tout se ferait en son nom: il administrerait la justice, il y réglerait les subsides que l'île devrait payer chaque année; en un mot le roi de France agirait «comme s'il en estoit le seul souverain».

Il faut prévoir une certaine résistance de la part des Génois, «soit par leur défiance naturelle, aussi bien que par leur jalousie, soit par la crainte qu'ils auroient de nostre bonne foy». Forts de la situation, qui nous est entièrement favorable, il faut les mettre «au pied du mur», les menacer de retirer entièrement nos troupes et les rendre responsables de tous les événements qui peuvent arriver: «on s'en prendra à eux si quelque autre puissance s'emparait de l'île et on les regarderait comme y ayant eu part eux-mêmes, dont le Roy ne pourrait qu'en tirer raison *sur les Estats mesmes de la République*».

Cette fois la menace n'est même plus déguisée. Mais, de même qu'en ménageant les Corses il avait fallu — et telle avait bien été la politique du comte de Boissieux — apaiser les susceptibilités génoises, de même il fallait aujourd'hui prendre garde, en négociant avec les Génois, de ne pas effaroucher les Corses. Aussi Amelot exige-t-il expressément que rien ne transpire des conversations qui vont être engagées: la République ne devra nommer qu'un petit nombre de commissaires, qui seront «d'une extrême prudence» et «capables surtout d'un secret à toute épreuve».

Lorsque M. de Jonville eut fait connaître les propositions de son gouvernement, le Sénat de Gênes nomma deux commissaires pour suivre avec lui la négociation: Jean-Baptiste Grimaldi et Charles-Emmanuel Durazzo. Bientôt ils laissèrent entendre — et le ministre de la République à Versailles, Lomellini, agissait dans le même sens, — que les conditions du gouvernement français ne pouvaient pas être acceptées intégralement. Ils demandèrent une intervention combinée des troupes françaises et des troupes impériales, espérant ainsi neutraliser ces deux influences l'une par l'autre.

Sur ces entrefaites l'empereur Charles VI mourut (20 octobre 1740) et l'ouverture de la succession d'Autriche apporta d'autres préoccupations aux Etats européens. Du moins la France essaya-t-elle encore de profiter des embarras de l'Autriche, comme elle avait fait une première fois après les événements de 1732. M. de Jonville proposa au Sénat de laisser dans l'île, *aux frais de la France*, l'armée de M. de Maillebois, à condition que les Génois lui remettraient en dépôt quatre places de l'île—Ajaccio, Calvi avec la tour de Girolata, la tour de Porto, le village de Piana,—construiraient deux ponts—sur le Liamone et sur l'Otta,—fourniraient enfin aux soldats français les lits, le bois, les tables et tous les ustensiles nécessaires. Le Sénat faisant des difficultés, Louis XV rappela M. de Maillebois qui alla combattre en Bohème (mai 1741).

Les Français laissaient l'île pacifiée mais non soumise: les Corses ne voulaient à aucun prix accepter la domination de Gênes. Si la présence des troupes françaises les avait contenus jusqu'alors, ils reprirent sur plusieurs points, dès 1742, les hostilités contre la République. Ce fut en vain que le Sénat et ses commissaires généraux multiplièrent les règlements, les *perdoni* et les *concessioni*: ils ne purent décider les Corses à déposer les armes. C'était, semble-t-il, la fin de la domination génoise, d'autant plus que Théodore de Neuhoff reparut soudain en 1743.

Ses deux échecs n'avaient fait qu'augmenter sa popularité et la caricature s'était emparée de lui. Une gravure allemande ridiculisait

> Le satyre corse visionnaire
> ou
> le rêve à l'état de veille,
> dont l'image représente
> dérisoirement
> Théodore,
> premier et dernier en sa personne,
> pseudo-roi des Corses rebelles.

Mais si les uns se moquaient, d'autres croyaient vraiment à la réussite ou à l'influence du baron de Neuhoff: la sous-prieure du couvent des Saints Dominique et Sixte, Madame Angélique Cassandre-Fonséca, qui dirigeait les affaires politiques du baron à Rome et en faisait «un martyr, grand soldat du Christ»;— François, duc de Lorraine et beau-fils de l'empereur, qui avait jeté ses vues sur la Corse et, après s'être servi en 1736 du louche Humbert de Beaujeu, avait en 1740 recours à Théodore lui-même et lui promettait 1.500 fusils..... La mort de Charles VI coupa court à ces projets. Le roi de Corse s'adressa alors à la France, par l'intermédiaire de son beau-frère, Gomé-Delagrange, conseiller au Parlement de Metz: il essayait «l'escroquerie politique» après l'escroquerie commerciale. On refusa de l'entendre et c'est alors que la guerre de la succession d'Autriche, en brouillant les puissances européennes, mit l'aventurier au premier plan.

Au mois de janvier 1743, un navire de la Majesté britannique, le *Revenger*, parut dans la Méditerranée. Sous le couvert du pavillon anglais, muni d'un passeport de lord Carteret, le baron Théodore de Neuhoff, souverain de la Corse, allait reconquérir son royaume. Une proclamation fut distribuée aux rebelles: elle produisit un médiocre effet; d'autant plus que Sa Majesté ne consentit pas à débarquer: elle répugnait à l'idée de coucher sur la dure, dans le maquis, avec ses farouches sujets. Théodore parut à peine sur les côtes de la Balagne et distribua quelques munitions; une nuit, le commandant anglais le ramena sur le rivage de Toscane, à l'embouchure de l'Arno. Le roi se hâta de gagner Florence, pour continuer ses intrigues et battre monnaie au moyen des plus savantes manœuvres de chantage.

Pendant que se poursuit «le roman de sa vie», on voit se nouer autour de la question corse le réseau compliqué des combinaisons diplomatiques. Ce sont les menées de l'Angleterre qui apparaissent d'abord, pendant la guerre de la succession d'Autriche, comme les plus significatives et les plus dangereuses. Les Anglais ont compris, bien avant Nelson, l'importance du golfe de Saint-Florent, où l'on pourrait entretenir «nombre de gros vaisseaux qui seront toujours en vedette sur Toulon» et, dans le début, il ne s'agit de rien moins que de «conquérir» la Corse. Théodore essaie de séduire le représentant anglais en Toscane, Horace Mann: celui-ci, par curiosité et par désœuvrement, consentit à avoir plusieurs entretiens avec un personnage qui l'intriguait; il eut tôt fait de s'apercevoir que Théodore n'était qu'un «babillard» et il conseilla à son ministre de ne faire aucun fonds sur lui.

Lâché par l'Angleterre, Neuhoff essaya de s'imposer à la Cour de Turin: Charles-Emmanuel III, dont les ambitions commencent à s'étendre au delà des limites étroites du Piémont et qui, doué d'un fort appétit, ne demande qu'à se mettre à table pour manger l'Italie feuille à feuille, aurait volontiers commencé par la Corse le démembrement de Gênes et la conquête de la péninsule entière. On voit poindre ainsi dès le XVIIIe siècle l'idée de l'unité de l'Italie sous le drapeau de la maison de Savoie, —les dépêches du comte Lorenzi, envoyé de France à Florence, sont particulièrement caractéristiques à cet égard. Or dans ces espérances grandioses, le roi de Sardaigne sera de bonne heure soutenu par l'Angleterre, «qui voudrait le rendre très puissant pour en faire une digue contre la France» (lettre de Poggi, consul de Naples à Gênes, en date du 4 janvier 1744).—Mais on n'a pas confiance en Théodore, dont les prétentions paraissent excessives et les promesses vaines et, tandis qu'il écrit au marquis d'Ormea, on écoute plus volontiers Dominique Rivarola, d'origine corse, un traître et un intrigant, qui jouit malgré tout d'un certain crédit auprès de ses compatriotes et se fait fort d'introduire les étrangers dans sa patrie.

Restait l'impératrice Marie-Thérèse, dont l'époux François de Lorraine avait jadis convoité l'île. La famille autrichienne se berça un moment de l'espoir d'utiliser l'influence du personnage; elle prépara même une expédition qu'il devait conduire, mais qui ne partit pas.

Une fois de plus, Théodore avait échoué: mais il avait fort bien vu à qui il convenait de s'adresser pour réussir. Visiblement une triple alliance anglo-austro-sarde se nouait en 1744: la Corse en était le pivot, et ces projets étaient dirigés contre les Bourbons de France et d'Espagne. Le résultat serait la formation d'une unité italienne au profit de la Sardaigne et l'attribution de l'île à la maison anglaise de Hanovre. Toute cette négociation, conduite par lord Newcastle à Londres, est vraiment, suivant le mot de M. Le Glay, «de l'art dans la diplomatie».

Et les Corses? Que deviennent-ils au milieu de ces partages dont leur île est l'objet éventuel, au milieu de ces intrigues, de ces ruses et de ces mensonges? Peuvent-ils se sauver eux-mêmes? Effrayés de tous les embarras qui les accablent, les Génois ont essayé de s'entendre directement avec les Corses et préparé un règlement de pacification (3 août 1744) qu'ils espèrent faire accepter aux révoltés. Ce fut en vain. La lutte se prolongea sans engagements importants jusqu'en 1745. Cette année-là, au mois d'août, les Corses élurent pour chefs l'abbé Ignace Venturini, Jean-Pierre Gaffori et François Matra, avec le titre de «Protecteurs de la Nation». La mission confiée à ces chefs était plutôt de porter un remède aux désordres qui désolaient l'île à ce moment; mais les maladresses du nouveau commissaire général, Stefano Mari, ne tardèrent pas à déchaîner une guerre ouverte.

La France sut admirablement profiter de cette situation embrouillée et déjouer toutes les intrigues. Il fallait à tout prix empêcher l'établissement en Corse d'une grande puissance maritime, si l'on voulait sauvegarder la suprématie française dans la Méditerranée, assurer la défense des côtes de Provence, avoir la route libre vers l'Orient pour le développement du trafic maritime, — et c'est ce que comprirent tous les hommes qui dirigèrent pendant cette période la diplomatie française: Fleury, Chauvelin, Amelot, d'Argenson, Puysieux. Gênes est obligée de se rejeter dans les bras de la France qui, d'accord avec l'Espagne, lui garantit au traité d'Aranjuez (17 mai 1745) l'intégrité de son territoire. Puis M. de Guymont, nommé ministre de France à Gênes à la place de M. de Jonville, adresse aux peuples de Corse une proclamation les invitant à se tenir dans le devoir et à se défier des excitations des ennemis de la République. En fait, on vit les insurgés corses faire cause commune avec les Autrichiens ou les Sardes, mais il ne se passa rien d'irréparable en Corse pendant la terrible guerre où Gênes elle-même faillit périr.

Au mois de novembre 1745, les Anglais bombardaient et prenaient Bastia: Rivarola et les chefs insurgés occupaient la ville et la citadelle. Mais les Bastiais prennent les armes en faveur de la République et chassent les insurgés. Rivarola revient mettre le siège devant la ville. Il occupe Terra Vecchia et presse si énergiquement la citadelle de Terra Nova que sa capitulation parut inévitable. Si l'escadre anglaise de six vaisseaux qui croisait entre Bastia et Livourne était intervenue l'événement se serait aussitôt accompli; mais elle ne bougea pas, car le gouvernement britannique était en ce moment occupé à négocier avec l'Espagne. Profitant de la mort de Philippe V et de l'avènement d'un nouveau roi à Madrid, l'Angleterre offrait la paix—et la Corse—à l'infant don Philippe, dans l'espoir de brouiller les Bourbons de France et d'Espagne et peut-être aussi d'obtenir d'importantes concessions commerciales en Amérique. «Un accommodement avec l'Espagne, disait le duc de Newcastle, est un si grand objet pour l'Angleterre, qu'elle est résolue de ne pas risquer de le manquer pour une chose qui lui semble de si peu d'importance comme la Corse.» La question de Gibraltar, que la cour de Madrid réclamait, fit échouer les pourparlers. Mais, pendant qu'ils se prolongeaient, l'escadre britannique était restée inactive et son amiral demeurait sourd aux prières du roi de Sardaigne. «Du moment qu'ils ne croyaient pas devoir recueillir des bénéfices personnels, les Anglais n'entendaient pas perdre leur temps à protéger un peuple gémissant.»

Le gouvernement français mit ses tergiversations à profit. Sur les instances de la République de Gênes, une troupe de 500 hommes—Génois, Français et Espagnols,— fut envoyée le 1er septembre 1747 au secours de Bastia. Le lieutenant-colonel Choiseul-Beaupré, qui commandait ce détachement, réussit à repousser Rivarola. L'année suivante, Bastia devait soutenir un siège autrement meurtrier. Gaffori et Giulani avec les insurgés corses, le chevalier de Cumiana avec 1.500 hommes, Piémontais et Autrichiens, et plusieurs batteries d'artillerie, attaquèrent furieusement la ville. Le duc de Richelieu, ministre plénipotentiaire à Gênes, envoya en toute hâte M. de Pédemont, officier du régiment de Nivernais, au secours du commandant génois Spinola; après une lutte sanglante, le chevalier de Cumiana se retira sur Saint-Florent (27 mai 1748). Deux jours après, le marquis de Cursay débarquait à Bastia. Son arrivée rendait impossible tout succès des Austro-Sardes. Ainsi l'action énergique et décisive de la France terminait la campagne, et la paix prochaine d'Aix-la-Chapelle (30 octobre 1748) allait ruiner les convoitises de la Sardaigne et les menées de l'Angleterre[H].

Il ne sera plus question du roi Théodore dans l'histoire de Corse. Son rôle politique est fini, bien qu'il refuse d'abdiquer. Toujours dénué tout en recevant de fortes sommes de donateurs inconnus, il fait miroiter aux yeux des marchands ou des

Bastia: la Citadelle. — *Ibid.*: Dans le Vieux Port. (*Ph. Moretti.*)
Pl. XII. — Corse.

souverains les avantages à tirer de la Corse, pour peu qu'on le mette en mesure de la prendre. En fin de compte, il échoue à Londres où il est bientôt emprisonné pour dettes. Après six ans de détention, bafoué par les uns, renié par les autres, finalement appelé à bénéficier d'une libération conditionnelle, il répondit au tribunal qui lui demandait une garantie: «Je n'ai rien que mon royaume de Corse.» Il signa une cédule par laquelle il abandonnait ses Etats (24 juin 1755). Et le royaume de Corse fut légalement et officiellement enregistré pour la garantie des créanciers du baron de Neuhoff! Les Anglais étaient donc arrivés à leurs fins: ils avaient l'île, objet de leurs convoitises. Seulement cette cession n'existait que sur un papier sans valeur. Théodore vécut encore un an, rejeté en prison, libéré une dernière fois, loqueteux et affamé, accueilli charitablement par un pauvre tailleur chez lequel il mourut le 11 décembre 1756. Horace Walpole fit graver sur la pierre, dans l'église Sainte-Anne ce témoignage de compassion railleuse: «Le destin lui accorda un royaume et lui refusa du pain!» C'est tout ce qui reste de l'homme qui disputa à Gênes la souveraineté de la Corse!

Sa mémoire fut ridiculisée. On connaît les sarcasmes de Voltaire. Ensuite, sur un poème de Casti, Paisiello composa en 1784 un opéra héroïco-comique, *il Re Teodoro*: Marie-Antoinette le faisait jouer au théâtre de Versailles et Napoléon l'écoutera dans le palais des Tuileries, «lui qui aurait pu naître sujet du baron de Neuhoff, si celui-ci avait réussi et fondé une dynastie»!

XVIII

ESSAIS D'ORGANISATION NATIONALE

Table des matières

Administration du marquis de Cursay. – Gaffori et la consulte d'Orezza. – A la recherche d'un chef: l'affaire de Malte. – La consulte de Caccia et l'entrée en scène de Pascal Paoli.

En 1748, un corps de troupes françaises avait débarqué en Corse, sous les ordres de M. de Cursay. Il y demeura jusqu'en 1753 et gouverna le pays pendant ce temps. Les commandants des postes établis dans l'île rendaient la justice et percevaient les impôts: la souveraineté se trouvait, pour ainsi dire, en dépôt entre leurs mains.

Situation singulière, qui s'expliquait par le rôle d'arbitres et de pacificateurs entre Corses et Génois qu'ils avaient assumé, mais instable et périlleuse.

M. de Cursay était un homme bienveillant et juste: «il gouverna l'île, dit Cambiaggi, avec une grande sagesse». Recherchant les causes profondes du désordre où la Corse se trouvait d'une façon permanente, il «connut bien vite que tout ce qui était dans l'île avait un intérêt réel à maintenir la révolte»: les fonctionnaires génois, parce qu'ils pouvaient à la faveur du désordre continuer leurs malversations;—les chefs du peuple, pour dominer et s'enrichir;—les autres, pour vivre dans l'indépendance. «Il avait donc, écrit Pommereul, deux partis à gagner, les chefs et le peuple: pour faire un projet solide, il fallait que les chefs lui répondissent du peuple, et le peuple des chefs.»

Il commença par le peuple et, sachant que les abus dans l'administration de la justice avaient été la principale cause de la révolte, il voulut être un juge intègre et sévère. Les administrateurs des pièves imitèrent, comme il arrive, la conduite du chef suprême et le peuple connut une tranquillité dont il n'avait plus l'habitude: il se reprit à respirer et à espérer et, par delà la personnalité du marquis de Cursay, le nom de la France excita l'admiration et l'amour. Ayant ainsi agi sur le peuple, Cursay réunit les chefs à Biguglia et se fit remettre toutes les places dont ils s'étaient emparés; mais il eut l'art de le faire avec leur assentiment, et pareille mesure ne se présenta pas sous les apparences d'une vengeance administrative.

L'ordre et la paix réapparurent dans l'île. «Il y fit régner la plus exacte justice, et fut encore plus aimé qu'il ne fut craint. Il fit construire des pontons, raccommoder des ports. Il leva des impôts en plus grande quantité que ceux qu'avait jamais établis la République, sans pour cela mécontenter la nation. Il fit enfin tout ce que le souverain le plus intelligent peut faire pour un peuple qu'il aime.» Précurseur de la domination française, initiateur des mesures que les intendants prendront après 1769, véritable despote éclairé, il mérita la reconnaissance de la Corse et de la France. Il s'attacha à toutes les branches de l'administration et tenta de greffer sur une vie économique renaissante un développement intellectuel digne de ce peuple que tant de luttes avaient détourné de la littérature. Il fait représenter devant lui un drame de Marco-Maria Ambrosi, fils du fameux Castineta, intitulé *Lavinia*. L'Académie des Vagabonds, fondée à Bastia en 1659 et dont l'éclat avait été éphémère, fut rétablie en 1750 et proposa un prix d'éloquence dont le sujet était cette question: «Quelle est la vertu la plus nécessaire au héros, et quels sont les héros à qui cette vertu a manqué?» J.-J. Rousseau concourut en 1751 pour ce prix. La disgrâce du marquis de Cursay et les nouveaux troubles qui agitèrent la Corse détruisirent l'Académie, «espèce d'établissement qui ne peut subsister qu'avec la paix».

Car les Génois ne tardèrent pas à se montrer jaloux de M. de Cursay: son administration, comme dit Pommereul, «faisait la satire de la leur» et ne pouvait leur convenir. En offrant aux Corses le modèle d'un gouvernement ferme, sage et modéré, tel que Gênes n'en avait jamais adopté, il préparait de nouvelles révoltes à la République «et lui enlevait réellement les Corses en tâchant de les lui soumettre». Gênes se plaignit à la Cour de France, qui fit passer en Corse le marquis de Chauvelin, officier de carrière, ambassadeur à Gênes, chargé pour la circonstance du commandement supérieur des troupes françaises avec le grade de lieutenant général. Il avait pleins pouvoirs et M. de Puysieux, secrétaire d'Etat des Affaires étrangères, lui transmettant les instructions du comte d'Argenson, lui recommandait de traiter «dans des lettres séparées» tout ce qui aurait rapport aux affaires de Corse: c'était montrer l'intérêt que l'on y attachait en haut lieu.

M. de Chauvelin sut répondre à la confiance du ministre; il se montra dès le premier jour organisateur éminent, rédigeant de nombreux mémoires sur l'administration de la Corse, sur les moyens de la pacifier, et se tenant sans cesse en correspondance avec le gouvernement. Mais il crut habile de rendre aux Génois la garde des ports en laissant aux Français l'administration de la justice, source de conflits évidents: ou l'autorité de M. de Cursay s'arrêtait aux ports, et alors les malfaiteurs pouvaient à leur gré entrer dans l'île ou en sortir, tant les Génois faisaient mauvaise garde, ou M. de Cursay possédait l'administration générale de la justice et devait commander également dans les ports.

En attendant, Gênes essaya de profiter de l'œuvre de pacification réalisée par M. de Cursay et feignit de considérer les Corses comme soumis à la République. Un voyage de M. de Grimaldi dans l'intérieur lui fit voir son erreur: il trouva tous les passages fermés et fut obligé de revenir honteusement à Bastia. Il fallait à tout prix se débarrasser du marquis de Cursay. On y parvint à la fin de 1752, lorsque furent terminées les négociations entamées avec les deux commissaires génois, Charles-Emmanuel Durazzo et Dominique Pallavicini. M. de

Grimaldi et Chauvelin se transportèrent en Corse. On suscita des difficultés à M. de Cursay, on le calomnia, on l'accusa de fomenter la rébellion et d'aspirer à la royauté. Il fut arrêté et emprisonné à Antibes; son innocence ne tarda pas à être reconnue et il alla commander en Bretagne et en Franche-Comté. La convention de Saint-Florent (6 sept. 1752) avait réglé les rapports de Gênes et de la France: l'administration de l'île était rendue aux Génois sous la garantie du roi qui leur donnerait un subside pour l'entretien des troupes par lesquelles ils remplaceraient peu à peu les troupes françaises. Solution précaire, essentiellement provisoire, qui ne réglait rien et remettait tout en question.

Le départ de Cursay exaspéra les Corses, mais ne les prit pas au dépourvu: ils entendaient avoir le dernier mot et s'étaient organisés pour la lutte. Dès le mois de juin 1751, le général des Corses, Gaffori, qui apparaît au premier plan de l'histoire insulaire, avait provoqué une consulte à Orezza et organisé un gouvernement dont l'autorité devait, le moment venu, se substituer à celle des Français. Les Français présents, ce gouvernement n'existait pas, à proprement parler; les Français partis, il était prêt à fonctionner.

Ce gouvernement devait se composer: —1° d'une cour suprême jugeant sans appel dans toutes les affaires civiles et criminelles et pouvant prononcer la peine de mort, sauf confirmation des généraux; —2° d'une junte de cinq membres (*sindicatori*), chargée de veiller sur la conduite des officiers et des magistrats, afin d'empêcher tout abus de pouvoir; —3° d'une junte des finances, chargée d'assurer la rentrée des revenus publics: impôt de 26 sous par feu, condamnations prononcées par les tribunaux, etc.; le trésorier général ne pourrait disposer d'aucune somme si elle n'était d'abord ordonnancée par 4 membres sur 6 qui composaient la junte; — 4° d'une junte de guerre, composée de 12 membres. — Sous les ordres de cette junte de guerre, les commandants des pièves (2 par pièce exerçant l'autorité à tour de rôle, se relevant de mois en mois), dirigeaient les capitaines des paroisses. Ceux-ci devaient intervenir dans toutes les disputes, arrêter les délinquants, faire exécuter les sentences des magistrats, condamner à l'amende les fusiliers qui ne prendraient point part aux marches commandées. Dans chaque pièce, un auditeur, assisté d'un chancelier, devait juger toutes les affaires civiles ne dépassant pas 30 livres, sous réserve d'appel à la Cour suprême. Une loi rigoureuse était annoncée pour la répression des crimes. Les généraux gardaient le droit de convoquer les assemblées.

De la consulte d'Orezza était sorti un véritable gouvernement «révolutionnaire» qu'il sera curieux de rapprocher des mesures prises par Paoli. Inspiré par les circonstances, il rappelle l'organisation du parti protestant en France avant Richelieu.

Or cet organisme entra en fonctions lorsque les troupes françaises eurent quitté la Corse: dès la fin de 1752 les tribunaux se dressaient, les magistrats rendaient la justice, la junte de guerre ordonnait des marches, aussitôt exécutées par les commandants des pièves, les députés aux finances recueillaient les impôts. *Principato nascente*, s'écriait le commissaire Grimaldi; et il ajoutait: «Ce n'est encore qu'une ébauche, mais les lignes se distinguent nettement et il sera facile de l'améliorer de jour en jour.» Les améliorations devaient venir en effet, et l'une des premières fut la création d'un tribunal d'inquisiteurs chargé de surveiller les relations des Corses avec les villes et, par ce moyen, de couper court aux intrigues toujours à craindre des autorités génoises.

La Corse était maîtresse d'elle-même. Le péril était grand pour la République. Pour le conjurer, Grimaldi ne trouva rien de mieux que de faire assassiner Gaffori (3 octobre 1753). Lui mort, pensait-il, son œuvre périssait: le nouveau principat était tué dès sa naissance. Il ne se trompait qu'à moitié: l'homme étant difficile à remplacer, on ne le remplaça pas, et, au lieu d'un chef imposant sa volonté, on eut une régence de quatre membres—Clément Paoli, fils de Giacinto, Tommaso Santucci, Simon Pietro Frediani et le docteur Grimaldi,—qui, n'ayant pas d'unité de vues, manquait d'initiative et devait bientôt manquer d'autorité.

L'«anarchie spontanée» éclatait dans l'île et se répandait de proche en proche. Le magistrat suprême et les magistrats des provinces n'étaient plus obéis. Les assassinats se succédaient; au sein des consultes, les partis s'excommuniaient et les Génois assistaient à la décomposition de l'unité matérielle et morale que Gaffori avait un moment réalisée: les Corses étaient impuissants et découragés. On parlait bien d'établir des patrouilles, de séquestrer les dîmes des évêques, de confisquer les biens des Génois. Chansons que tout cela! disait Grimaldi, *le passioni non gli permottono una divisa stabile*. Quelques expéditions militaires n'eurent pas de succès, les trahisons se multipliaient. Le désir d'union était d'autant plus vif chez les patriotes et le vœu des patriotes était unanime: ils voulaient un chef suprême à la tête des affaires.

Dès le début de 1754 les Corses résidant à Rome, dont quelques-uns étaient de véritables personnages, avaient songé à profiter de leurs relations pour affranchir leur île de la domination génoise, même en lui donnant un maître étranger. Le chanoine Giulio Natali, d'Oletta, en particulier, l'auteur du *Disinganno intorno alla guerra di Corsica*, alors auditeur du cardinal Ferroni, ne pouvait contenir son indignation depuis l'assassinat du général Gaffori. Lié avec le marquis Solari, ministre de Malte auprès du Saint-Siège et bailli de l'ordre, il s'entretenait avec lui des moyens d'assurer à leur patrie une libération définitive et peu à peu ce plan fut conçu: placer la Corse sous l'autorité du grand maître de l'ordre de Malte. La Corse trouverait dans cette réunion un accroissement de forces, et l'ordre tirerait parti des ports et des forêts de l'île; l'esprit militaire des insulaires lui assurerait d'autre part de nombreux et vaillants soldats. L'abbé Louis Zerbi, qui gérait à Livourne les intérêts de ses compatriotes, fut chargé de la négociation: muni d'une lettre de créance du magistrat suprême et d'une lettre de Solari, il partit pour Malte et traita directement avec le Grand Maître de l'ordre, qui était alors Pinto. Une convention fut conclue, aux termes de laquelle l'ordre de Malte donnerait au gouvernement corse une somme suffisante pour entretenir 600 hommes de troupes, fournirait des armes et assurerait aux Corses la protection des puissances étrangères. En revanche les Corses s'engageaient à se rendre libres eux-mêmes; leur liberté une fois reconquise, ils convoqueraient une diète générale et proclameraient la religion de Malte souveraine de l'île. Tous les privilèges de la nation seraient d'ailleurs respectés et accrus.

    Malgré toutes les précautions prises pour envelopper la négociation de mystère, elle ne put rester tellement secrète qu'Antonio Colonna de Bozzi, qui se trouvait alors à Livourne, n'en apprît quelque chose. Il s'embarqua pour Malte, et obtint pour ses concitoyens 30.000 piastres qui contribuèrent à soulager les besoins de la nation. Mais son crédit baissa dès qu'on aperçut que des préoccupations personnelles se mêlaient à un sincère amour de la patrie. Il espérait que l'ordre de Malte, après avoir pris possession de la Corse, y rétablirait l'ancienne noblesse des Cinarchesi. Or les populations corses n'entendaient pas se soustraire à la domination des Génois pour se replacer sous celle des Cinarchesi, contre lesquels ils avaient imploré autrefois l'assistance de la République. Antonio Colonna se trouva bientôt isolé.

Au surplus le projet s'en allait en fumée, malgré le zèle infatigable de Zerbi, qui «se croit le premier homme de la Corse» et n'est qu'«une taupe et un ignorant». Le gouvernement de Malte est mille fois pire que celui de Gênes. «Les Maltais sont plus misérables que nous. Au lieu d'être commandés par 40 ou 50 familles génoises, nous serions commandés par tous les meurt-de-faim de l'Europe, comme cela se passe à Malte, dont le peuple est le plus esclave de l'Europe; personne n'y ose mettre son chapeau devant un chevalier, et chaque année on expurge l'île des maris jaloux pour les éloigner de leurs femmes.» Qui parle ainsi, avec ce mélange d'humour et de colère? le plus jeune des fils de Giacinto Paoli, — il était né à Morosaglia en avril 1725, — Pascal Paoli, sous-lieutenant au service du roi des Deux-Siciles. Il suit avec une attention impatiente les démarches entreprises par Natali et Zerbi auprès de la Religion de Malte, il se rend de Longone à Porto-Ferrajo pour joindre Zerbi, il lui montre l'inanité, le ridicule même du projet maltais. Il parle avec d'autant plus de chaleur que les Corses ont jeté les yeux sur lui: des lettres pressantes et réitérées lui parviennent du colonel Fabiani, de Mariani, du chanoine Orticoni, des principaux de l'île. Giacinto s'alarme, mais Pascal est enthousiaste.

Car il faut définitivement abandonner la légende d'un Pascal Paoli, travaillant à Naples, sans trop songer à la Corse et hésitant à répondre aux vœux de ses concitoyens. En réalité il a compris de bonne heure le rôle qu'il pouvait jouer dans sa patrie et il s'y est préparé. Il demande à son père en novembre 1754 de lui acheter des livres pour se former à la science du gouvernement et pour surveiller avec compétence l'exploitation des mines. Ces livres sont: le *Parfait Ingénieur*, les *Histoires* de Rollin, l'*Esprit des Lois*, les *Considérations sur les causes de la grandeur des Romains et de leur décadence*. L'exploitation des mines lui tient à cœur, il visite les exploitations de l'île d'Elbe, il reçoit des renseignements de Marco-Maria Ambrosi, un des esprits les plus distingués de la Corse, qui mourut malheureusement avant le retour de son ami dans l'île. Paoli, qui a déjà rédigé un projet de gouvernement, dresse un plan d'opérations militaires un peu présomptueux. Enfin il part pour la Corse où il arrive, soit au commencement de juillet, soit à la fin d'avril.

Dès le 21 avril, une consulte tenue à Caccia promulgue une série d'«établissements, règlements et décrets» qui achèvent l'œuvre ébauchée à Orezza. L'exercice de la justice est réglé dans tous ses détails. Le fonctionnement en est assuré dans chaque piève par un juge rétribué mais révocable en cas de prévarication. Au-dessus sont les tribunaux des provinces et le Magistrat suprême, corps judiciaire et politique tout à la fois. La loi annoncée à Orezza pour la répression des crimes fut publiée à Caccia, et rien ne montre davantage le lien entre les deux consultes: la seconde tient les promesses de la première. L'assassinat est puni de mort et la famille de l'assassin est chassée du royaume sans espoir de retour. — Mais en même temps qu'un Code, ces «établissements» présentent un enseignement moral et civique, montrant le mal qu'est l'assassinat, réprouvant le faux point d'honneur par où se perpétuent des vengeances qui ensanglantent et déshonorent le pays: *non è bravura, ma vero brutalità*. De ces principes doivent s'inspirer *les paceri*, amiables compositeurs ou arbitres criminels, institués dans chaque piève pour prévenir le mal et l'arrêter à ses débuts. Un tribunal d'inquisiteurs, renouvelé de Gaffori, juge en secret.

Pour exécuter les sentences des magistrats, pour garder le château de Corte et la tour de l'île Rousse — par où seulement les Corses pouvaient communiquer avec l'Italie, — la consulte avait décrété la création d'une troupe soldée, soumise à une discipline régulière. Non pas que le principe fût abrogé suivant lequel tout Corse était soldat; mais la troupe soldée présentait cet avantage d'être prête à toute réquisition et les populations se trouvaient déchargées d'autant. — Il y avait de ce fait une augmentation d'impôts: deux livres par feu, au lieu de 26 sous fixés à Orezza; mais les fonctions publiques sont gratuites et le bilan des recettes et des dépenses, qui se publiera tous les six mois, fera connaître à tous le bon emploi des deniers publics.

Ainsi, finances et armée, police et justice, la consulte de Caccia avait tout organisé. Le nouveau gouvernement recevait, pour accomplir son œuvre, un instrument tel qu'aucun régime n'en avait possédé avant lui. Désormais la Corse pouvait s'orienter vers de nouvelles destinées. *Subditi naturali,* disaient les Génois; *subditi convenzionati,* ripostaient les Corses. On discutait sur ces deux adjectifs. La consulte de Caccia changea la question. «Nous transférons, dit-elle, le domaine de l'île au Magistrat suprême (c'est-à-dire à la représentation nationale). Les membres qui le composent forment le corps de la nation et ont le domaine de l'île tout entière.» La souveraineté nationale était affirmée et tout vasselage aboli. Au lieu de marcher à la suite de la Sérénissime République, la Corse suivra désormais sa propre voie.

A quel chef confiera-t-on cet instrument d'où la Corse régénérée attend son salut? Le commissaire de Gênes, Giuseppe-Maria Doria, parle dans la même lettre de la consulte de Caccia et du jeune Pascal Paoli, dont le crédit augmente chaque jour dans l'esprit des rebelles. A peine débarqué, il seconde son frère dans ses expéditions, établit une poudrerie, parle de l'exploitation des mines et se flatte qu'on le proclamera général. Sa candidature est posée[I]... L'élection se fit le 13 juillet 1755 à San Antonio della Casabianca. Seize pièves en tout y prirent part: les délégués votèrent pour Pascal Paoli. Il accepta et prêta serment. La Corse avait trouvé le chef qu'elle cherchait.

XIX

LE GÉNÉRALAT DE PASCAL PAOLI[J]

Table des matières

Une «République» corse au XVIIIe siècle. – Les tentatives séparatistes. – Le développement *économique et la vie intellectuelle. – J.-J. Rousseau et la Corse.*

Avec Pascal Paoli la Corse entre dans la période héroïque de son histoire. Elle cherche à se rendre libre, à échapper à la domination française aussi bien qu'à la domination génoise. Ce sera l'éternel titre de gloire de Paoli aux yeux des insulaires que d'avoir incarné, pendant la première partie de sa vie, ce beau rêve d'indépendance. Ses contemporains le dépeignent d'un extérieur imposant, énergique et calme, avec une parole assurée qui inspirait la confiance. Il a lu Montesquieu et considère la séparation des pouvoirs comme le principe de toute organisation politique. Mais ce n'est point un théoricien cherchant à appliquer à un Etat quelconque des idées «philosophiques»: il travaille pour la Corse, dont il connaît l'état misérable, le passé trouble et les besoins précis. Eloigné de sa patrie, il est resté en relations avec les «patriotes», il a reçu des conseils et des encouragements, il a rédigé des projets de constitution, il n'arrive pas «les mains vides». Il n'apportait avec lui, écrit à tort Gregorovius, suivi par la plupart des historiens, «que son patriotisme, sa volonté énergique et sa philosophie humanitaire, et c'est avec ces moyens qu'il entendait délivrer un peuple primitif, presque entièrement sauvage, déchiré par les guerres intestines, le banditisme et la *vendetta*, et le transformer en une société politique et morale. Ce problème étrange, sans précédents dans l'histoire du monde, allait pourtant être résolu aux yeux de l'Europe, dans un temps où des peuples civilisés l'avaient tenté en vain». Problème étrange, en effet, mais les données sont mal posées et il est des «précédents» dont il faut tenir compte, en se référant notamment à l'œuvre des consultes d'Orezza et de Caccia.

Le peuple était souverain. Pas de droit divin qui annihilât son pouvoir; pas de droit d'occupation en faveur d'une dynastie. Cette autorité souveraine, le peuple la délègue à ses représentants, qui forment la Consulte, et la Consulte, étant le peuple, exerce tous les pouvoirs; mais, déléguant à son tour l'exécutif et le judiciaire, elle se réserve seulement le pouvoir législatif. Cette assemblée comprend essentiellement des élus du peuple: les uns nommés dans le but précis d'aller siéger à la Consulte, les autres membres de droit parce que le peuple les avait choisis préalablement pour remplir d'autres charges. Parfois on y voit figurer des ecclésiastiques, quelques hauts magistrats sortis de charge, des personnages considérables: en 1762 on convoque les fils et les frères de ceux qui ont versé leur sang pour la patrie, en 1763 les vicaires forains et les curés des chefs-lieux de pièves, en 1765 «les patriotes les plus zélés et les plus éclairés». Assemblées parfois trop nombreuses où les délibérations étaient confuses. Une réglementation plus stricte fut prise en décembre 1763: deux ou trois membres par province, élus par les magistrats provinciaux (une vingtaine), un représentant du peuple élu dans chaque piève par les procureurs (60), les présidents de province (10). Le suffrage indirect remplaçait le suffrage direct et cette organisation fut à peu près observée depuis 1764. Les Consultes se réunissaient une fois par an pour une durée très courte (deux ou trois jours) et généralement à Corte, où Paoli établit le siège du gouvernement. Elles approuvaient les actes du gouvernement, votaient les impôts, nommaient et contrôlaient les fonctionnaires.

De la Consulte émanait le Conseil d'Etat ou Conseil suprême (*Consiglio supremo*). Celui-ci était composé du Général, président-né de ses libérations, de plusieurs conseillers et du grand chancelier. Au début les conseillers sont extrêmement nombreux et ils forment deux catégories: 36 présidents et 108 consulteurs, formant ensemble les trois chambres de justice, de guerre et de finances. Chaque président n'exerce effectivement le pouvoir que pendant un mois par an, chaque consulteur pendant dix jours seulement, de sorte qu'à tout moment le pouvoir exécutif «actif» était représenté par le Général, trois présidents, trois consulteurs et le secrétaire d'Etat, dont la voix, ordinairement consultative, devenait délibérative en cas de partage égal des opinions. Organisation déplorable, morcellement excessif du pouvoir exécutif, et les deux réunions que le Conseil d'Etat devait tenir chaque année au grand complet ne pouvaient suffire à donner une impulsion d'ensemble à la marche des services

La patrie de Colomba: Fozzano. — Ghisoni. (*Ph. Damiani.*)

Pl. XIII. — CORSE.

publics. Que pouvaient faire de sérieux un consulteur qui restait dix jours au pouvoir, un conseiller d'Etat qui en restait trente? Assurément le gouvernement de la Corse n'avait pas les rouages compliqués des Etats modernes; mais il y avait tout de même des impôts à prélever, des jugements à faire exécuter, des ordres administratifs à donner, et on préposait à ces fonctions délicates des citoyens qui y étaient en général peu préparés et qui les abandonnaient dès qu'ils commençaient à pouvoir rendre des services au pays. Comment s'étonner que Paoli écrive le 6 février 1756: «Je n'ai personne sur qui je puisse me reposer, je fais tout par moi-même.» Un tel régime ne pouvait conduire qu'à l'anarchie ou à la dictature. Dès 1758 le nombre des conseillers fut réduit à 18, ils étaient élus pour 6 mois et on leur imposait la résidence fixe à Corte. En 1764 il n'y en a plus que 9, représentant les neuf provinces affranchies: 6 de l'En deçà (Cap Corse, Nebbio, Casinca, Aleria, Corte, Balagne), 3 de l'Au delà (Vico, Cauro, la Rocca). Le Conseil d'Etat pouvait opposer son veto aux décisions de la Consulte et exiger une délibération nouvelle, précédent très curieux du veto suspensif que la constitution du 3 septembre 1791 devait donner à Louis XVI. Il était chargé de faire exécuter les résolutions votées par la Consulte, d'appliquer les lois et d'administrer les finances. — Le général présidait le Conseil d'Etat, commandait l'armée et dirigeait les opérations militaires, représentait devant l'Europe la nation et à ce titre avait la charge des relations extérieures et des négociations diplomatiques. Contraint par les événements de maintenir une armée régulière, dont il détestait le principe, Paoli prévoit pour l'avenir une milice populaire où tous les Corses seront soldats, uniquement pour défendre la patrie attaquée.

Le pouvoir judiciaire avait à sa tête des syndics ou censeurs, élus par l'assemblée générale et chargés de recueillir les plaintes du peuple contre l'administration de la justice: véritables *missi dominici* se transportant de piève en piève et rendant des sentences sans appel. Institution excellente qui exerça une influence énorme et bienfaisante sur la pacification des esprits. Paoli, qui ne voulait pas de magistrature vénale, voulait également extirper la vendetta: son premier décret punit de la peine capitale un de ses propres parents; d'où vint l'expression de justice paoline, *giustizia paolina*.

La justice comprenait trois degrés: les tribunaux des podestats, les tribunaux de province et la *rota* civile ou cour suprême. Tous les magistrats étaient élus pour un temps limité, à l'exception des membres de la Cour suprême qui étaient nommés à vie. Quand la situation devenait grave, soit par l'imminence d'une offensive génoise, soit par l'annonce des troubles intérieurs, la Consulte ordonnait la formation d'une junte de guerre, dont elle désignait les membres: tribunal d'exception, sorte de cour prévôtale, munie des pouvoirs les plus étendus et pouvant faire exécuter immédiatement ses sentences.

L'élection, la souveraineté du peuple, la séparation des pouvoirs, tels étaient les principes dont s'inspirait cette belle constitution qui devançait celle des États-Unis d'Amérique et celle de la France révolutionnaire. Après quatre siècles de luttes malheureuses, le pavillon national à la tête de Maure flottait librement dans le «royaume» presque entier, à l'exception des ports.

Pourtant les Corses n'étaient pas unanimes dans cet effort d'unité nationale; trop de rivalités féodales subsistaient; entre l'Au-delà et l'En-deçà des ferments de haine subsistaient, que Gênes, suivant sa politique de divisions et de discordes, avait naturellement cultivés et développés.

En septembre 1757, un des notables de l'Au-delà, Antonio Colonna, réunit une consulte des gens du Talavo, Ornano, Rocca et Istria, et leur fit adopter les propositions suivantes: «Que tous les peuples de l'Au-delà-des-monts affirment vouloir vivre et mourir en union avec l'En-deça en ce qui est de l'exécration du nom génois, mais déclarent une séparation formelle pour ce qui regarde le gouvernement économique..., qu'il soit créé un Conseil d'Etat composé d'un président et de huit conseillers en qui résidera l'autorité suprême, pour ce qui concerne le gouvernement politique.» Schisme possible où la Corse risque de perdre son indépendance enfin recouvrée, jalousie que nous retrouvons à l'origine de toutes les démocraties. Ayant vu le danger, Paoli sut y parer avec son énergie habituelle. Il part pour l'Au-delà, visite Sari, Mezzana, Cauro, l'Ornano et l'Istria, réunit à Sari le 10 décembre 1757 une consulte pour les pays de Cinarca, Celavo, Cauro, y établit un tribunal provincial sur le modèle de ceux qui fonctionnaient de l'autre côté des monts. A Olmeto, il réunit une consulte des régions de l'Istria et de la Rocca, installe aussi une magistrature provinciale et en fait donner la présidence à Antonio Colonna. Ainsi, «au lieu d'essayer d'abattre celui qui se dressait contre lui dans une étroite conception de particularisme provincial et peut-être aussi de rivalité personnelle, il se montre au peuple, prêche aux chefs l'union contre l'ennemi commun, leur fait comprendre qu'il n'est pas leur chef mais leur ami et les invite à collaborer avec lui dans la lutte pour la liberté». Peu après (juillet ou août 1758), il propose à Colonna de prendre, avec l'assentiment du peuple, le titre de «commandant de-l'Au-delà-des-monts» — et Colonna devient le plus vaillant adversaire de l'influence génoise dans le fief d'Istria dont les seigneurs ont récemment poussé les habitants à se proclamer indépendants du gouvernement de Paoli et fidèles à la République (19 mai 1758).

Le 24 décembre de l'année suivante, Paoli délègue son autorité à un notable de Levie, nommé Peretti, afin que celui-ci maintienne l'autorité de la nation dans la province de la Rocca, un peu éloignée du gouvernement central. Il écrit: «Jusqu'à ce que le gouvernement provincial soit mieux établi dans la province de la Rocca, nous avons cru utile, en vertu des présentes, de vous concéder toute faculté de pouvoir commander ses troupes et nous voulons que dans cette région vous soyez obéi en notre place par les commissaires des pièves et les capitaines et lieutenants d'armes des paroisses de cette province...» Ne fallait-il pas, en effet, prouver à ces provinces lointaines, un peu portées à se croire abandonnées, la sollicitude constante du gouvernement? Ne fallait-il pas ménager la susceptibilité «pomontiche» et montrer que les citoyens corses ne devaient être distingués que par leur plus ou moins grand attachement à la cause de la patrie? Aussi le résultat ne se fait-il pas attendre: le 23 août 1760, toute la Rocca se déclarait contre les Génois dans une assemblée où les chefs des communes signèrent un acte d'adhésion au gouvernement national.

Depuis cette époque, il n'y eut plus en Corse de mouvement séparatiste. Paoli qui, le 3 septembre 1755, écrivait au président Venturini: «Mon objet n'est que d'unir nos peuples, afin que tous de concert soutiennent les droits de la patrie», avait atteint son but: tous les Corses collaboraient avec lui pour le bien de la patrie.

Les Génois, expulsés de l'intérieur de l'île, ne tenaient plus que dans les forteresses du littoral, où les nationaux les bloquaient de près. A Ajaccio, par exemple, il existe un parti paoliste extrêmement fort, à la tête duquel se trouvent les Masseria, Santo et Annibalo Folacci, Marc-Aurelio Rossi, Giambattista Pozzo di Borgo, le chanoine Levie, l'abbé Moresco, l'abbé Carlo Felice Pozzo di Borgo, Girolamo Levie, le chanoine Susini, etc. Ils ne négligent aucune occasion de manifester au général leur loyalisme, et Paoli répond en accordant aux Ajacciens les mêmes droits qu'aux autres Corses devant les tribunaux et en les autorisant à circuler dans l'île sans passeport. Les Ajacciens reconnaissants composent en l'honneur de Paoli une chanson où Gênes était malmenée. Le refrain surtout exaspérait le commissaire génois:

Hai la stizza, ti vorra passa:
Paoli è a Murato è ti casticarà.

« Tu es en colère, ça te passera : Paoli est à Murato et te châtiera. »

Paoli avait, en effet, créé à Murato une *Zecca* (hôtel des monnaies), où l'on frappait des pièces en argent et en cuivre, portant les armes de la Corse : la tête de Maure au bandeau relevé sur le front. Les Corses voyaient en cela l'acte de souveraineté par excellence, proclamant à la fois l'indépendance de l'île et la déchéance de la domination génoise.

L'agriculture recevait de la part du général des soins de tous les instants : on nomma dans l'île deux délégués à l'agriculture chargés de veiller à ses intérêts et de régler son impulsion. Paoli introduisit en Corse la pomme de terre dont il vulgarisa la culture. Il écrit le 14 avril 1768 à son ami le médecin florentin Cocchi : « Hier j'ai fait planter les pommes de terre. Je les mettrai en circulation en prenant soin de m'en faire servir tous les matins à ma table. » Ses ennemis l'appellent par dérision le général des patates, *generale delle patate*.

L'industrie, qui n'existait pas en Corse, fut mise en honneur par l'exploitation de plusieurs mines de plomb et de cuivre. Le commerce se développe. C'est pour l'augmenter que Paoli fonda le port de l'île Rousse qui devait exporter les huiles de la Balagne et remplacer pour les nationaux les ports de Calvi et de l'Algajola, occupés par les Génois ou les Français.

Dans l'apaisement des guerres civiles et dans la prospérité grandissante, la population augmente : à la consulte de 1763 les curés présentèrent les registres de la population et l'on constata que depuis 1753 elle s'était accrue de 30.000 habitants.

La première imprimerie qui ait fonctionné dans l'île fut établie à cette époque à Campoloro et le premier ouvrage qui sortit de ses presses devait avoir sa signification: ce fut la *Giustificazione della rivoluzione di Corsica*, véritable cri d'indépendance que les Génois essayèrent en vain d'étouffer. Une gazette, sorte de moniteur officiel, paraît depuis 1764: *Ragguagli dell' Isola di Corsica*, Nouvelles de l'île de Corse.

Des écoles s'ouvrent dans la plupart des villages: mais Paoli, qui croit à la toute-puissance de l'instruction, voudrait retenir en Corse les jeunes gens qui vont étudier dans les Universités du continent. Il demande au clergé un don gratuit annuel de 15 livres par chaque piévain, de 9 livres 12 sols par chaque curé, et de 6 livres par chaque chanoine ou autre bénéfice. L'Université de Corte put être fondée: elle ouvrit ses portes le 3 janvier 1765. On y enseigna d'abord les six matières suivantes, fixées par la Consulte de 1764 et considérées comme fondamentales:— 1° la théologie scolastique et dogmatique «où les principes de la religion et les doctrines de l'Église catholique seront expliqués avec brièveté et exactitude; le professeur fera aussi une leçon par semaine d'histoire ecclésiastique»;— 2° la théologie morale, «dans laquelle on donnera les préceptes et les règles les plus certaines de la morale chrétienne et, un jour par semaine, on fera une conférence sur un cas pratique se rapportant aux matières enseignées»;— 3° les statuts civils et canoniques, «où on montrera l'origine et le véritable esprit des lois pour leur meilleur usage»;— 4° l'éthique, «science très utile pour apprendre les règles de bien vivre et la manière de se bien guider dans les différents emplois de la société civile; elle comprendra aussi la connaissance du droit naturel et du droit des gens»;— 5° la philosophie «suivant les systèmes les plus plausibles des philosophes modernes; le professeur donnera aussi les principes de la mathématique»; — 6° la rhétorique. — Peu après, il y eut de nouvelles créations de chaires et, en particulier, on nomma un professeur de «*fisica*», c'est-à-dire des sciences de la nature. Tous les professeurs étaient Corses. Les premiers furent Guelfucci de Belgodère, Stefani de Venaco, Mariani de Corbara, Grimaldi de Campoloro, Ferdinandi de Brando et Vincenti de Santa-Lucia. Paoli encourageait les étudiants par de fréquentes visites à l'Université, par les nominations aux charges du gouvernement. Pommereul fait le plus grand éloge des professeurs, qui appartenaient à l'ordre de saint François: «J'y ai connu des penseurs aussi sages que profonds; j'ai vu Voltaire, Locke, Montesquieu, Helvétius, Hume et Jean-Jacques Rousseau orner leur bibliothèque et faire leurs délices.»

Œuvre immense que les «philosophes» admirent. Les «naissantes vertus» de ce peuple promettent d'égaler un jour celles de Sparte et de Rome, et Jean-Jacques Rousseau attend beaucoup de Paoli dont la gloire est à son apogée: «J'ai quelque pressentiment qu'un jour cette petite île étonnera l'Europe.» Dans le *Contrat social*, il avait désigné la Corse comme le seul pays d'Europe «capable de législation», tourmenté par le besoin d'en recevoir une, mûr pour elle et en même temps assez voisin de l'état de nature pour que les mœurs n'y fissent pas obstacle à l'action salutaire des lois. «La valeur et la constance, disait-il, avec laquelle ce brave peuple a su recouvrer et défendre sa liberté mériteraient bien que quelque homme sage lui apprît à la conserver.» N'était-ce pas offrir ses services? Le général Paoli lui fit demander par l'intermédiaire de M. Buttafoco, officier corse au service de la France, d'être lui-même cet «homme sage». Rousseau réclama des documents propres à l'éclairer et se mit à l'œuvre. Quand cette nouvelle s'ébruita, les philosophes trouvèrent la chose parfaitement ridicule, autant dire impossible, et crurent Rousseau dupe d'une facétie flatteuse pour son orgueil. Voltaire s'en égaya bruyamment. Le plus singulier, c'est que l'ombrageux Rousseau se prit lui-même à partager ce soupçon, en dépit de la correspondance qu'il avait dans les mains. Après cet incident comique, il se rendit enfin à l'évidence et reprit son œuvre avec ardeur. Mais cela se passait dans le temps le plus agité de son séjour à Motiers: sa santé, la nécessité de tenir tête à son pasteur devenu son ennemi, lui enlevaient tout repos d'esprit. En 1765, il forma le projet, pour se procurer à la fois toutes les informations nécessaires et la résidence paisible qu'il ne trouvait nulle part en Europe, d'aller s'établir parmi les Corses. Les difficultés du voyage l'arrêtèrent, et surtout les desseins de plus en plus manifestes du ministère français, qui ne laissaient plus aucune illusion sur les rêves d'indépendance formés par les patriotes corses. On comprend qu'il n'ait pas vu sans indignation sombrer la liberté du peuple au bonheur duquel il travaillait avec la certitude intrépide du succès. Ce qui prête à rire, ce qui est insensé, c'est de prétendre qu'en préparant la conquête de la Corse, M. de Choiseul eut pour but principal de faire échouer une entreprise qui pouvait devenir glorieuse pour Jean-Jacques.

XX

LE RÈGLEMENT DE LA QUESTION CORSE

Table des matières

L'accord franco-génois de 1756 et le «secret de Choiseul». – Les traités de Compiègne et de Versailles. – La lutte suprême.

L'entrée en scène de Pascal Paoli modifiait singulièrement les données du problème corse, car il en excluait les Génois. Il ne restait dans l'île que deux pouvoirs: les ports étaient aux troupes françaises et l'intérieur était à Paoli. Dans ces conjonctures, les Génois demandèrent au roi de France de nouveaux subsides pour un nouvel effort contre la rébellion.

Or le gouvernement français accepta encore de traiter avec Gênes, reculant ainsi la solution définitive, depuis si longtemps désirée, plusieurs fois approchée, jamais atteinte. On peut s'en étonner au premier abord, surtout si l'on songe au prochain «renversement des alliances» qui va permettre à Bernis de se faire garantir par le ministre autrichien Kaunitz sa liberté d'action dans la Méditerranée. Mais il ne faut pas oublier que les hostilités sont imminentes avec l'Angleterre: ce sera la guerre de Sept Ans, et la Cour de Versailles peut à bon droit craindre une intervention anglaise dans l'île. Mieux vaut qu'aucun prétexte ne puisse être saisi par les Anglais et qu'une alliance franco-génoise rétablisse dans l'île une tranquillité au moins apparente et provisoire.

M. de Pujol fut envoyé à Gênes en mission temporaire, pour examiner la question des subsides d'accord avec le comte de Neuilly, ambassadeur régulier. «Sa Majesté, expliquait le mémoire qui lui fut remis le 22 mars 1756, n'est pas éloignée d'entrer par un subside plus considérable dans les mesures qu'ils (les Génois) se proposent de prendre; mais, avant que de fixer la somme qu'il conviendra de leur donner, le Roy veut connaître, *dans le plus grand détail et avec la plus exacte précision*, les besoins de la République et s'assurer qu'elle fera un usage utile de l'argent qui lui sera accordé.» L'objet de la mission confiée à M. de Pujol est «d'examiner *dans le plus grand détail* la qualité et le nombre des troupes que la République a actuellement sur pied, soit dans les États de terre ferme, soit en Corse, la force des garnisons dans les places et l'état des fortifications, *surtout dans cette isle, où il sera nécessaire que M. de Pujol se rende, pour se procurer par lui-même les notions les plus précises sur tous ces articles*».

Ainsi, sous prétexte de vérifier la nécessité des subsides qu'il convenait d'accorder aux Génois, le comte de Neuilly et M. de Pujol allaient en profiter pour demander au Sénat et transmettre à leur gouvernement les renseignements les plus circonstanciés sur les places de Corse, les fortifications, les casernements nécessaires, les meilleurs emplacements des troupes. Il était impossible d'agir avec plus de maîtrise et d'ironie: c'est de Gênes même que l'on allait tirer des indications qui pouvaient rendre tant de services plus tard.

Un traité de subsides fut conclu «entre le Roy et la République de Gênes et pour la sûreté de l'isle de Corse». C'est le premier traité de Compiègne, du 14 août 1756. Le roi accordait de nouveaux subsides; mais il augmentait également, et sans en fixer le chiffre, le nombre des troupes françaises de Corse. Pour rassurer les Génois, il est entendu que les officiers français devront s'abstenir de toute négociation avec les Corses rebelles, «même dans la vue de les amener à un accommodement de pacification et à la soumission qu'ils doivent à la République, que cet objet doit regarder uniquement».

Qu'est-ce à dire? Les Génois sont exécrés, les Français seuls ont chance de lier amitié avec les Corses et le roi n'entend pas que la sympathie qui pourra être témoignée à ses officiers rejaillisse sur des alliés qu'il importe de n'aider qu'en apparence. — En fait l'expédition française chercha à faire aux Corses le moins de mal possible, et c'est avec les commissaires de Gênes que les généraux français eurent des disputes continuelles. Les renforts, d'abord placés sous le commandement du marquis de Castries, furent bientôt concentrés presque complètement à Calvi sous le comte de Vaux: «C'est l'unique place, écrivait Choiseul au comte de Neuilly, qu'il nous soit intéressant de garder, puisqu'elle est la seule qui soit en état de faire quelque résistance si les Anglais tentaient de s'en emparer.»

Quoi qu'il en soit, le premier traité de Compiègne marquait un temps d'arrêt dans l'évolution de la question corse vers son terme inévitable. Il permit du moins à la France de traverser, sans incident notable de ce côté, la crise de la guerre de Sept Ans.

Elle n'était même pas terminée lorsque le gouvernement français se trouva sollicité tout à la fois par le Sénat de Gênes, qui affirmait hautement sa souveraineté et par Pascal Paoli qui, maître de l'île, proclamait énergiquement son indépendance. La France se retrouvait du premier coup dans la situation la plus avantageuse, sinon encore maîtresse d'édicter ses volontés, du moins intervenant comme arbitre du consentement spontané des deux adversaires. Privilège depuis longtemps prévu et patiemment préparé.

Choiseul, qui depuis 1758 était secrétaire d'État des Affaires étrangères, ne voulut pas s'engager tout de suite avec Pascal Paoli. Il se borna à inviter les Corses à ne pas négocier avec une autre puissance, et il recommanda la plus entière réserve à M. Boyer de Fonscolombe qu'il envoyait à Gênes en 1762. Il lui signalait, entre autres objets particulièrement dignes d'attention, «la situation des affaires de Corse». Mais «le sieur Boyer, lorsqu'on le mettra à portée de s'expliquer sur cette matière, déclarera *en termes généraux* que toutes les puissances se doivent à elles-mêmes de ne point protéger des sujets révoltés contre leur légitime souverain». C'est le langage même tenu par Fleury dans sa lettre du 6 juin 1738.

Boyer de Fonscolombe s'y trompa lui-même et le 13 septembre 1762 il adressait à Choiseul un «mémoire politique» sur la Corse qui est des plus curieux. Il expose la situation et constate que, les Génois étant «dans l'impossibilité de se maintenir» dans l'île, il faut préparer un arrangement qui puisse convenir «non seulement aux Génois, mais aussi à la France et aux personnes intéressées à ne pas voir s'élever un prince dont la marine et le commerce pourraient leur donner de l'ombrage». Il ne saurait donc être question ni de l'empereur (comme grand-duc de Toscane) ni du roi des Deux Siciles. Il est également inutile de songer à des princes trop faibles qui seraient incapables d'établir ou de maintenir leur autorité: le duc de Parme, le duc de Modène. Il n'y a que le roi de Sardaigne qui réponde à la définition: il est le seul à qui l'on pourrait donner la Corse «sans beaucoup craindre les conséquences de son agrandissement et aussi sans avoir à craindre de grands obstacles de la part des autres puissances».

Choiseul promit de lire ce mémoire quand il aurait le temps. Ce temps ne vint pas: le ministre devait rester fidèle, pour sa politique corse, au «secret» que lui avaient transmis ses prédécesseurs depuis Fleury et Chauvelin.

Peu à peu la question de Corse approchait de sa solution, par la force des circonstances et l'épuisement des adversaires. Les événements se précipitaient en Corse et faisaient prévoir aux Génois la fin de leur domination. En vain essayèrent-ils, en désespoir de cause, de s'entendre avec leurs adversaires en promettant de réduire leur souveraineté à un vague protectorat, à une sorte de suzeraineté nominale: les commissaires de la République ne furent même pas reçus. En vain essayèrent-ils de susciter à Paoli un rival, François Matra, que l'on fit venir de Sardaigne avec le titre de maréchal et une pension annuelle de 10.000 livres. Le «Conseil Suprême d'État du royaume de Corse» rédigea une circulaire qu'il fit parvenir à tous les gouvernements et notamment à la Cour de Versailles. Il y affirmait, avec une énergie peu commune et une noblesse singulière, sa volonté de résister à outrance. «Le parti le plus sage pour la République serait d'abandonner la guerre obstinée qu'elle nous fait» et de «traiter tout uniment avec d'honnestes patriotes»: car il faut bien qu'elle se persuade «qu'il n'y aura jamais d'autre moyen de pacification, dussions-nous y périr tous».

Il devenait de plus en plus évident, comme l'affirmait fièrement ce document, qu'il ne restait plus «aucune espérance à la République de Gênes, notre ennemie, de pouvoir subjuguer ni remettre notre royaume dans son ancienne servitude». Il était temps pour la France de réaliser l'intervention décisive.

L'occasion en fut fournie par les Génois eux-mêmes, qui durent réclamer une fois de plus (sept. 1763) le concours militaire et financier du gouvernement français. Celui-ci montra immédiatement la plus grande bonne volonté, il se déclara prêt à envoyer des troupes importantes en Corse et à fournir des subsides à la République. Mais il exigea en nantissement l'abandon d'une place forte sur le rivage de l'île. C'était un commencement de démembrement. Le Sénat résista; les négociations furent laborieuses et, un moment même, en 1764, elles furent rompues. En apprenant que le Sénat essayait de s'entendre avec les cours de Vienne et de

Londres, le roi fit connaître à M. Boyer de Fonscolombe qu'il refusait de fournir des troupes.

Il pouvait parler avec d'autant plus de netteté qu'il savait très exactement quels étaient les sentiments des Génois. M. de Choiseul-Praslin, secrétaire d'Etat des Affaires étrangères, avait reçu le 9 juin une longue lettre de M. de Chauvelin, qui s'était arrêté à Gênes avant de gagner son nouveau poste de Parme. M. de Chauvelin expose les revendications de Paoli, dont il fait — soit dit en passant — un éloge remarquable. Il voudrait laisser à la République de Gênes «une souveraineté vague, générale et plus nominative que réelle» et assurer aux Corses, «sous la garantie du roi», l'exercice tranquille et constant de l'administration. Mais il ne s'agit plus de propositions vagues: la garantie du roi porterait «sur tous les objets intérieurs de finances, d'économie, de justice civile et criminelle, de commerce, de cultivation, d'autorité municipale et de recouvrement d'impositions».

Une entente intervint: ce fut le second traité de Compiègne, du 6 août 1764. Le roi accordait de nouveaux subsides à la République et consentait à faire passer en Corse un corps de ses troupes «pour conserver et défendre les places dont la garde leur sera confiée avec les postes qui en dépendent», et ces places étaient Bastia, Ajaccio, Calvi, l'Algajola et Saint-Florent. Ce ne devait être qu'un «dépôt»; encore était-il limité «au terme de quatre années».

L'article 12 était gros de conséquences. «L'intention de Sa Majesté étant que les commandans de ses troupes en Corse contribuent, autant qu'il sera possible et de concert avec les représentans de la République, à faciliter le rétablissement de l'ordre et de la tranquillité dans cette isle, lesdits commandans seront autorisés à entretenir pour cet effet tel commerce qu'ils jugeront à propos avec tous les habitants de l'isle indistinctement, et à leur faire connoistre l'intérêt que Sa Majesté prend à la pacification dont dépend le bonheur réciproque du souverain et des sujets.» Il n'est plus question de Gênes, et les termes les plus généraux sont employés à dessein. D'autre part, les Génois ne devaient se faire aucune illusion sur la nature de la propagande que les soldats de France allaient entreprendre dans l'île.

Le comte de Marbeuf, nommé en décembre 1764 commandant en chef des troupes du roi dans l'île,

Vallée du Vecchio. — Aqueduc de la Gravona. (*Sites et Monuments du T. C. F.*)

Pl. XIV. — Corse.

prit possession des places que le traité de Compiègne assurait à la France. Mais conformément à ses instructions, il se borna à un rôle de médiation et, malgré les plaintes de Gênes, il ne fit rien contre les rebelles qui manifestaient pour la France une sympathie non équivoque.

Il y a plus: la cour de Versailles se mit en relations avec Pascal Paoli, «général de la nation corse». Le duc de Choiseul lui offrit d'abord d'entrer au service de la France avec le commandement du Royal Corse: Paoli refusa. Choiseul lui proposa alors de le faire roi de Corse «sous la suzeraineté de Gênes et sous la garantie de la France». Après avoir consulté ses compatriotes, Paoli accepta, mais il en refusa le prix que Choiseul y mettait: l'abandon de quelques places côtières à la République.

Tout cela n'était fait que pour tâter le terrain et préparer sans à-coups le résultat définitif. Quand tout fut prêt, Choiseul agit à découvert, exigeant pour la France les places côtières qu'il avait d'abord feint de demander pour Gênes: il réclama notamment les ports du Cap Corse, Bastia et Saint-Florent. Paoli refusa d'admettre «un si cruel démembrement de sa patrie». La correspondance échangée entre le ministre français et le général corse fut rompue le 2 mai 1768.

Aussi bien convenait-il d'agir et non plus de négocier. On était arrivé au terme fixé par le traité de 1764 pour l'occupation des places de Corse. Le roi, reprenant la politique d'intimidation dont il avait déjà usé en 1743, annonça son intention d'évacuer les places qu'il occupait: c'était donner l'île à Paoli, sans que Gênes pût espérer en retirer aucune compensation. Cette menace produisit l'effet qu'en attendait Choiseul, et M. de Sorba, ministre de Gênes à Versailles, ne tarda pas à recevoir de son gouvernement les instructions nécessaires pour tirer le meilleur parti de cette affaire où il avait décidément le dessous. Le 4 juillet 1767 il proposait à la France de lui abandonner la souveraineté de la Corse contre l'abandon des subsides qu'elle avait avancés depuis trente ans et moyennant le paiement d'un nouveau subside non remboursable.

Le traité fut signé à Versailles le 15 mai 1768. Le roi pouvait faire occuper, non seulement Bastia, St-Florent, l'Algajola, Calvi, Ajaccio, Bonifacio, mais toutes les autres «places, forts, tours ou ports situés dans l'isle de Corse et qui sont nécessaires à la sûreté des troupes de Sa Majesté». La République faisait abandon de tous ses droits de souveraineté d'une façon entière et absolue: «Si par la succession des tems l'intérieur de l'isle se soumettait à la domination du roi, la République consent dès à présent que ledit intérieur reste soumis à Sa Majesté.» Deux articles «séparés et secrets» joints au traité donnaient au Sénat quittance des sommes reçues et lui assuraient le paiement pendant dix ans d'une somme de 200.000 livres tournois par an.

Il n'était pas question pour la France d'une domination définitive et la République pouvait théoriquement rentrer un jour «en jouissance de la souveraineté de la Corse». Mais le Sénat ne pourrait le faire qu'en remboursant intégralement au roi les dépenses faites par le gouvernement français pour la conquête et l'administration de l'île (art. 15). Il y a là une condition qui rappelle la clause introduite par Mazarin dans le traité des Pyrénées. C'est l'article 15 qui renferme tous les droits de la France sur la Corse.

L'épilogue fut court et sans complications. Les Corses étaient trop fiers pour accepter sans résistance un traité qui disposait d'eux sans avoir été consultés. Aussi, malgré les sympathies réelles — et bien des fois manifestées — qu'ils éprouvaient pour la France, ils se soulevèrent une dernière fois. Leur effort fut si énergique que le colonel de Ludre fut forcé de capituler dans Borgo, sans que

Chauvelin et Grandmaison aient pu rompre la barrière de fer qui les empêchait de rejoindre l'assiégé (sept. 1768). Les Français s'exaspèrent et parce que l'abbé Saliceti avec quelques partisans essaie, dans la nuit du 13 au 14 février 1769, d'introduire les troupes de Paoli dans Oletta, clé stratégique du Nebbio et quartier général de l'armée française, on feint de croire à une conspiration: cinq Corses subirent le supplice barbare de la roue, et leurs cadavres restèrent exposés dans le chemin d'Oletta à Bastia. Une seule victime fut ensevelie, grâce à l'héroïque désobéissance de sa fiancée. Maria Gentile Guidoni, «l'Antigone corse». Quelques officiers — Dumouriez notamment — essaient, mais en vain, de se ménager des intelligences dans l'île. En France Louis XV veut rappeler ses troupes et il faut toute l'énergie de Choiseul pour achever l'œuvre patiemment poursuivie. Le comte de Vaux remporte la victoire décisive à Ponte-Novo (8 mai 1769). En ce jour s'évanouit le rêve d'indépendance de la Corse.

Paoli dut s'enfuir: il s'embarqua le 13 juin pour l'Angleterre. Deux mois après, le 15 août 1769, Napoléon Bonaparte naissait à Ajaccio: son nom et sa gloire allaient lier définitivement sa patrie à la France.

XXI

LA CORSE EN 1769

Table des matières

La conquête de la Corse et l'opinion publique en France. – Caractère et mœurs des habitants. – La situation économique et l'œuvre à réaliser.

Au moment où la Corse devient française, après tant de guerres et de misère, au terme d'une lutte héroïque pour l'indépendance, il convient de nous arrêter et de jeter un coup d'œil sur ce pays qui entre, le dernier de tous, dans l'unité française. Que vaut la Corse? et que faut-il penser de ses habitants? Question délicate et complexe que se posèrent les contemporains de Choiseul, mais qui ne fut pas toujours résolue d'une façon impartiale. Les jugements, imprimés et manuscrits, des voyageurs qui visitèrent l'île et des officiers qui la conquirent ou y tinrent garnison, mériteraient tous d'être recueillis et réunis; mais on aurait tort de croire qu'il suffit de les résumer pour présenter «le tableau le plus exact de l'état du pays et du caractère des habitants». D'autre part, il faut se défier des critiques passionnées par où l'opinion publique chercha à discréditer Choiseul. «La conquête de la Corse, écrit Pommereul en 1779, a rencontré des censeurs qui l'ont désapprouvée et ont blâmé le gouvernement de l'avoir entreprise.» Les uns dépeignaient la Corse comme un amas d'inutiles rochers. Les autres déclaraient qu'une pareille possession serait toujours onéreuse et ils répétaient le mot du Génois Lomellino qu'on serait trop heureux de pouvoir creuser un grand trou au milieu de l'île pour la submerger.

De tous les pamphlets qui surgirent alors, le plus violent est celui du duc d'Aiguillon, qui ne peut découvrir «le vrai motif de l'insensé projet de conquérir la Corse». Serait-ce pour relever, étendre et affermir notre puissance maritime, en nous emparant d'une île dont les ports et les bois de constructions nous seraient de quelque ressource? Evidemment non, car «les ports de Corse ne valent rien pour une marine royale; pas un seul ne peut recevoir un vaisseau de ligne. Quelques frégates peuvent entrer, non sans danger et beaucoup de difficultés, dans les ports d'Ajaccio et de Saint-Florent; partout ailleurs elles sont obligées de rester en rade: ce sont des ports à chébecs, à felouques et à tartanes». D'autre part «les bois de cette île propres à la construction se trouvent dans l'intérieur des terres» et il n'y a aucune communication entre la haute montagne et la côte: «point de rivières navigables, ni même par où l'on puisse les flotter. Il n'y a que des torrents qui roulent à travers des rochers pendant quelques mois de l'année, mais qui sont à sec le reste du temps».—Inutile à la marine royale, la Corse n'apportera aucun élément à la prospérité générale de la France, «et on s'est moqué dans toute l'Europe des descriptions pompeuses qui furent débitées, par ordre de M. de Choiseul, de ce *misérable pays*, qui n'est en général ni cultivé, ni presque cultivable, et qui n'est presque favorable qu'à la vigne et à l'olivier, qui y a été laissé sauvage jusqu'à présent par les Corses». On n'y sème presque point de grains, et on y mange presque partout du pain de châtaignes. «Il n'y a point de manufactures ni de commerce, et par conséquent point d'argent, et qu'y pourrait-on fabriquer ou en exporter, qui ne se trouve en abondance dans l'Italie et dans tous les ports de la Méditerranée?» Somme toute, véritable *royaume de la misère*, où les habitants sont pauvres «et vivent et s'habillent en conséquence» et où il n'y a rien à faire pour les employés de finances, «commis, directeurs, même fermier général»...

Mais Choiseul et la plupart de nos officiers—et dans le nombre, des hommes d'expérience et de talent, comme Vaux, Marbeuf et Guibert—avaient demandé la conquête de l'île. Fallait-il laisser à Paoli le loisir de consolider son autorité dans un pays qui serait en temps de guerre l'asile des corsaires? Un ennemi qui posséderait la Corse ne pourrait-il intercepter notre communication avec l'Espagne, l'Italie et le Levant? Toute la côte de la Provence et du Languedoc ne serait-elle pas dès lors à découvert? Pommereul insiste là-dessus en entreprenant de justifier Choiseul aux yeux de ses détracteurs: «La Corse, dit-il, est en temps de guerre un point essentiel pour le soutien du commerce de la France dans le Levant; cette possession consolidée lui procurera les moyens faciles de donner la loi à toutes les côtes d'Italie.» La marine de France et celle d'Espagne, unies en vertu du pacte de famille (une des grandes idées du ministère de Choiseul), pourront combattre l'Angleterre sur l'Océan et en attendant «primer» dans la Méditerranée. «La Corse doit assurer à la France et à l'Espagne la domination dans la Méditerranée.» Que fût devenu notre commerce du Levant, si les Anglais, ayant déjà Gibraltar et Mahon, avaient réussi à s'emparer de cette île? «Il fallait renoncer à faire sortir un vaisseau de Marseille et de Toulon.» Et d'avoir su conquérir la Corse en déjouant les intrigues anglaises et autrichiennes, c'est vraiment «le chef-d'œuvre de la politique». Pommereul devance ainsi le jugement des historiens modernes qui ont su déchiffrer le «secret» des ministres de Louis XV et déterminer l'évolution par laquelle le gouvernement français poursuivait un dessein auquel il s'était, dès l'époque de Fleury et de Chauvelin, fermement attaché: c'est dans le développement de la question corse que M. Driault reconnaît «le chef-d'œuvre de la diplomatie française au XVIIIe siècle».

Au surplus la conquête de la Corse ne doit pas être seulement envisagée en elle-même et du point de vue diplomatique. Lorsque Guibert taxe d'ignorance et de prévention les adversaires de la conquête, — ceux-là, déclare-t-il, ne portent pas leurs regards au delà de leur siècle et de la surface des choses, — il envisage surtout les «possibilités» économiques et les ressources de l'île. A la suite de Jean-Jacques Rousseau, du fait de la conquête et des théories des «philosophes», le problème du relèvement économique de la Corse, pour user de mots qui sont de nos jours à la mode, est posé devant l'opinion publique française. Les mœurs des habitants sont expliquées et non plus seulement décrites; les ressources du pays ne sont plus seulement cataloguées, mais on étudie avec soin les moyens de les accroître et de les répandre. De pareilles préoccupations apparaissent dans l'ouvrage de Bellin, qui est de 1768, et dans Voltaire, dont le *Précis du siècle de Louis XV* date de 1769. On les retrouvera dans Boswell, «le premier globe-trotter que la Grande-Bretagne ait envoyé à la Corse» et «le premier poète que ses paysages aient troublé»; dans l'abbé de Germanes qui, sans avoir jamais mis les pieds dans l'île, nous rapporte des anecdotes très romantiques sur les bandits; dans cet officier du régiment de Picardie qui séjourna en Corse de 1774 à 1777 et dont les Mémoires historiques sont de tout premier ordre; dans Ferrand Dupuy, qui considère la Corse comme «susceptible de devenir une des plus riches possessions de notre puissance» si le gouvernement sait encourager les vues du négociant et du spéculateur éclairés; dans Pommereul qui fait un enthousiaste tableau des «trésors» de l'île, rend Gênes responsable de la misère actuelle et adjure le gouvernement de faire son devoir, le gouvernement étant «le plus naturel, pour ne pas dire le seul et le plus sûr instituteur des peuples».

Avec ses 122.000 habitants, l'île apparaît en 1769 comme dépeuplée par les guerres continuelles, les troubles intérieurs, les descentes fréquentes des corsaires tunisiens et algériens. Cependant «on a tout lieu de croire que, la paix et la tranquillité une fois bien établies, la population augmentera sensiblement en peu d'années».

Les Corses sont petits pour la plupart. Ils portent des habits d'une étoffe brune qu'ils tissent eux-mêmes avec le poil ou la laine de leurs troupeaux et qui paraît aux Français infiniment plus rude que la bure des Capucins: «Quand on les aperçoit d'un peu loin, on ne sait d'abord si c'est un ours ou une créature humaine.» Leurs culottes et leurs guêtres, faites en forme de bas, sont de la même étoffe que l'habit. «Au lieu de chapeau, ils portent un bonnet pointu, aussi de la même étoffe... Les plus aisés portent des bottines de cuir, au lieu de guêtres d'étoffe. D'autres, au lieu de guêtres, enveloppent leurs jambes avec des peaux de chèvres, le poil en dehors.» — L'habillement des femmes consiste «en un corset de soie, ou d'autre étoffe, avec des manches à la jésuite, très justes, la jupe extérieure d'une autre couleur que le corset. Leurs cheveux sont tressés avec des rubans au-dessus de la tête, et d'autres fois ils sont enveloppés dans un filet à réseau en soie, de la couleur qui leur plaît le plus». Cet ajustement leur sied bien quand elles sont bien faites, «d'autant plus que leurs jupes sont très courtes sur le devant et traînent jusqu'à terre sur le derrière». Quand elles sortent, elles portent sur la tête un voile assez grand de toile des Indes, à fond blanc et peint, de fort bon goût. On le nomme *mezaro*. Dans le Niolo, et dans les parties les plus «agrestes» de l'île, la jupe et le corset sont tout d'une pièce, et ouverts par devant, et leur coiffure «n'est qu'une espèce de tortillon qu'elles portent sur la tête presque toute la journée, et qui leur sert à porter le fardeau».

La langue générale de la Corse est l'italienne; mais elle diffère selon les lieux. Dans les villes maritimes, on parle un italien épuré et facile à entendre; les habitants de l'intérieur ont un jargon très corrompu et entremêlé d'expressions mauresques.

La vieille armature sociale est restée intacte. Tout gravite autour de la primogéniture. Etre l'aîné est une gloire; c'est aussi une responsabilité, et chacun se courbe sans murmure devant les prérogatives du droit d'aînesse. Ils sont hospitaliers farouchement: celui qui franchit leur seuil et se confie à eux, — étranger, malheureux, ennemi même, — celui-là est sacré. Ils ont l'horreur de l'injustice et la reconnaissance du service rendu: ce qui dure le plus en Corse, dit Paoli, c'est la mémoire des bienfaits.

La bravoure des Corses était proverbiale. Ils avaient tenu tête à la France durant deux campagnes, sans place forte, sans artillerie, sans magasins, sans argent, et les conquérants ne parlaient qu'avec estime de ces petits hommes vêtus de brun qui se rassemblaient «au son des sifflets ou des cornets», — à l'appel du *colombo*, — s'avançaient à la débandade, «épars comme une compagnie de perdreaux» et, s'abritant derrière les broussailles, les rochers ou les murailles, assaillaient brusquement les Français de toutes parts, puis se rejetaient en arrière et revenaient à la charge avec la plus grande célérité. Quelques-uns furent cruels et commirent des actes d'une férocité barbare. Mais la plupart furent magnanimes. Des Français disaient à un prisonnier: «Comment osez-vous guerroyer sans hôpitaux ni chirurgiens, et que faites-vous quand vous êtes blessés? — Nous mourons.» Un Corse, mortellement frappé, écrivait à Paoli ce billet héroïque: «Je vous salue; prenez soin de mon père; dans douze heures je serai avec les autres braves qui sont morts en défendant la patrie.»

En général, ils sont graves, sérieux et mélancoliques, au milieu de leur vivacité, et ils rient peu. Les malheurs de leur patrie semblent les occuper entièrement et leur donnent une humeur sombre et farouche. Dans leur physionomie, intelligente et fine, quelque dureté apparaît.

Pas de divertissements, pas de danses ni de fêtes champêtres. Les jeux de cartes, les graves sentences émises autour du *fugone*, les mélopées plaintives des bergers de la montagne: on pourrait dire des Corses, chez qui le ciel pourtant est si léger, si clair et si haut, ce que Renan disait des Bretons, que la joie même est chez eux un peu triste. Crainte de l'oppresseur, résistance tenace et indomptable.

L'esprit du moins s'est mûri par l'épreuve, les facultés d'observation se sont aiguisées dans le silence. Le moindre d'entre eux étonnait les officiers français par l'intelligence avec laquelle il parlait guerre ou politique, et le dernier paysan plaidait sa cause avec autant de force et d'astuce que le plus habile avocat, discutait ses affaires avec une singulière abondance d'expressions et de tours, usait avec une adresse infinie des moyens de chicane que lui fournissaient les nouvelles formes judiciaires. Les raisonneurs de garnison durent plus d'une fois s'avouer battus par les insulaires loquaces et subtils. Corses des villes ou de la montagne, hommes et femmes, pauvres ou riches, ils aiment à parler, et parlent tous naturellement bien. «Ils veulent être écoutés et ils regardent comme un affront, dans la conversation, quand on ne les écoute pas jusqu'à la fin.»

Car le Corse est orgueilleux, et voici peut-être le trait le plus saillant de son caractère. Tous les Corses se regardent comme égaux, et Marbeuf assure que la vanité est le principal ressort qui les met en mouvement. «Ce qui les caractérise plus que tout, écrit un de nos officiers, c'est qu'ils sont incapables de soutenir le mépris, pas même de supporter l'indifférence.» On en voit peu demander l'aumône. «Le dernier habitant s'estime autant que le premier... Ils sont reconnaissants du moindre service, et ils se tiennent offensés quand on leur offre de l'argent en reconnaissance de ceux qu'ils rendent. Leur amour-propre paraît flatté de vous tenir dans une sorte de dépendance.» Ils recherchent avec empressement les distinctions et les marques d'honneur. Le roi Théodore n'avait-il pas créé des princes, des marquis, des comtes, des barons et institué un ordre de chevalerie? Paoli ne fondait-il pas, dans les commencements de son généralat, un ordre de Santa Devota pour les volontaires qui combattaient avec lui Colonna de Bozzi?

Ils aiment l'intrigue et la politique, et Marbeuf rangeait parmi les plus grands maux dont souffrait le pays le goût des habitants pour la cabale. Que de menées, que de manœuvres, même aux assemblées des pièves qui n'avaient d'autre but que d'élire des députés à l'assemblée de la province. «Que de jalousies et de mensonges, s'écriait le vicomte de Barrin, et que de mauvais tours ces gens-ci cherchent à se jouer réciproquement!» Pas d'assemblée en France, témoigne l'intendant La Guillaumye, que «l'esprit individuel de prépondérance et de changement puisse rendre aussi tumultueuse et aussi dangereuse que la plus petite assemblée en Corse». L'homme vit plus volontiers sur la place publique que dans son ménage et, habitué, comme disait Paoli, à «identifier la fortune de l'Etat avec la sienne propre», il s'intéresse passionnément aux affaires du gouvernement et de l'administration, dont il veut prendre sa part. Il poursuit longuement, âprement, la vengeance d'une injure faite à lui-même ou à ses proches et, puisque les Génois vendaient la justice, il n'a recours qu'à lui-même, à son bras, à son escopette. Pardonner est d'une âme faible, *il punto d'onore è tanto forte in Corsica*... Les femmes sont méprisées et chargées des emplois les plus fatigants. Le plus souvent elles ne mangent pas avec leur mari, tant celui-ci est plein du sentiment de son importance particulière. Sans doute l'origine d'une pareille coutume doit être cherchée dans l'état d'hostilité où les hommes vivent depuis des siècles, luttant contre les Génois, poursuivant une vendetta et n'ayant pas le loisir de rester auprès des femmes. N'importe, cela choque les officiers et les Français du XVIIIe siècle, venus de la cour la plus galante de l'univers et peu adaptés à de pareilles mœurs. Plusieurs relèvent, en des termes à peu près identiques, la soumission que le mari exige de la jeune épousée: «Elle se déshabille elle-même, quitte sa chemise et va se jeter ainsi dans le lit de son époux... Dès le lendemain, elle commence à aller aux champs, à porter le bois, les récoltes et d'autres fardeaux sur la tête, enfin à faire les travaux d'une bête de somme. J'en ai rencontré mille pour une, dans les montagnes et le long des chemins, par la plus forte chaleur, porter des fardeaux très lourds sur leur tête, le mari la suivant, monté sur son âne ou sur son mulet.»

Que devient, dans de pareilles conditions morales et sociales, le développement économique? Peu de chose en vérité. Mais qu'importe, si les Corses sont sobres et s'ils ont peu de besoins. «Pourvu qu'un ménage, dans la montagne, quelque nombreux qu'il soit, ait en propriété six châtaigniers et autant de chèvres, il ne pensera pas à cultiver d'autres productions.» Ce sont des Lucquois, des Sardes, des Génois, des étrangers, qui viennent tous les ans, au nombre de dix à douze mille, pour faire les travaux les plus pénibles, comme exploiter les terres et les bois, faire les récoltes, scier les planches, tailler les pierres et servir de domestiques ou de manœuvres. Pas d'agriculture, nulle entente du labourage, nulle connaissance des instruments aratoires. Çà et là quelques champs écorchés par une charrue informe. Pas de prairies. Pas d'engrais — sinon les cendres des grosses herbes et des broussailles. De longues étendues de pays et d'immenses déserts sans le moindre vestige de l'industrie humaine. Et pourtant les vallons sont fertiles, tous les produits viendraient à foison. Mais il faut de l'argent et des débouchés. Nulle route. Des sentiers étroits, tracés au hasard, suivant la pente naturelle du terrain, creusés presque partout par les eaux et très éloignés des villages, parce que les habitants se sont logés dans des endroits escarpés pour échapper sûrement à l'ennemi. Ils avaient, a dit Napoléon, «abandonné les plaines trop difficiles à défendre pour errer dans les forêts les moins pénétrables, sur les sommets les moins accessibles». Les conditions historiques ont ramené les Corses à l'état matériel du régime féodal.

Situation déplorable, mais non pas sans remède. «J'en trouve la raison, écrit en 1774 un officier du régiment de Picardie, moins dans leur caractère que dans le gouvernement vicieux des Génois, qui... tenait ce peuple dans une espèce d'esclavage, le forçait à vendre au plus bas prix ses denrées aux agents de la République, et gênait en même temps son commerce par toutes les friponneries possibles.» Un devoir s'impose donc aux nouveaux maîtres du pays: développer les ressources économiques de l'île, faire les avances pour défricher les terres incultes, entreprendre l'éducation de ce peuple, créer des débouchés. La conquête militaire est faite: les Français sauront-ils également mener à bien l'œuvre nécessaire de la conquête morale?

XXII

LA CORSE DANS LA MONARCHIE FRANÇAISE

Table des matières

*L'organisation de la conquête et les Etats de Corse.
– Les travaux publics et la vie économique. – La
question financière et le mécontentement insulaire.*

Quand le comte de Vaux eut vaincu les Corses, il fit un joli discours aux notables réunis à Corte, leur disant: «Vous acquerrez une nouvelle patrie, qui mettra toute sa sollicitude à vous rendre heureux.» Promesse évidemment sincère, mais dont la réalisation fut lente et demeura incomplète.

Il s'agissait avant tout de consolider la conquête en supprimant les derniers germes de révolte, en traquant les *outlaw*, les «bandits». Les édits rigoureux se succédèrent. Le 23 mai 1769 et le 24 mai 1770, ordre à tous les Corses de livrer leurs armes à feu, sous peine de mort, et quiconque ne sera pas muni d'une permission expresse du commandant en chef sera jugé prévôtalement et sans appel. Le 24 septembre 1770, ordre aux familles des Corses qui suivirent Paoli à Livourne de s'embarquer incontinent, sous peine de prison ou d'expulsion ignominieuse. Au mois d'août 1771, déclaration royale qui punit pour la première fois d'une amende de cinquante à cent livres et, on cas de récidive, du carcan et des galères, quiconque possédera, fabriquera, vendra un stylet ou couteau pointu. Les partisans de Paoli sont accusés de voler et d'assassiner: le gouvernement prescrit, le 24 juin 1770, de les pendre sans aucune forme de procès, et, pour mieux ôter à cette «race exécrable» la facilité d'échapper, il enjoint, le 1er avril suivant, de brûler les maquis. Le 20 avril 1771, il menace de châtier toute personne qui donnerait du secours aux bandits, tiendrait des propos séditieux ou correspondrait avec les exilés. Le

12 mai 1771, nouvelles instructions aux pièves: les podestats doivent avertir de la conduite des bandits et des habitants les commandants des postes voisins, envoyer la liste et le signalement des *pastori* ou bergers, désigner ceux dont ils se méfient, spécifier l'endroit où paissent les troupeaux et le nom de leurs propriétaires; les bergers ont défense, sous les peines les plus fortes, d'allumer des feux sur les hauteurs et de faire aucun signal, aucun bruit, lorsqu'ils découvrent des gens armés; les pièves qui se comportent mal paieront des amendes. Vint enfin le grand édit d'août 1772: une maréchaussée, composée d'un prévôt général, de deux officiers et de dix-sept sous-officiers et cavaliers, fut établie à Bastia, et quatre juntes, formées chacune de six commissaires corses et appuyées parles compagnies ou détachements du régiment provincial, siégèrent à Orezza, à Caccia, à Tallano, à La Mezzana, pour exercer une juridiction de discipline et de correction contre ceux qui, suivant les termes de l'édit, renonçaient à être sujets et citoyens pour devenir à la fois vagabonds, déserteurs et rebelles. En dehors des ecclésiastiques, des nobles de noblesse reconnue au Conseil supérieur et des fonctionnaires royaux, aucun Corse ne put s'absenter sans un congé du podestat. Ceux qui s'absentaient sans

Meria. — Campile: l'Église. — Ajaccio: Vieilles maisons. (*Sites et Monuments du T. C. F.*) Pl. XV. — Corse.

congé et ne reparaissaient pas à leur domicile au bout d'un mois, furent déclarés fugitifs et, après six mois, poursuivis comme félons. Les fruits de leurs biens, les amendes édictées contre eux, leurs bestiaux que confisquaient les juntes, appartinrent aux hôpitaux et établissements de charité. Les bergers durent, sous peine de trois ans de prison, avoir une résidence dans une paroisse ou communauté de l'île. Tout assassinat prémédité, tout guet-apens fut puni du supplice de la roue. En cas de vendetta, la maison du coupable était rasée, et sa postérité déchue des fonctions publiques.

Ces ordonnances établirent la tranquillité: le nombre des meurtres diminua, il y eut même une année où un seul meurtre fut commis dans l'île. Et sans s'inquiéter de savoir si un pareil résultat n'était pas obtenu par la terreur plutôt que par un régime de douceur librement accepté, le gouvernement installa définitivement son autorité dans l'île.

Deux commissaires du roi se trouvaient au sommet de la hiérarchie: le commandant en chef des troupes, ou commandant général, ou, comme on le nommait encore, gouverneur, et l'intendant, auquel incombaient, dit Marbeuf, toutes les affaires contentieuses et ce qui s'appelle impositions, fermes et domaines. Les commandants en chef furent le comte de Vaux dans les premières années, le comte de Marbeuf de 1772 à 1786 et, après l'intérim du comte de Jaucourt, le vicomte de Barrin de 1786 à 1790. Les intendants ont été au nombre de quatre: Chardon, ancien intendant de Cayenne, Pradine, ancien maître des comptes à Aix, Boucheporn et La Guillaumye. En fait l'administration de l'ancien régime en Corse se résume dans deux noms: dans le nom de Marbeuf et dans celui de Boucheporn, qui fut intendant durant dix années, de 1775 à 1785, et que les Corses qualifiaient de grand vizir de Marbeuf.

L'administration judiciaire, entièrement réorganisée, comprit un Conseil supérieur, revêtu des attributions d'un Parlement, et onze juridictions royales. — Le Conseil Supérieur, créé dès le mois de juin 1768, tenait ses séances à Bastia et se composait d'un premier et d'un second président, de dix conseillers, — dont six Français et quatre Corses, — d'un procureur général français et de son substitut, d'un greffier et de deux secrétaires interprètes; le commandant en chef pouvait siéger et avait voix délibérative. M. du Tressan, «espèce de cerveau brûlé», fut fait premier président de ce Conseil. — Chaque juridiction comptait un juge royal, un assesseur, un procureur du roi et un greffier. Les trois premiers officiers de justice furent toujours deux Corses et un Français. Ils recevaient des appointements fixes; mais les Corses ne touchaient pas de gros gages, et le maréchal de Vaux avait dit qu'un traitement annuel de 400 livres serait plus que suffisant pour chacun parce qu'ils étaient depuis longtemps accoutumés à une médiocre fortune.

Le ministre de la Guerre établit un état-major d'armée et de places, un corps d'ingénieurs pour les fortifications faites ou à faire, un corps d'ingénieurs des Ponts et Chaussées, une prévôté, une direction des hôpitaux, un bureau général des postes aux lettres et des bateaux de poste, une régie des vivres à la tête de laquelle fut placé M. de l'Isle, quatre juntes... Le ministre de la Marine établit deux bureaux d'amirauté, l'un à Bastia et l'autre à Ajaccio, et plaça plusieurs commissaires de marine dans différents ports.

L'organisation civile, réglée par un édit du mois de mai 1771, comportait une hiérarchie élective de représentation municipale et nationale analogue à celle que Turgot et Necker essaieront d'introduire en France. A la base le *paese* ou village, où le podestat et deux pères du commun, annuellement élus par les chefs de famille de plus de vingt-cinq ans, remplissaient toutes les fonctions d'administration et de police. Au-dessus, la *pieve* ou canton, que surveillait le podestat major, choisi chaque année parmi les gens les plus distingués et les plus considérables de la piève. Enfin les dix *provinces*, dont toutes les pièves étaient surveillées par un inspecteur que le roi désignait dans l'ordre de la noblesse.

Sur le conseil du maréchal de Vaux, du comte de Marbeuf et de Buttafoco, la France avait fait de la Corse un pays d'Etats. On croyait flatter la nation, «entêtée de sa liberté imaginaire», en lui persuadant qu'elle était associée au gouvernement. Chaque ordre avait 23 députés, tous élus par les assemblées des dix provinces (pour le clergé cependant les élections ne portaient que sur 18 piévans ou doyens, car les 5 évêques de l'île étaient membres de droit).—Les Etats nommaient, à la fin de chaque session, une commission permanente ou commission intermédiaire de 12 nobles, dits *Nobili Dodici*. «La nation, avait écrit Marbeuf, a du goût pour cette espèce de représentants auprès des personnes en place.» La commission des Douze était censée faire son service auprès des commissaires du roi; elle devait solliciter du gouvernement le règlement de toutes les affaires raisonnables, hâter l'exécution des mesures ordonnées, presser la rédaction et l'envoi des mémoires que les Etats avaient résolu de remettre sur divers objets, surveiller la besogne du bureau dirigé par le greffier en chef, préparer les matières qui seraient débattues dans la consulte suivante. Deux membres des Douze, qui jouaient le rôle des procureurs généraux-syndics dans les pays d'Etats, résidaient alternativement auprès des commissaires du roi.

Les Etats de Corse ne furent réunis que huit fois, toujours à Bastia; mais dans ces assemblées furent présentées et discutées toutes les questions relatives à l'administration du pays, aux impôts, à l'éducation publique, l'agriculture, l'industrie, la police, etc. L'histoire des Etats est l'histoire même de la Corse de 1770 jusqu'à 1789. Nous possédions déjà les procès-verbaux de ces assemblées. Nous pouvons aujourd'hui les contrôler et les compléter par des documents plus brefs et aussi intéressants. A la fin de chaque session, les Etats de Corse envoyaient à la Cour trois députés pour présenter au roi les requêtes votées par l'assemblée et approuvées par les commissaires présidents, qui étaient le gouverneur et l'intendant. En 1770, en 1772 et en 1773, le choix des députés n'avait pas eu de signification particulière. Mais en 1775 la rivalité qui régnait ouvertement entre le comte de Marbeuf, gouverneur de la Corse, et le comte de Narbonne-Pelet, commandant en second à Ajaccio, ne permit pas de procéder aux élections avec le calme ordinaire. On reprochait à Marbeuf ses «coups d'autorité, aussi arbitraires que multipliés» et, sous couleur de travailler «pour le bien de la patrie», les «narbonnistes» essayèrent d'obtenir le rappel du gouverneur et de jouir à leur tour des honneurs et des postes lucratifs dont Marbeuf les tenait écartés. Tel fut le premier objet de la mission dont furent chargés les députés de 1775: Mgr de Guernes, évêque d'Aleria; César-Mathieu de Petriconi, pour la noblesse; Benedetti Ventura, dit Venturone, pour le tiers-état. L'audience royale, plusieurs fois retardée, fut fixée au 25 août 1776. L'évêque d'Aleria ne formula pas moins de 29 griefs dont la liste fut remise au Ministère et que M. Letteron a retrouvée aux Archives Nationales. Episode curieux des querelles de personnes et des rivalités d'influence qui entravaient les efforts de l'administration. — Plus intéressantes encore sont les «représentations que MM. les députés ont cru devoir faire à la Cour», véritable cahier de doléances qui ne comprend pas moins de 63 paragraphes: finances, domaines, bois et forêts, douanes; agriculture, arts et métiers, haras; sages-femmes et maîtres d'école; séminaires, collèges et Université, création d'un archevêché; reconnaissance du titre de royaume, organisation du tribunal de la junte et du régiment provincial, etc., toutes les matières qui peuvent intéresser la Corse — et qui ont fait au préalable l'objet de discussions attentives au sein des Etats, — sont ici passées en revue.

Entre l'assemblée de 1775 et le commencement de la Révolution, les Etats de Corse se réunirent encore quatre fois: en 1777, 1779, 1781 et 1785. En 1777, «Carlo Buonaparte», assesseur au tribunal d'Ajaccio, est député de la noblesse. Le rapport des Etats de 1785 se réfère aux événements de 1788 et 1789.

Ainsi la France cherchait à créer un esprit public en associant la nation au gouvernement. Elle usa d'autres moyens, développant l'usage de la langue française, faisant bénéficier la nouvelle province de cette haute culture et de ces «lumières» qui éblouissaient l'Europe. Quelques années à peine après l'annexion, les commissaires du roi, reprenant et développant les projets de Paoli, proposaient d'établir une Université à Corte avec les quatre facultés (théologie, droit, médecine et arts). De plus ils décidaient que quatre collèges seraient fondés à Bastia, à Ajaccio, à Cervione et à Calvi, des pensionnats à Bastia et à Ajaccio, et des écoles dans la campagne. Enfin les séminaires, qui avaient été occupés par les troupes, seraient rendus aux évêques.

De pareils projets donnaient-ils entièrement satisfaction à l'opinion corse et quels vœux formait-elle à ce sujet? On peut s'en rendre compte en parcourant les requêtes présentées au roi par les députés des Etats, encore que de pareils documents soient forcément empreints d'un certain optimisme officiel. Particulièrement, en ce qui touche l'instruction publique, leurs demandes ont un grand intérêt: on y voit un exemple de la noble et intelligente façon dont ils comprenaient leur «francisation».

La monarchie française cherche à favoriser la noblesse, en créant, en face du tiers et du clergé plus indépendants, une classe d'hommes qui seraient attachés au gouvernement par l'intérêt. Prolongement du caporalisme par suite de l'égoïsme administratif. Et les jeunes nobles, qu'on jugeait utiles de «dépayser» pour «changer leur façon de penser», furent admis au collège Mazarin, au séminaire d'Aix, aux écoles royales militaires, à la maison de Saint-Cyr. On vit à Brienne Napoléon Bonaparte; à Vendôme, Jean-Baptiste Buttafoco, que l'inspecteur Reynaud de Monts jugeait très insubordonné et qui, avec peu de moyens, joignait à l'entêtement de son pays le dégoût du travail; à Effiat, Luce-Quilico Casabianca, le futur Conventionnel, que l'inspecteur Keralio trouvait un peu sombre, mais bon, capable d'application et d'un labeur soutenu; à Auxerre, Jean-Baptiste Casalta; à Rebais, Luc-Antoine d'Ornano et Arrighi de Casanova; à Tiron, César-Joseph Balthazar de Petriconi, son frère Jean-Laurent, Paul-François Galloni d'Istria, qui devint, au sortir de l'émigration, adjudant général au service de Naples et lieutenant-colonel d'état-major au service de France; Marius Matra, qui fut aide de camp du général Franceschi et capitaine adjoint à l'état-major de l'armée d'Italie, etc.[K].

Ce n'était pas assez de s'attacher la noblesse: il fallait attirer les Corses dans les troupes du roi. Ils furent admis dans tous les régiments de l'armée; ils eurent leur régiment particulier, le Royal Corse; après la dissolution du Royal Corse en 1788, deux bataillons de chasseurs, les chasseurs royaux corses et les chasseurs corses, ne se composèrent que d'insulaires. Chaque compagnie reçut quatre soldats corses, destinés à s'initier aux arts et aux métiers, «afin de se rendre utiles dans l'île et de contribuer à sa prospérité».

Enfin, les Corses ne payèrent que très peu d'impôts. Il y avait l'impôt territorial, perçu en productions soit animales, soit végétales, à raison du vingtième des récoltes, et Napoléon a justement remarqué que les économistes firent dans son île l'essai de l'imposition en nature. Il y avait un impôt de deux vingtièmes sur les loyers, mais il ne frappait que les propriétaires des villes. Il y avait des droits de contrôle, de timbre et de douane. Mais, si les taxes d'entrée et de sortie paraissaient excessives, elles étaient surtout à la charge des étrangers et des Français. Bref, l'île — et ce mot revient dans tous les mémoires du temps — l'île était *onéreuse* au roi, et le parrain de Napoléon, Laurent Giubega, assure que la dépense excédait de 600.000 livres le total des recettes.

Des travaux considérables furent entrepris. Deux grands chemins avaient été ouverts depuis la conquête: de Bastia à Saint-Florent et de Bastia à Corte. On ébauchait la route de Corte à Ajaccio. Et si les voies restaient insuffisantes, on aurait mauvaise grâce à s'en plaindre après vingt ans seulement d'administration française. Louis XVI fait installer à Ajaccio une madrague pour la pêche du thon, une corderie pour les chanvres du pays; il fait entreprendre le dessèchement de l'étang des *Salini*, propriété de Charles Bonaparte, pour y créer une pépinière de mûriers et autres arbres fruitiers; il accorde un subside de 21.000 livres pour l'agriculture[L]. Un édit du 23 mars 1785 accordait une prime de dix sous par plant à toute personne qui introduirait du continent vingt plants au moins de mûriers greffés.

Par trois fois, l'administration tenta de fonder des colonies: 80 Lorrains transportés à Poretto, des Génois près du golfe d'Ajaccio, au domaine de Chiavari, 110 pionniers au domaine de Galeria. La plupart succombèrent. En revanche, les Grecs de Paomia, réfugiés à Ajaccio, furent installés non loin de leurs premiers défrichements, à Cargèse, qui devint admirablement prospère. On commença de dessécher les plaines de Biguglia et de Mariana. On entreprit en 1773 le plan terrier de la Corse qui fut confié à MM. Bédigis, Testevuide et Tranchot, et qui eut également pour but —

l'abbé Rossi nous l'assure — de recueillir des renseignements sur l'esprit public des anciennes familles paolistes.

Le commerce se développa. Ajaccio est en relations avec Marseille, Toulon, Saint-Tropez, Antibes et la Seyne. Les droits d'entrée pour les marchandises de provenance française sous pavillon national étaient de 2, 7-1/2, 15 et 25 p. 100 de leur valeur. Les droits de douanes acquittés à Ajaccio pendant la période 1785-89 ont été de 37.807 francs. Le marché de la ville est convenablement approvisionné. Le boisseau (*bacino*) de blé de 14 livres 1/2 coûte 1 fr. 16 sous; pour l'orge et le millet, 1 fr. 2 sous; le pot d'huile de 1 l. 7 onces 1/2, 16 sous; la bouteille de vin, 3 sous 6 d.; la livre de bœuf ou de mouton, 5 sous; le poisson de première qualité, 3 sous la livre.

A la faveur de ce commerce, des familles françaises vinrent s'établir en Corse et y firent souche. Ces arrivés de la première heure furent les Touranjon, les Serpeille, les Arène, les Garçain, les Bonnet, les Maury, les Roux, les Picard, etc. On les désignait généralement sous le nom de leur province d'origine. Ainsi les Serpeille, originaires du Dauphiné, étaient connus sous le nom de *Dufiné*, les Maury sous celui de *Languido* (Languedoc), les Roux étaient appelés *Sciampagne* (Champagne). Il arrivait même que le nom patronymique disparaissait complètement pour faire place à celui de la province: le nom de Touranjon a dû se former ainsi. D'autres enfin, comme les Picard, étaient beaucoup plus connus par de gais sobriquets, si répandus autrefois en France: cette famille avait celui de *Cœur joyeux*, dont on fit, par corruption, *Cruginé*, qui s'est perpétué jusqu'à nos jours.

La fusion s'accomplissait doucement, sans heurts, entre Français et Corses. Les anciens paolistes, comprenant que l'île retirerait de son union avec la France d'immenses avantages, se ralliaient peu à peu. Charles Bonaparte avait été l'un des premiers: «J'ai été, répétait-il, bon patriote et paoliste dans l'âme, tant qu'a duré le gouvernement national; mais ce gouvernement n'est plus, nous sommes devenus Français, *evviva il Re e suo governo.*» Laurent Giubega, greffier en chef des Etats de 1771, que Charles Bonaparte appelait *amatissimo signor compadre* et qui fut le parrain de Napoléon, était également dévoué au régime nouveau: «Puisque l'indépendance nationale est perdue, aurait-il dit au maréchal de Vaux, nous nous honorerons d'appartenir au peuple le plus puissant du monde, et de même que nous avons été bons et fidèles Corses, nous serons bons et fidèles Français.» Paoli refuse en 1776 d'abandonner l'Angleterre pour entrer au service du roi de France; mais il dicte à son secrétaire, l'abbé Andrei, un curieux mémoire sur «le meilleur parti que pourrait tirer la France de la Corse».

Cependant la francisation n'avait pas dépassé les grandes villes du littoral et là même elle restait précaire: les Corses étaient mécontents, les Corses boudaient. Trop de réglementation avait surpris ce peuple jaloux de son indépendance. Une foule d'édits, d'ordonnances, de lettres patentes, d'arrêts du conseil, de règlements de police, tapissaient toutes les rues «et ne produisaient d'autre effet que de faire rire le peuple dans les commencements, parce qu'on ne savait comment s'y prendre pour les faire mettre à exécution dans l'intérieur du pays». Quand on s'en prenait aux podestats de leur inexécution, ils répondaient qu'ils ne savaient pas lire le français. Pour le leur apprendre, on leur envoyait continuellement «des exécutions militaires». Et le Corse se cabrait. D'autant plus que le personnel administratif n'était pas à la hauteur de sa tâche: l'intendant Chardon, qui venait de Cayenne, considéra la Corse comme un domaine colonial dont l'exploitation était fructueuse; il fit si bien qu'il fallut le rappeler. Mais l'exemple venait de haut et, dans le morcellement de l'autorité, les ministres de la Guerre, de la Justice, des Finances et de la Marine ne songeaient qu'à créer des emplois pour y placer leurs créatures. «Cette foule de gens, soit par ignorance, par incapacité ou par mauvaise foi, retarde plutôt qu'elle ne contribue au bonheur public.» La méfiance des Corses augmentait et devenait de la haine envers ces Français qui les méprisaient. Le Tiers-État demande, dans les cahiers de 1789, que les charges du Conseil supérieur soient conférées à des hommes d'expérience, à des officiers des justices royales et à des avocats émérites.

La question financière augmenta le malaise. La Corse avait d'abord été attachée au ministère de la Guerre, à qui elle revenait de droit comme province frontière et pays conquis. Mais en 1773 l'abbé Terray demanda et reçut la finance de l'île. Le contrôleur général fournit dès lors aux dépenses extraordinaires de la caisse militaire par un fonds annuel de 1.500.000 livres; par contre, il fut maître de l'administration civile, couvrit la Corse d'employés, intervint dans toutes les affaires, repoussa tous les projets utiles qui coûtaient quelque argent. En vain Necker offrit la Corse à Saint-Germain, en vain d'autres voulurent la «jeter à la tête» de Vergennes ou d'Amelot: ce fut seulement à la veille de la Révolution que le département fut rattaché à la Guerre. La Corse était donc en proie à la Finance. Les deux Lorrains — les frères Coster — qui dirigeaient l'administration centrale inondèrent la Corse de leurs parents, de leurs amis. Les Corses eussent rempli ces charges à moins de frais, avec plus de probité et rien ne les eût rattachés davantage à la France. «Voilà, écrivait Paoli, ce qui a brisé leur courage; ils sont tombés dans un vide affreux, lorsqu'ils ont été privés du plaisir de veiller, de contribuer au bien commun, lorsqu'ils n'ont plus aperçu aucune liaison entre eux et l'intérêt général, lorsqu'ils ont vu ces soins pénibles, patriotiques et honorables accordés à des Français dont tout le talent consiste à unir des chiffres et à tracer des lettres.» Et qui étaient ces Français? Vauvorn, convaincu d'avoir volé le bois de la couronne et avouant qu'il devait au Trésor 3 à 4.000 livres, était mis à la tête de la douane de Calvi; d'autres avaient simplement à refaire une situation compromise et s'en acquittaient consciencieusement: Houvet, ci-devant commis des bêtes à cornes, Moreau, déserteur du régiment de Bretagne, Sappey, ancien garçon perruquier, trop heureux à leur arrivée d'avoir du pain, acquéraient une fortune dans les diverses entreprises et finissaient par posséder plus de cent mille écus.

L'impôt n'était pas lourd; mais les droits de douane, plus élevés qu'en Italie, empêchaient la population d'augmenter et la culture de s'étendre. Les adjudications affamaient la population. Les Corses se soulevèrent en 1774: l'insurrection fut réprimée. Mais les habitants, se regardant comme opprimés, n'étaient pas encore de cœur avec les Français. «Pendant près de vingt années, écrivait Constantini à l'Assemblée Constituante, la Corse a vu s'accroître le terrible colosse du despotisme militaire, a vu s'accumuler les abus d'autorité, les vexations ministérielles, les rapines judiciaires.» Un commissaire civil de cette même assemblée ne reconnaît-il pas que les Corses étaient avant 1789 des «sujets asservis et trop négligés, toujours prêts à secouer le joug»? Napoléon ne dit-il pas que les bienfaits du roi n'avaient pas touché le cœur des habitants et que la Corse était, sous le règne de

Louis XVI un pays malintentionné qui frémissait sous la main de ses vainqueurs?

XXIII

LA RÉVOLUTION ET L'EMPIRE

<u>Table des matières</u>

Les promesses de Barère. – L'agitation séparatiste: Paolistes et Bonapartistes. – La Corse anglaise. – Miot et Morand. – La Corse napoléonienne.

Ce fut la Révolution française et, après elle, les Bonaparte, qui gagnèrent à la France le cœur de la Corse. Provoquée par des causes semblables à celles qui, un demi-siècle plus tôt, avaient armé les Corses contre le despotisme génois, la Révolution fut accueillie avec enthousiasme par le Tiers-Etat, dont les députés — l'avocat Saliceti et le comte Colonna de Cesari Rocca — allaient bientôt compter parmi les Constituants les plus fougueux. Les deux autres députés de la Corse — le comte de Buttafoco pour la noblesse, l'abbé Peretti della Rocca pour le clergé, — demeuraient au contraire fidèles à la royauté et font cause commune avec le général de Barrin, gouverneur de la Corse. Le 5 novembre 1789, une émeute éclate à Bastia entre les patriotes, à qui le jeune Napoléon fournit des cocardes tricolores, et les soldats du roi, qui veulent conserver la cocarde blanche. M. de Barrin doit céder. Le 30 novembre, Volney lit à l'Assemblée Nationale une lettre, que Napoléon a inspirée, racontant les événements tout à l'avantage des patriotes. Il en résulta une motion, faisant cesser le régime militaire auquel la

Corse était soumise depuis son annexion et la déclarant partie intégrante de l'Empire français.

Les Corses eurent un mouvement de joie et de confiance. Paoli se fit l'interprète de leur fidélité et de leurs espoirs. Le champion de l'indépendance affirma sa joie de devenir le fils adoptif du pays généreux où la liberté venait d'éclore. Revenu de Londres à la suite du décret du 30 novembre, il reçut de grands honneurs en passant à Paris. Quand il débarque à Macinaggio, après un exil de vingt ans, il s'écrie en baisant le sol: «O ma patrie, je t'ai laissée esclave, et je te retrouve libre!» Puis il se rembarque pour Bastia, où il arrive le 17 juillet 1790.

Il apportait les pleins pouvoirs de l'Assemblée nationale, pour procéder à l'organisation de l'île. A la consulte qui se tint à Orezza du 9 au 27 septembre 1790, et qui décida de célébrer tous les ans l'anniversaire du décret d'incorporation de la Corse à la France, Paoli fut nommé président du conseil administratif et reçut un traitement de 50.000 francs; il était en plus commandant des gardes nationales.

A la tribune de la Constituante, Barère, rapporteur du Comité des Domaines, assura la Corse de toute la sollicitude de la France. Promesses solennelles qui datent du 4 septembre 1791: «La Corse est libre, la Corse est française, les tyrans ne l'oppriment plus: c'est à vous de la régénérer! Elle a été riche et peuplée sous les Romains, malheureuse et ensanglantée sous les Génois, pauvre et inculte sous votre ancien gouvernement. Elle présente cependant tous les moyens physiques et moraux d'une brillante et solide régénération. Ce peuple est idolâtre de la liberté, et il n'est vraiment libre que depuis la Révolution française; il aime les lois, et il est sans civilisation; il a un grand caractère, et il éprouve tous les maux attachés à la faiblesse; il a un territoire fertile, et il est pauvre; il a une situation de commerce admirable, des ports nombreux, des pêcheries abondantes, et cependant son commerce languit et son industrie est nulle. De tous les peuples de l'Europe, les Corses sont aujourd'hui dans les circonstances les plus favorables pour jouir du bienfait de la liberté et recevoir les avantages d'une belle constitution... Cette île peut parvenir aussi facilement que les autres départements du royaume à un haut degré de prospérité, quoiqu'elle soit dans ce moment la plus reculée en tout sens. Le moment de régénérer cette île est arrivé...»

La Corse est pauvre: «Une population peu nombreuse, des villes dépeuplées, un pays sans industrie, le numéraire rare, les campagnes n'offrant à la vue que des brandes et des taillis ou *maquis* inutiles, l'agriculture devenue étrangère ou indifférente aux habitants: voilà le tableau de la Corse sous l'ancien régime de France, quoiqu'il n'y ait pas en Europe un autre pays où la végétation soit plus abondante, plus hâtive et plus facile à entretenir par la bonté reconnue des pâturages.» Y aurait-il donc, continue Barère, une fatalité irrésistible «qui condamne à jamais l'île de Corse à languir dans cet état déplorable? Et puisque son délaissement et son inculture ne peuvent être imputés à la nature de ses terres, qui égalent en bonté les meilleures terres de l'Europe, serait-ce au caractère des habitants ou à la dégradation successive de leur caractère primitif, sous l'empire des circonstances politiques dont ils ont été si longtemps les jouets et

Gorges de Ponte Novo (*Phot. Moretti.*) — Propriano.
(*Sites et Monuments du T. C. F.*)
Pl. XVI. — CORSE.

les victimes, qu'il faudrait attribuer leur malheur? Repoussons, repoussons sans hésiter une conjecture aussi fausse qu'ingénieuse. La Corse est malheureuse; mais elle peut dire aux représentants de la nation dont elle fait partie: Dites un mot, et mes malheurs cesseront».

Mais à ces Corses qu'elle juge si dignes d'intérêt, à qui elle fait tant de promesses pour l'avenir, l'Assemblée Constituante n'accorde pour le moment qu'un petit bienfait, et partiel. Elle décrète que «les dons, concessions, acensements et inféodations, et tous autres actes d'aliénation, sous quelque dénomination que ce soit, de divers domaines nationaux situés dans l'île de Corse, faits depuis 1768, époque de sa réunion à la France, par divers arrêtés du Conseil, lettres-patentes et tous autres actes, sont révoqués et, conformément aux lois domaniales, sont et demeurent réunis au domaine national». — Quant aux mesures d'ensemble, «nous regrettons, dit Barère, de ne pouvoir réclamer dans ce moment, pour ce pays, tous les secours dont il a besoin, et dont l'utilité se fera bientôt sentir dans toute son étendue; mais nos successeurs immédiats s'empresseront certainement de les réclamer de la nation pour un département qui est incontestablement le plus pauvre, le plus malheureux, et qui peut devenir cependant un des plus beaux, des plus riches de la France».

Ni la Législative, ni la Convention ne tinrent ces promesses. On peut dire que la Législative n'eut pas le temps. Quant à la Convention, elle vit la Corse tenter de se séparer de la France et suivre Paoli qui l'entraînait vers l'Angleterre. Pourquoi ce revirement? Deux hypothèses sont possibles. Paoli aurait espéré occuper en Corse une situation prépondérante et rester, comme par le passé, le véritable chef du pays; mais la Convention n'entendait pas abdiquer devant lui et refusa de lui donner le commandement en chef de l'expédition de Sardaigne. La deuxième hypothèse repose sur l'horreur que lui auraient inspirée les actes de la Convention, sur ses sentiments fédéralistes et girondins, sur son hostilité vis-à-vis des Montagnards qu'il traitait de «cannibales». Les deux hypothèses ne s'excluent pas forcément. Quoi qu'il en soit, la conduite de Paoli lors de l'expédition de Sardaigne fut considérée comme la cause principale de l'échec de cette expédition et, sur d'autres accusations, auxquelles le jeune Lucien Bonaparte n'était pas étranger, Paoli, que Marat appelle «lâche intrigant», est décrété d'accusation par la Convention. Condorcet rédige une pompeuse adresse dénonçant aux habitants de l'île de Corse «l'antique alliance de la tyrannie royale et du despotisme sacerdotal». Les commissaires du gouvernement envoyés en mission, Saliceti, Lacombe Saint-Michel et Delcher, agissent avec vigueur. Napoléon Bonaparte, qui croit avoir trouvé l'occasion de se révéler, se place à la tête du parti français, mais, après une vaine tentative d'entrevue à Corte, il rétrograde à Vivario, puis à Bocognano. Un moment arrêté dans la maisonnette dite de *la Poule noire* par les émissaires de Paoli, il est délivré par ses partisans qui protègent sa retraite jusqu'à Ucciani. Rentré dans Ajaccio, il n'est pas en sécurité dans sa demeure et se réfugie chez le maire, Jean Jérôme Levie, où il reste trois jours, s'embarque pendant la nuit, atterrit à Macinaggio et gagne Bastia le 10 mai 1793. Il y passe douze jours, pressant les représentants de la Convention de venir s'emparer d'Ajaccio, afin d'isoler dans Corte Paoli révolté. Lui-même, précédant sur un chebek la flottille française, débarque à Provenzale près d'Ajaccio. Des bergers lui apprennent que sa maison a été pillée par les Paolistes le 24 mai, que sa mère et l'abbé Fesch, prévenus à temps, se sont réfugiés aux Milelli, pendant que ses frères sont cachés dans Ajaccio. Letizia, poursuivie par les Paolistes, ne peut trouver un asile dans la tour de Capitello, elle doit fuir jusqu'à Casella, sur l'isthme qui rattache Capo-di-Muro au territoire de Coti-Chiavari: on couche sur le plancher entre les quatre murs d'une masure abandonnée.

Cependant l'attaque contre Ajaccio ne réussit pas. Loin de se soulever comme on l'espérait, la ville est aux mains des Paolistes. La flottille, partie de Bastia le 23 mai et retardée par une tempête jusqu'au 29, ne fait qu'une courte démonstration devant Ajaccio. Elle regagne le mouillage de Capitello. Napoléon se rend à Calvi, où son parrain Laurent Giubega donne asile à sa famille. Ils en repartent bientôt pour débarquer à Toulon, le 13 juin

1793, proscrits, désemparés. Le rôle de Bonaparte paraît fini en Corse.

Mais Paoli ne peut triompher seul dans une île livrée à l'anarchie des partis. Pour rompre l'unité du mouvement séparatiste, la Convention divise l'île en deux départements, le département du Golo et le département du Liamone (11 août 1793). Commissaire du Conseil exécutif, Joseph Bonaparte essaie d'animer sa patrie de l'esprit révolutionnaire et, pour cela, de «l'inonder de lumières». Il agit de loin, n'ayant pu dépasser Toulon, et il a pour collègue, dans cette «mission de fraternité et d'instruction», le fameux Buonarroti, dont le rôle en Corse n'a pas encore été suffisamment étudié. Cependant l'amiral Hood répond aux sollicitations de Paoli, et Nelson, alors capitaine de vaisseau, apparaît dans les eaux corses. Successivement le commandant bloque Calvi, débarque à Saint-Florent, dont il brûle la campagne, détruit les barques et les approvisionnements de Centuri, Macinaggio, Lavasina, Miomo et jette l'ancre enfin devant Bastia le 19 février 1794.

Sur la ville de Bastia et sur le siège qu'elle eut alors à subir, la correspondance de Nelson fournit des renseignements précis et curieux. C'était alors une grande cité, peuplée de 15.000 habitants, avec une belle jetée pour les navires. Elle est défendue par 6 forts détachés et une citadelle avec 20 embrasures; il y a 62 canons montés, en plus des mortiers, et une garnison de 4.500 hommes. Mais Nelson croit pouvoir compter sur le soulèvement des Paolistes, qui se sont fortifiés à Cardo. De plus, dès le 18 mars, la disette des vivres se fait sentir: «un petit pain se vend 3 livres»; et tandis que s'épuisent les munitions et les vivres, Nelson, dont la flotte est renforcée par 7 navires que lui envoie l'amiral Hood, multiplie les batteries et rend le blocus de plus en plus rigoureux.

«Nous l'emporterons, écrit-il le 26 mars, il le faut, ou quelques-unes de nos têtes seront couchées bas.» Il a d'ailleurs compris toute l'importance stratégique de la Corse: «Cette île doit appartenir à l'Angleterre pour être régie par ses propres lois, comme l'Irlande, avec un vice-roi et des ports libres...; elle commandera la Méditerranée.» — L'héroïsme des assiégés fut à la hauteur des circonstances. Le représentant en mission, Lacombe Saint-Michel, aidé du maire Galeazzini et des généraux Rochon et Gentili, sut organiser une résistance opiniâtre: «J'ai des boulets rouges pour vos navires, déclarait-il fièrement à l'amiral Hood, et des baïonnettes pour vos troupes. Quand les deux tiers de nos hommes auront été tués, alors je me fierai à la générosité des Anglais.» Pourtant il fallut capituler le 22 mai: il ne restait plus que quelques jours de vivres; les assiégés avaient eu 203 tués et 540 blessés.

Maîtres de Bastia, les Anglais étaient maîtres de la Corse. Il ne leur restait plus qu'à s'emparer de Calvi. Il y fallut un siège qui dura du 19 juin au 10 août 1794 où s'illustra Abbatucci et où Nelson eut l'œil droit «entièrement fendu». Le 10 juin 1794 une consulte, convoquée à Corte par Paoli, rompit tout lien avec la France et, huit jours après, Charles André Pozzo di Borgo y faisait acclamer une constitution anglo-corse reconnaissant comme suzerain le roi d'Angleterre; sir Gilbert Elliot l'accepta au nom de George III. Le Parlement corse issu de cette constitution se réunit le 1er février 1795 à Bastia, et offrit la présidence à Paoli qui refusa pour ne pas troubler le fonctionnement du régime nouveau. Mais sa personnalité demeurait redoutable et Morosaglia devint bientôt le rendez-vous des mécontents. L'Angleterre prit peur et l'invita à quitter la Corse. Paoli hésita. Craignant de faire renaître la guerre civile, et d'ailleurs hors d'état de résister longtemps, il céda. Le 14 octobre 1795, il s'embarquait à Saint-Florent et partait pour Londres où il devait mourir en 1807.

Son départ ne rendit pas la sécurité aux Anglais pas plus que les glorieuses croisières de Nelson au nord du Cap Corse. Tout cela ne pouvait empêcher les victoires continentales de la France de produire leurs résultats. Quand l'Italie du Nord eut été conquise par Bonaparte, le général Gentili reparut à Livourne et, avec un millier de Corses, se prépara à revenir combattre dans sa patrie. Nelson fut chargé de bloquer le port italien pour empêcher ce projet d'aboutir. Il avait réussi à merveille, s'était emparé des îles d'Elbe et de Capraja, lorsque, au mois d'octobre 1796, le gouvernement anglais décida d'évacuer la Corse. Nelson dut se rendre à Bastia, où il recueillit le vice-roi avec la garnison anglaise. Il intimida à tel point par ses menaces les habitants de la ville et la petite troupe de Gentili, débarquée près de Rogliano, qu'il put emporter tout ce qu'il voulut. Le 20 Octobre il s'embarquait le dernier, abandonnant cette île qu'il avait contribué à conquérir et où il avait commencé cette carrière glorieuse qui devait finir à Trafalgar en 1805.

Du quartier général de Modène, Bonaparte, général en chef de l'armée d'Italie, expose aux citoyens directeurs, le 26 vendémiaire an V (17 octobre 1796), quelques idées sur la Corse: «La Corse, restituée à la République, offrira des ressources à notre armée et même un moyen de recrutement à notre infanterie légère.» Saliceti est envoyé dans l'île pour proclamer l'amnistie et réaliser l'apaisement; mais le gouvernement sent le danger de laisser tous les pouvoirs «entre les mains d'un homme né dans le pays, ayant des injures personnelles à venger et qui, en supposant même qu'il restât impartial dans le maniement des affaires, ne pourrait jamais persuader à ses compatriotes qu'il le fût réellement». Le Directoire lui adjoint Miot de Melito, un ancien fonctionnaire de la Guerre, délégué auprès du grand duc de Toscane. Joseph Bonaparte l'accompagne et lui sera «d'un précieux concours». Là où Saliceti — *u compatriottu* — a échoué, Miot — *u francesi* — va réussir. Il débarque à Erbalunga le 22 décembre 1796, parcourt le pays, réprime les insurrections, organise les deux départements du Golo et du Liamone, nomme les commissaires du pouvoir exécutif, met le pays sous l'empire de la constitution de l'an III et regagne le continent (29 nov. 1797). Mais l'adjudant-général Franceschi, dont Miot a fait son aide de camp, constate que l'esprit public a été complètement corrompu par les Anglais. Une véritable croisade est fomentée par les prêtres au couvent de San Antonio en Casinca: ils ont persuadé aux insulaires que les Français «nient Dieu et veulent abolir la religion». Une foule d'hommes portant à leurs coiffures une petite croix blanche — la *Crocetta*, — sèment la terreur et la destruction dans les cantons de Moriani de Casinca et d'Orezza, n'épargnant à Ampugnani que la maison du curé Sebastiani (l'oncle du général), connu pour sa haine des Français.

Quand le bruit de cette insurrection, qui fut réduite dans le sang par le général de Vaubois, parvient à Paris, le 18 brumaire est fait. Saliceti lutte en vain contre les troubles du Fiumorbo et de la Balagne: il multiplie les commissions militaires et frappe le pays d'une contribution de guerre de deux millions. C'est l'anarchie: l'île tombe au pouvoir du général Ambert. Enfin Miot est renvoyé en Corse avec mission de rétablir la paix et de régénérer le pays. Il débarque à Calvi le 25 mars 1801. Joseph Bonaparte l'accompagne, Lucien cède 6.000 volumes pour la Bibliothèque d'Ajaccio. Un pépiniériste en vogue, Noisette, fonde les jardins botaniques d'Ajaccio et de Bastia. La culture du coton est inaugurée, et celle de la cochenille. Miot prend des arrêtés restés célèbres où il atténue certains droits de douane, d'enregistrement et de succession. Il supprime totalement les taxes des contributions indirectes. Pour mieux lutter contre le banditisme, il suspend l'exercice de la constitution et, supprimant l'institution du jury, il forme un tribunal exceptionnel. La ville d'Ajaccio est embellie et agrandie: sur l'emplacement des anciennes fortifications abattues, un quartier nouveau s'élève. Quittant le pays le 24 octobre 1802, Miot pouvait déclarer au premier consul qu'il laissait le pays «généralement tranquille, affectionné au gouvernement et jouissant de l'avantage des améliorations qu'il vous doit».

Mais il faut des mesures exceptionnelles pour guérir la Corse de ses maux séculaires: une justice rapide et impartiale, une dictature militaire. Et les consuls nomment en Corse le général Joseph Morand (22 juillet 1801), investi des pouvoirs les plus étendus. Morand fait une levée générale de troupes, prohibe les ports d'armes de la façon la plus absolue. Mais il rencontre des obstacles de la part des autorités constituées — Pietri, préfet du Golo, Arrighi, préfet du Liamone, Casabianca, titulaire de la sénatorerie de la Corse. Il se heurte surtout à la méfiance, à la colère des Corses qui le calomnient et essaient d'obtenir sa destitution. Il reste fidèle à sa mission, dénonce l'existence du Comité anglo-corse d'Ajaccio et réprime cruellement la conspiration de 1809 dont beaucoup l'ont accusé d'avoir exagéré l'importance. En 1811, il remédie à la famine que de mauvaises récoltes ont déterminée dans l'île, ordonnant que tous les approvisionnements de l'armée contenus dans les vastes magasins de la guerre, à Bastia, à Ajaccio, à Calvi, à

Bonifacio, à Corte, soient mis à la disposition des habitants à titre remboursable, signalant au gouvernement les misères des Corses «qui se nourrissent d'herbes des champs» et appelant sur eux, par de pressantes correspondances, les secours de la métropole. Fonctionnaire énergique, d'une implacable sévérité, mais administrateur éminent, il ne mérite pas la réprobation dont les Corses l'ont accablé. Le général Berthier, qui le remplace (1811-1814), se brouille avec Bastia en organisant l'unité administrative de l'île dans un seul département avec Ajaccio pour chef-lieu (19 avril 1811).

L'empereur n'a cessé de s'occuper de son pays et sa correspondance en fait foi. Il porte son activité sur toutes les branches de l'administration: justice et finances, armée de terre et marine, commerce, travaux publics, agriculture, organisation de la police. Il veut à la tête des services des hommes qui connaissent le pays et la langue. Il essaie d'établir à Ajaccio «une fabrique de briques et une poterie pour le menu peuple, afin qu'il ne soit pas pour ces objets tributaire des Génois». Il se préoccupe du développement économique de l'île. Il y songe à Paris, à Fontainebleau, à Compiègne, à Saint-Cloud; il y songe également sur les chemins de l'Europe, à Strasbourg, à Potsdam, à Schœnbrunn, à Dresde. Il encourage la culture du coton; il s'intéresse à l'établissement de hauts fourneaux destinés à employer le minerai surabondant de l'île d'Elbe. Il s'occupe d'une manière spéciale, surtout à partir de 1810, de la réorganisation financière du pays et de l'exploitation de ses forêts.

Le temps manqua à Napoléon pour accomplir en Corse ses généreux projets. Trop souvent aussi il lui manqua le concours loyal et désintéressé des chefs de services, qui détournaient à leur profit ou faisaient servir à d'autres usages les fonds envoyés pour améliorer la situation de l'île.

Il n'eut pas non plus la population corse avec lui. A la nouvelle de l'abdication de Fontainebleau, personne ne songea à se soulever en sa faveur. Le 28 avril, le préfet du Liamone, Arrighi, se rallie aux Bourbons; le maire, François Levie, fait hisser «le cher drapeau des lis» sur le clocher de la cathédrale et la mairie est illuminée pour saluer le retour «des rois légitimes». Un buste en marbre de l'empereur, donné en 1806 par le cardinal Fesch à la ville d'Ajaccio, est livré à la foule qui le précipite à la mer. On n'a que mépris contre ce *bastardino*, dont il faut effacer jusqu'au souvenir: les rues de la ville prennent des noms royalistes. Bastia ouvre ses portes aux Anglais, mais ceux-ci ne font en Corse qu'une courte apparition et le traité de Paris la rendit à la France. Bonapartistes aux Cent Jours, les Corses redeviennent royalistes avec le retour de Louis XVIII.

XXIV

LA PÉRIODE CONTEMPORAINE

Table des matières

Un préfet de la Restauration: Saint-Genest[M]. – La Corse et l'opinion publique. – Napoléon III et la 3ᵉ République.

Une vie politique tout à fait agitée et généralement inféconde, un développement économique extrêmement précaire; négligences de la métropole, inertie des Corses; tel est le spectacle que nous offre le XIXᵉ siècle.

Napoléon disparu, le parti bonapartiste se forma. Le marquis de Rivière, au nom du roi, organisait en Corse la Terreur blanche. Alors se place la curieuse guerre de Fiumorbo, pendant laquelle, dans le maquis et les ravins de cette contrée inaccessible, le commandant Poli, petit-gendre de la nourrice de Napoléon, qui avait suivi l'empereur à l'île d'Elbe et sur qui Napoléon comptait pour se ménager au besoin une retraite en Corse, tint tête pendant de longs mois aux troupes royales. Les femmes corses combattaient avec Poli, aussi acharnées que les hommes à défendre la liberté. La Restauration s'affermit cependant en Corse, et l'on proclama l'amnistie générale.

Pourtant l'île reste divisée et la succession des régimes politiques a déterminé ici comme dans les autres départements un malaise qu'il est difficile de dissiper. «Deux partis principaux sont en présence, écrivait le chevalier de Bruslart, ancien commandant militaire de la Corse, dès le 6 octobre 1814; les anciennes familles attachées aux Bourbons et les nouvelles que Bonaparte et la Révolution ont élevées. Entre ces deux partis, l'amalgame est impossible.» Dès le début, les administrateurs français ne songent qu'à une seule méthode: se mettre à la tête d'un parti pour triompher de l'autre, prolonger en somme l'état social anarchique et les errements des Génois; nul n'entreprend loyalement, courageusement la fusion des partis, l'œuvre de concorde et d'apaisement qu'il aurait fallu.

Rien de plus curieux à étudier que la question électorale en Corse dans les premières années du régime censitaire. Nous connaissons les lois qui ont réglé les élections législatives sous la Restauration ainsi que les tendances des ministères chargés de les appliquer: nous savons ce que fut par en haut la politique du gouvernement. Mais ne convient-il pas d'être sceptique en matière de formules législatives et, pour pénétrer une réalité plus concrète, il faut négliger les légiférants pour aller chez les électeurs. Comment fut pratiqué ce régime dans l'île lointaine où il était si difficilement applicable? Dans quel sens agirent les candidatures officielles et les pressions administratives? Comment furent composées les listes électorales et quelles garanties d'indépendance laissa-t-on aux citoyens? De quelle manière les comités électoraux et les partis politiques fonctionnèrent-ils? Autant de questions neuves auxquelles il faudrait répondre.

Ce sont elles qui s'imposèrent à un des premiers préfets de la Restauration, Louis Courbon de Saint-Genest, nommé en vertu d'une ordonnance royale du 14 juillet 1815 et installé le 19 janvier suivant. La Corse n'avait pas été représentée dans la Chambre introuvable: l'ordonnance de convocation du 13 juillet 1815 lui avait bien accordé 4 députés; mais le temps avait fait défaut pour réunir les assemblées cantonales et d'ailleurs la plus grande incertitude régnait au sujet de la composition du collège électoral. Les dispositions de la Charte étaient inapplicables en Corse où il n'existait aucune personne imposée à 1.000 francs et où il n'y avait pas dix personnes figurant dans les rôles pour 300 francs. Saint-Genest s'attache à reviser la liste des plus imposés, car «la balance égale entre les partis, c'est le triomphe des bonapartistes: ils ont pour eux le nombre, la richesse, l'unité de vues, une tactique très exercée et plus de capacités pour tenir les emplois». Il signale les Sebastiani, les Arrighi, les d'Ornano, les Casablanca et «toute leur clientèle d'intrigants subalternes qui n'ont pu être récompensés qu'avec de l'or parce que leur bassesse aurait par trop avili les distinctions honorifiques». Il faut faire les élections contre eux, et au besoin sans eux. Dans cette sélection savante, un nom trouve grâce: Ramolino, «cousin de Buonaparte», mais ce choix est d'une bonne politique et sans inconvénients, «parce que M. Ramolino est un homme paisible, sans capacités et dont l'influence est très faible depuis la chute de Buonaparte». Quelques «suspects» sont également maintenus: Henri Colonna, propriétaire, ancien commissaire des guerres; J. B. Galeazzini, ancien administrateur de l'île d'Elbe et préfet de Maine-et-Loire pendant les Cent Jours; Philippe Suzzoni, propriétaire, gendre du sénateur Casabianca, «d'opinions suivant les temps»; J. B. Ambrosi, lieutenant du roi à Calvi, etc.

Faut-il convoquer le collège électoral à Ajaccio, où réside le préfet, ou à Bastia, où réside le premier président? Grave problème, brusquement tranché par la convocation à Corte au lendemain de la dissolution de la Chambre introuvable. Paul François Peraldi, riche propriétaire, «distingué par son éducation et ses sentiments autant que par sa fortune», est choisi pour présider ce collège. Sur 120 électeurs, 95 se présentent; Castelli et Peraldi sont élus et ils sont immédiatement sollicités. «On croit en Corse, dit Saint-Genest, qu'un député n'a qu'à se montrer à Paris pour se faire donner et procurer à sa famille les meilleurs emplois.» Ces deux députés de la Corse ne devaient cependant jouer qu'un rôle effacé: Peraldi ne parut jamais à la Chambre, Castelli alla siéger au centre et soutint sans éclat les différents ministères. Pourtant dans la session de 1817 il intervint dans le débat sur les douanes pour demander que les produits corses fussent admis en franchise dans les ports français et que la Corse, qui supportait les charges de l'Etat, fût traitée à ce point de vue comme les autres départements français.

Saint-Genest se donne ensuite à l'œuvre de réorganisation morale et de relèvement économique. Il observe que les lois françaises ne conviennent en Corse qu'aux personnes riches; pour la grande masse du pays, il faut des institutions paternelles, despotiques mais honnêtes. La justice est trop chère: il voudrait à Bastia et à Ajaccio des bureaux de conciliation qui seraient gratuits; il veut faire juger les criminels sur le continent de manière à échapper aux influences locales. Quant aux magistrats français de l'île, ce sont trop souvent des protégés sans mérites. Les différents fonctionnaires «oppriment ou favorisent ou font des gains illicites». Les maires de campagne «iraient tous aux galères si on les jugeait suivant la rigueur des lois». La situation morale du clergé est pitoyable: 1.844 prêtres, rudes et violents, qui savent à peine écrire: il faudrait des séminaires et des frères des Ecoles chrétiennes. L'instruction publique est dans le marasme, les collèges de Bastia et d'Ajaccio n'ont qu'une existence précaire, les professeurs sont irrégulièrement payés sur les fonds communaux. D'ailleurs l'argent n'arrive pas à destination: «les percepteurs volent le peuple et souvent le gouvernement».

L'agriculture attire son attention. Il demande des encouragements pour la culture de la pomme de terre, préconise la plantation de châtaigniers dans la montagne, fait faire des essais de culture de la garance et établit des pépinières de mûriers. Il signale les dommages causés par la divagation des animaux, propose l'établissement de deux greniers d'abondance, demande qu'on exploite les forêts, qu'on améliore les routes.

Il ne s'entendait malheureusement pas avec le gouverneur militaire, M. de Willot, et il obtint son rappel dès 1818. En l'absence d'un chef unique, responsable, stable, les clans reprennent une vie presque normale. Les Pozzo di Borgo sont les maîtres de l'île. La Révolution de 1830, qui amena le triomphe du parti libéral, les remplaça par les Sebastiani. «Maréchal, ministre, ambassadeur, pair de France, le comte Horace eut tous les honneurs. Son frère, le vicomte Tiburce, fut nommé général de division et commandant de la place de Paris. La Corse devint leur fief politique. Ils y distribuaient les faveurs et les emplois à leur gré.»

Les Corses durent à la Monarchie de juillet — ce que la Restauration n'avait pas osé leur accorder — la fin d'une législature criminelle d'exception et l'institution du jury (12 nov. 1830). L'attentat de Fieschi, qui épargna Louis-Philippe mais frappa autour de lui tant de personnes illustres (1835), souleva l'indignation des Corses. Le roi ne les rendit pas responsables de cet acte isolé: il multiplia les routes, développa les relations de l'île avec le continent (le premier navire à vapeur était arrivé à Ajaccio le 18 juin 1830, permettant vraiment de se rendre *per mare in carozza*). Il fit agrandir les ports d'Ajaccio et de Bastia, éleva à Ajaccio l'Hôtel-de-Ville, la Préfecture et le Théâtre, bref travailla à améliorer la situation du pays.

Pourtant la Corse, où les administrateurs continentaux arrivent toujours avec les mêmes préventions, considérant leur séjour en Corse comme un noviciat forcé ou comme un exil, n'est pas ce qu'elle devrait être. Blanqui, dans un rapport à l'Académie des Sciences morales et politiques, écrit vers 1840: «Comment se fait-il donc que ce département, si heureusement partagé sous le rapport du climat, du sol et des eaux, situé au centre de la Méditerranée, à portée presque égale de la France, de l'Italie et de l'Espagne, ressemble aujourd'hui si peu aux pays qui l'entourent? Pourquoi ses vallées pittoresques sont-elles veuves de voyageurs et ses belles rades dépourvues de vaisseaux? Par quels motifs nos constructeurs se déterminent-ils à aller chercher des bois au Canada et en Russie, tandis que la Corse regorge de chênes blancs, et de chênes verts, de hêtres et de pins innombrables? Pourquoi cette île, qui pourrait nourrir un million d'hommes, n'a-t-elle qu'une population insuffisante à sa culture?»

Le Ministre des Finances en 1839 avait déjà fait la même constatation: «Il y a en Corse, disait-il, 100.000 hectares de bois, mais l'absence de routes et de moyens de transport a empêché jusqu'à présent le gouvernement d'en tirer profit.» Et plus catégorique encore, Malte-Brun disait, dans sa *Géographie Universelle*: «Lorsque les gouvernements européens seront las d'entretenir des colonies, reconnues depuis longtemps plus onéreuses que profitables, la France trouvera dans le sol fertile de la Corse, dans son climat propre à la production des denrées coloniales, une source de richesses qui n'attend que des soins et des encouragements pour s'y acclimater.» C'est aussi ce que pensait le docteur Donné qui, dans un feuilleton des *Débats* du 15 janvier 1852, consacrait ces lignes à son pays d'origine: «Mon patriotisme souffre lorsque je vois la France, par mode ou par ignorance, aller chercher hors d'elle-même ce qu'elle possède et demander à des pays étrangers des avantages que ses diverses contrées lui offrent à un degré égal ou supérieur... Quel plus beau climat que celui de la Corse, et d'Ajaccio en particulier!»

Louis-Napoléon, nommé par la Corse en tête de ses représentants à l'Assemblée Constituante de 1848, ramena pour la seconde fois la couronne de France dans la famille Bonaparte. Va-t-il tenir compte de ces vœux? Va-t-il se montrer soucieux de la Corse? On assainit bien les marais de Calvi, de Saint-Florent et de Bastia; on prolongea bien les quais et les jetées d'Ajaccio et de Bastia; mais c'était faire bien peu pour la prospérité du pays, au moment où la France tout entière réalisait des progrès économiques prestigieux. Au vrai l'histoire de la négligence administrative à l'endroit de la Corse commence sous le second Empire, et elle a des causes diverses, psychologiques et sociales, qu'il faudrait, pour une grande part, chercher en Corse même. Les grandes familles du pays se disputent les faveurs impériales et, dans ce conflit d'ambitions rivales, où les Corses réclament des places et des gratifications, la Corse est oubliée. Au surplus la famille impériale se montre dans l'île. En 1860 Napoléon III vient à Ajaccio ouvrir la chapelle funéraire qu'il a fait construire; en 1865, il envoie son cousin, le prince Jérôme-Napoléon, inaugurer le monument de la place du Diamant; en 1869 l'impératrice et le prince impérial visitent l'île à leur tour. Par trois fois, les Corses ont pu affirmer leur loyalisme impérial.

Il se manifeste à Bordeaux au sein de l'Assemblée Nationale qui, dans sa séance du 1er mars 1871, confirma la déchéance de Napoléon III. Deux députés corses, MM. Conti et Gavini, montèrent à la tribune pour défendre «leurs convictions les plus intimes».

Mais le loyalisme français de la Corse n'était pas moins vif: 30.000 de ses enfants allèrent défendre la France en danger. Les Corses boudèrent le régime républicain, puis peu à peu se rallièrent. Est-ce par reconnaissance d'une œuvre féconde accomplie en Corse? On peut nettement répondre non, car la République n'a pas entrepris la réalisation du programme que Barère présentait à la tribune de la Constituante dès 1791. Un réseau de chemins de fer incomplet, inachevé, des transports maritimes trop coûteux, l'agriculture de plus en plus délaissée à cause de ces mauvaises conditions, le reboisement des montagnes et l'assainissement des côtes négligés, telle fut la Corse du XIXe siècle, cependant que les départements continentaux, délivrés du paludisme, voyaient croître leur prospérité, et que la Sardaigne était méthodiquement régénérée par l'Italie.

Le ralliement est dû aux chefs de clan que la métropole a comblés de faveur en échange de leurs votes, et des mœurs politiques d'un autre âge se sont perpétuées dans ce département par la faute du gouvernement français. Ne parlons pas de Pozzo di Borgo, dont la rancune tenace se manifeste contre les Bonaparte par la construction au-dessus d'Ajaccio du château de la Punta, fait avec les matériaux provenant de la démolition des Tuileries. Mais l'histoire impartiale doit noter tout le mal que fit à son pays Emmanuel Arène, «le roi de la Corse». Sous son joug omnipotent il semblait que les Corses eussent perdu tout sentiment de l'intérêt général.

En 1908 pourtant la question corse fut officiellement posée par un rapport de M. Clémenceau, président du Conseil: une commission extra-parlementaire, placée sous la présidence de M. Delanney, rédigea les vœux des insulaires et les cahiers de leurs légitimes revendications. Un vaste mouvement d'opinion se dessina sur le continent en faveur de la Corse et, dans l'île, un esprit public commença de se former.

XXV

CORSE ANCIENNE, CORSE NOUVELLE

Table des matières

Régions diverses, caractères dissemblables. – Les courants de vie générale et le développement économique. – L'esprit corse.

Si peu qu'on écrive l'histoire de la Corse, on se sent toujours, au bout d'une période, en voie de répéter le mot de Montesquieu: «Je n'ai pas le courage de parler des misères qui suivirent...» Histoire héroïque et douloureuse qui a façonné le caractère corse sur qui la nature avait mis son empreinte et en qui revivait le passé.

Résumer la Corse est chose impossible: on ne résume pas une contrée aussi diversifiée, où le paysage méditerranéen de la Riviera, aux rochers rouges se profilant sur la mer bleue, voisine avec la falaise dieppoise et avec la sapinière norvégienne, où le désert asiatique fait suite à la prairie normande et confine à la lagune hollandaise, où la cascade suisse est à flanc d'un coteau d'oliviers et de vignobles dont l'allure rappelle ceux du Péloponnèse. Et dans la centralisation contemporaine la Corse, protégée par son isolement, a gardé cette diversité. *Corsica, tanti paesi, tante usanze.*

Le Corse de l'Au-delà des monts, le pomontinco, est le plus fier et le plus vaniteux de ses compatriotes. Il est aussi le plus despote et le plus remuant. N'oublions pas que Bonaparte, issu d'Ajaccio, était un *pomontinco*. *Pomontinchi* également, ces chefs de parti qui bouleversèrent la Corse avant l'annexion française, ces seigneurs de Cinarca, d'Istria, della Rocca, de Leca, d'Ornano. *Pomontinchi*, Pozzo di Borgo, Abbatucci, Emmanuel Arène. — Le Corse du Pomonte est le moins agriculteur, le moins commerçant, le moins philosophe de tous. Il ne rêve que puissance, domination, arrivisme: il est individualiste au suprême degré. C'est un homme d'action, un politique, impitoyable pour ses adversaires, favorisant les siens sans compter. Il connaît le moyen de parvenir. «Quand un *pomontinco* occupe une fonction, cette dernière semble avoir été créée pour lui. Il est partout à sa place, surtout si celle-ci est la première. Il incarne même tellement son emploi qu'il le dominera et qu'il le personnifiera.»

Le Corse de l'En-deçà des monts, l'homme de la *Castagniccia*, est plus posé, plus grave. C'est un agriculteur, c'est même un industriel. Il a couvert ses coteaux de châtaigneraies touffues, il a mis en culture les plaines de la côte orientale, il a établi des aciéries (*ferrere*), aujourd'hui détruites, et transformé en acier le minerai de l'île d'Elbe. Il a toujours été le plus riche de tous les Corses, il a toujours été aussi le plus démocrate. C'est lui qui, au XIVe siècle, s'affranchit du pouvoir des *Cinarchesi* et établit le régime populaire: la *Castagniccia* fut la *terre du commun* et le pays des *Giovannali*. Tous ceux qui se sont révoltés, descendirent de ces montagnes, soit qu'ils aient eu à lutter contre l'oppression étrangère, soit qu'ils aient soulevé le peuple contre les féodaux: Gaffori et Paoli venaient de l'En-deça. — La proximité de l'Italie a exercé son influence: doux et affable, le Corse est ici plus intellectuel et moins intrigant: Pietro Cirneo, l'historien, naquit à Alesani. Une certaine maîtrise de soi: dans la vie moderne du continent, il ne s'élancera pas furieusement à l'assaut des places, il ira lentement, régulièrement. Il ne violentera jamais la destinée, il la vivra dans les meilleures conditions possibles. Plus résistant que le *pomontinco*, il incarne les qualités du peuple corse: ce sera rarement un aventurier, et plus souvent un résigné.

A l'extrémité sud de l'île, les Bonifaciens se replient sur eux-mêmes, frayant surtout avec les *pomontinchi*, dont ils ont l'allure générale: ce sont des fiers, des modestes, des casaniers et chez eux la femme est asservie plus que partout ailleurs. Le *bonifazino* se ressent toujours de la domination aragonaise: on trouverait en lui une parenté espagnole[N]. Le Corse de la Balagne est un agriculteur aisé, indépendant. Depuis des temps immémoriaux les *Balanini* parcourent le pays avec leurs mulets chargés d'huile. On connaît dans les villages ce cri familier: *Chi compra olio?* Il annonce généralement la venue d'un de ces trafiquants qui savent drainer l'argent. Le calme de la contrée, aux horizons adoucis, aux spectacles familiers, se reflète dans les mœurs; les luttes intestines ont eu ici peu de retentissement. Calvi sut tirer parti de la domination génoise et s'y attacha, *civitas semper fidelis*. Le *Balanino* connaît la Corse, il l'a parcourue et il a vu que les autres régions étaient moins belles et moins riches: il s'est cantonné, méprisant, au milieu de ses oliviers. — Que dire des habitants du Cap, trafiquants souples et habiles, que l'esprit d'aventure entraîna et enrichit, «Américains» analogues aux gens du Queyras ou de Barcelonnette, qui reviennent au soir de leur vie construire d'élégantes villas avant de reposer dans la terre des aïeux?

A ces différences profondes que la nature a marquées dans le peuple corse, il faut ajouter tout ce que l'histoire a fait pour multiplier les influences. Le plus lointain passé subsiste et en plein XXe siècle les traditions les plus anciennes se perpétuent. Sur cette île est venu battre le ressac de la civilisation méditerranéenne et toutes les races — Grecs et Romains, Arabes et Espagnols — ont laissé leur empreinte, sinon dans la montagne et dans le village, du moins sur les côtes et dans les villes. Le langage est varié. En principe, c'est le toscan, adouci par certaines intonations romaines: *lingua toscana in bocca romana*; mais dans le Pomonte il est dur, âpre, farouche; dans l'En-deçà des monts, il est élégant, adouci. — La façon même d'entendre le catholicisme n'est pas la même chez les *Capi Corsini*, qui pratiquent, chez les *Balanini*, qui sont plus tièdes, chez les *Castagnicciai*, qui sont presque anticléricaux.

Autre motif de différenciation: la ville et le village, où les occupations sont variées et la mentalité opposée. Et les villages mêmes au surplus ne se ressemblent guère.

En fait l'île n'est pas un pays, mais un assemblage de cantons montagneux, isolés de leurs voisins et du reste du monde. Ce serait trop peu d'appeler la vie corse d'autrefois une vie de vallées. Rien de comparable, ici, à ces couloirs alpestres qui gardent la même direction, la même nature, le même nom sur de grandes longueurs—Valais, Graisivaudan, Engadine—ni à ces vallées pyrénéennes qui s'étendent, en une forte unité pastorale, du cirque à la plaine. La vallée corse se segmente en une série de bassins étagés, séparés par des étranglements successifs. Chacun de ces bassins, *conques* enfermées entre de hautes chaînes, épand ses villages sur les croupes surbaissées. Pour pénétrer dans ce petit monde clos il faut—il fallait— s'enfermer entre des gorges étroites et profondes, gravir des sentiers de chèvres, véritables «escaliers» de pierre: *Scala* de Santa Regina vers le Niolo, gradins fantastiques de la *Spelunca* vers Evisa, formidable entaille de l'*Inzecca* vers Ghisoni. Qu'un rocher vînt à rouler au travers de la route, qu'une crue exceptionnelle emportât le pont génois, à l'arche surélevée, au tablier en dos d'âne, et la conque n'avait plus de rapports avec les gens d'en bas. Vers le haut on n'en pouvait sortir qu'en franchissant des cols de 1.200, de 1.500 mètres d'altitude, que pendant trois mois la neige rendait impraticables aux hommes et aux bêtes. Ainsi s'explique toute l'histoire corse, la vie isolée et farouche de ces petites républiques — *pievi* — dont la conque était le cadre naturel, et qui luttaient contre leurs voisines pour la possession des bonnes terres, des bons parcours de transhumance.

La route a permis de faire circuler dans cette vie cantonale — vie d'aigles dans leur aire — les courants de la vie générale. Mais quels profils les ingénieurs ont dû établir? D'Ajaccio à Sartène, sur 85 kilomètres, la route monte à 762 mètres au col Saint-Georges, redescend vers la vallée d'Ornano, rebondit vers Petreto-Bicchisano, grimpe jusqu'à près de 600 mètres à Boccelaccia, touche le niveau de la mer à Propriano, suit la vallée basse du Rizzanèse et, par une série de lacets, atteint l'extraordinaire acropole, ville de rêve accrochée en balcon au flanc de la montagne, à 300 mètres dans les airs. Et presque toutes les routes sont ainsi. Les chemins de fer gravissent des rampes fantastiques, et des viaducs enjambent les torrents. Cela d'ailleurs est l'exception: de la ligne Bastia-Ajaccio par Corte, deux embranchements seuls se détachent, qui conduisent d'une part vers Calvi et l'Ile Rousse, et d'autre part, longeant la côte orientale, vers Ghisonaccia. Tout le sud de l'île est encore isolé, cependant que, dans le Centre si curieusement hérissé, des cantons tels que Bocognano et Bastelica ne sont reliés que par des sentiers de mules. L'évolution se poursuit cependant, décisive et sûre, et l'on peut aller jusqu'à dire, avec M. H. Hauser, que la route a créé la Corse.

On saisit mieux le caractère général.

Il faut noter d'abord la joie, l'animation et l'exubérance, née de la vie en plein air et du contact perpétuel avec une nature ensoleillée. Nulle part ailleurs la vie ne s'écoule plus au dehors. L'homme, chez lequel les impressions sont mobiles et l'expression très près de la pensée, ne se plaît pas dans l'isolement: il lui faut la ville et la société de ses semblables. Il arrive que les maisons, très hautes, soient parfois, comme dans le vieux Bastia, de véritables caravansérails à six ou sept étages où grouille une population des plus bariolées et d'une extraordinaire densité. Ce sont de vastes casernes, avec un enchevêtrement de cours intérieures tel qu'il n'est pas aisé d'en sortir sans guide. Il en est qui abritent trois à quatre cents personnes. Il n'y a rien là dedans pour l'aménagement intérieur, et en effet on y vit le moins possible. Le lieu de réunion, c'est la rue, étroite, resserrée par les hautes maisons aux étages surplombants qui la protègent du soleil, parfois même couverte. Les jeunes gens riment des chansons pour les jeunes filles et vont les chanter sous leurs fenêtres à la nuit tombante, en s'accompagnant du violon ou de la mandoline. Dans l'air parfumé que raient des vols lumineux de lucioles, se répand comme une ivresse, et la joie de vivre fait déborder le cœur d'allégresse.

Nulle part la nature n'a façonné davantage les mœurs de l'homme. Une curieuse et pittoresque coutume n'en est que la traduction aimable. Quand les cloches reviennent de Rome, suivant la tradition, et se mettent à tinter à la veille de Pâques, après deux jours de silence, tous les habitants ouvrent leurs fenêtres toutes grandes. Et ce n'est pas seulement par esprit religieux, pour faire pénétrer dans la maison un peu de la bénédiction divine: c'est pour saluer le printemps qui arrive et renouvelle toutes choses; c'est pour laisser entrer dans la vieille demeure toute la joie du ciel païen.

Des traditions analogues se retrouvent chez tous les peuples riverains de la Méditerranée, et il n'y a rien en somme dans tout cela qui soit particulier à la Corse. Mais voici quelque chose de plus original: cette humeur joyeuse est atténuée par un tempérament mélancolique, un peu farouche même.

Pénétrons dans l'intérieur de l'île: solitudes étincelantes, senteurs du maquis; tout est rocheux, pierreux, mais riche de verdure, et la mer bruit à l'horizon. Protégé par son *pelone* — son grand manteau en poils de chèvre, — un berger, assis sur un gros roc moussu, à moitié perdu dans les hautes fougères, rêve et regarde au loin, ou bien il fredonne d'une voix grave et lente une cantilène étrange, une mélopée saccadée, une *paghiella* où se reflète une âme triste et rêveuse.

La montée devient plus abrupte: cela longe les crêtes, zigzague autour des rochers, cabriole sur les précipices. — Tout à coup, vous apercevez, accrochée à flanc du coteau ou sur le sommet même, une ligne de maisons serrées les unes contre les autres, tache grise et sombre sur le ciel clair. Tout est morne, tout est triste. Le village s'anime à votre arrivée, mais vous retrouvez cette impression de mélancolie en participant à la veillée autour du *fugone*. Figurez-vous un petit tréteau carré de $1^m,50$ de côté, $0^m.35$ à $0^m,50$ de haut, au milieu de la pièce, et c'est là qu'est le feu: des quartiers d'arbres entiers y brûlent, une acre fumée se répand partout, piquant les yeux, enflammant la gorge; au plafond des poutres, disjointes à dessein, laissent apercevoir les châtaignes qui sèchent pour l'hiver... Autour de ce *fugone*, et les pieds dans le feu, toute la famille se réunit aux longues soirées d'hiver, quand le vent fait rage et que la neige isole la maison. Or, il y a très longtemps que les familles vivent ainsi dans cet isolement, et c'est le résultat de l'histoire. Aux heures de péril national, lorsque la Corse, écrasée par Gênes, n'avait plus qu'à vaincre ou à périr, quand les récoltes étaient détruites, les villages brûlés, les ports bloqués, — le peuple, réfugié aux forêts hautes et aux maquis, trouvait à vivre avec le lait des chèvres, l'eau des fontaines et la châtaigne. Sur les hauteurs inaccessibles, il se créait ainsi d'imprenables réduits. Des générations ont vécu là, sous la terreur de la domination étrangère, et l'âme en a gardé une tristesse profonde en même temps qu'un étrange amour pour cette montagne âpre et rude, où tant de souvenirs sont attachés.

D'avoir lutté et de ne s'être jamais soumis, les Corses ont conservé l'orgueil et la fierté. Dernier trait que l'on peut relever. Il y a, au fond du tempérament, un curieux mélange de vanité, de susceptibilité et de familiarité. Les journaux corses doivent réserver une importante place dans leurs colonnes aux découpures de l'*Officiel* et à l'énumération des emplois auxquels des Corses ont été appelés: il n'en est point d'assez infime pour être dédaigné. D'autre part, le paysan corse, plein du sentiment de son importance particulière, n'a pas toujours pour la femme le respect et la considération d'un continental... Mais quand on multiplierait les exemples de cette nature, il faudra toujours en revenir à ce je ne sais quoi d'indomptable qui est dans le sang et dans les traditions. On acquiert les Corses, on ne les possède jamais. Dès l'antiquité, personne ne voulait des esclaves originaires de l'île parce qu'ils ne se résignaient jamais à la servitude. L'orgueil insulaire peut avoir ses travers, mais il a aussi sa noblesse: évidemment c'est une race qui ne plie pas les genoux.

Faut-il voir en eux des gens rebelles au progrès, au travail manuel? Il ne le semble vraiment pas. Les Lucquois n'ont été appelés que pour les grands travaux de terrassement; le petit propriétaire sait cultiver et se livrer à l'industrie, mais il lui manque les capitaux et l'appui de la France lui a manqué. D'autre part, la France n'a pas su imposer le respect de sa justice et de ses lois par où aurait disparu la vendetta — et d'ailleurs, les bandits ne sont pas des brigands, — ni réaliser encore les grands travaux publics nécessaires. Mais la Corse, prenant mieux conscience d'elle-même, entraînée plus que jamais, après un siècle et demi de tutelle, dans l'orbite de la grande nation protectrice, marche avec plus de confiance vers le progrès économique, garantie certaine du progrès intellectuel et du perfectionnement social.

Le progrès économique sera ce que le feront les efforts des insulaires vers le travail et conséquemment vers la richesse. Déjà les anciens genres de vie se dissocient ou se transforment: les terres basses et les pentes inférieures se spécialisent dans les cultures méditerranéennes, la moyenne montagne dans un élevage plus intensif ainsi que dans l'exploitation des bois. Evolution décisive, par où l'homme s'adapte mieux aux ressources du pays. On voit disparaître progressivement le type transhumant, trop archaïque, cependant que la conquête de «la plage» à la vie sédentaire se précise à l'Ouest et se dessine à l'Est. — Le progrès intellectuel doit suivre également. Il suivra. Car la Corse barbare, fécondée jadis par le génie italien, avec lequel elle fut d'abord en contact, s'ouvre chaque jour davantage à la chaleur du génie français. Ce que n'a pu donner la Corse obscure et mutilée des époques lointaines, où la lutte fut tragique pour la liberté et même pour l'existence, la Corse d'aujourd'hui, régénérée, adoucie, fécondée par l'esprit moderne, le donnera. Des artistes sont nés, des poètes ont chanté les malheurs de la nation et les mœurs de la montagne. Quelques-uns se plaignent de la décadence du dialecte. Adieu les *voceri* farouches que chantaient devant les cercueils les improvisatrices de village, adieu les cantilènes naïves que composaient les pâtres en gardant les troupeaux! Derrière la vieille façade romantique, le pays se transforme avec rapidité. Mais la Corse conservera toujours dans l'unité française, l'originalité profonde qu'elle doit à son sol âpre et rude, à son climat riant, à son passé glorieux et tourmenté.

«Dans une remarquable gravure, le maître Novellini a vigoureusement synthétisé l'âme de cette race qui fut toujours, au milieu de la mer sacrée, sur le chemin des migrations humaines. Ce lion puissant de Roccapina, sur lequel s'appuie fièrement la déesse, n'est-ce pas le Sphinx de l'île, témoin de plus de millénaires que celui d'Égypte? Que de hordes conquérantes il a vues fondre sur ces plages: peuples dont le nom demeurera toujours ignoré, mercenaires carthaginois et légions romaines, Lombards et Arabes, Barbares pilleurs, Pisans, Génois, Aragonais; il a vu les villages et les moissons en feu, le rapt des femmes et des hommes pour les lointains esclavages, les tueries sauvages, et la fuite éperdue des ancêtres vers les cimes inexpugnables...»[Q] Mais les «siècles de fer» sont terminés et de la Corse ancienne se dégage laborieusement une Corse nouvelle. Les fiers descendants de Sambocuccio, de Sampiero et de Paoli, les fils de ceux qui tombèrent à Ponte-Novo pour la liberté — durement acquise — et pour la patrie expirante, ont l'âme trop haute pour se résigner à une vie mesquine, à un rôle effacé... Et la Corse, que son isolement insulaire met à l'écart des trépidations d'un monde américanisé, s'ouvre au progrès qui féconde la glèbe et enracine un peuple.

TABLE DES ILLUSTRATIONS
Table des matières

Planche I. — La tour dite de Sénèque. — Tour de Griscione.

Pl. II. — Église de la Canonica, près Luciana. — Bonifacio: la Citadelle. — *Ibid.*: Une rue du vieux Quartier.

Pl. III. — Saint-Florent: la Citadelle. — *Ibid.*: Cathédrale de Nebbio. — Corbara: le Couvent.

Pl. IV. — La Corse, figure allégorique du Vatican. — Carte de la Corse au XVIe siècle.

Pl. V. — Sartène: vieilles maisons. — La Porta: le Clocher et l'Église. — Cargèse.

Pl. VI. — Sampiero montrant ses blessures. — Sampiero et Vannina. — Sampiero excitant les Corses à l'insurrection.

Pl. VII. — Théodore Ier, roi de Corse, d'après une attribution du XVIIIe siècle. — Monnaies de Théodore Ier. — *Le Satyre corse*, caricature allemande.

Pl. VIII. — Corte: maison Gaffori. — *Ibid.*: statue de Paoli. — Calvi: la Citadelle.

Pl. IX. — Corte: la Citadelle. — Tour de Casella. —

Bastelica: maison de Sampiero.

Pl. X. — Acte de baptême de Bonaparte. — Ajaccio: maison de Bonaparte. — Bastia: statue de Napoléon.

Pl. XI. — Château de la Punta. — Ajaccio: vue générale.

Pl. XII. — Bastia: la Citadelle. — *Ibid.*: dans le vieux port.

Pl. XIII. — La patrie de *Colomba*: Fozzano. — Ghisoni.

Pl. XIV. — Vallée du Vecchio. — Aqueduc de la Gravona.

Pl. XV. — Meria. — Campile: l'Église. — Ajaccio: vieilles maisons.

Pl. XVI. — Gorges de Ponte-Novo. — Propriano.

Notes

[A] Le cadre des *Vieilles Provinces de France* limite nos références aux ouvrages modernes. Pour la documentation relative à chaque époque Cf. COLONNA DE CESARI ROCCA, *Recherches historiques sur la Corse* (Gênes, 1901) et *Histoire de la Corse écrite pour la première fois d'après les sources originales* (Paris, 1908).

[B] Abbé LETTERON. *Notice historique sur l'île de Corse depuis l'origine jusqu'à l'établissement de l'Empire romain*, dans le *Bulletin* (1911), pp. 30, 34, 36, 39, 45, 48, etc. — LORENZI DE BRADI. *L'art antique en Corse* (Paris, 1900).

[C] P. MARINI. *Gênes et la Corse après le traité de Cateau-Cambrésis*, dans le *Bulletin*, 1912, pp. 7, 8, 12, 15.

[D] Jean FONTANA. *Essai sur l'Histoire du Droit privé en Corse* (Paris, 1905), pp. 119 et suiv. 125, 129, 132, 134, 148.

[E] Lt Colonel CAMPI. *Notes sur Ajaccio*, pp. 24, 28, 29, 42 et suiv. LORENZI DE BRADI, *L'art antique en Corse*, pp. 49, 50.

[F] QUANTIN, *Le Corse* (Paris, 1914) pp. 154, 155, 156.

[G] DRIAULT, dans les *Introductions aux ambassadeurs*, t. XIX (Paris, 1912). pp. LXXX à CIII, passim 273, 287, 298, etc.

[H] AMBROSI, *la Conquête de la Corse par les Français*, dans le *Bulletin* (1913), pp. 125, 127, 128.

[I] P. MARINI, *La Consulte de Cacia et l'élection de Pascal Paoli dans le Bulletin* (1913), pp. 65 à 76. — Abbé LETTERON, *Pascal Paoli avant son généralat*, dans le *Bulletin* (1913), pp. 14 et suiv., 36, 37, etc.

[J] MATHIEU FONTANA, *La Constitution du généralat de Pascal Paoli en Corse* (Paris, 1907), pp. 25 à 28, 31 à 34. — 127 à 130. Lieut.-col. CAMPI, *Notes sur Ajaccio*, Ajaccio, 1901, pp. 81 à 84.

[K] CHUQUET, *La jeunesse de Napoléon* (Paris, 1897), t. I, pp. 18, 19, 21, 23, 24, 29, 30, 31.

[L] Lieut. Col. Campi, *Notes sur Ajaccio*, (Ajaccio, 1901), pp. 99, 105, 107, 108, etc.

[M] Franceschini, *Un préfet de la Restauration, Saint-Genest*, **dans le** *Bulletin* (1913).

[N] Piobb, *La Corse d'aujourd'hui* (Paris, 1909), pp. 25, passim, 39.

[O] Ferrandi, *La Renaissance de la Corse* (mai 1914).